手把手教你做科研（第四版）

How to Do Your Research Project:
A Guide for Students (4th Edition)

[英]加里·托马斯（Gary Thomas）著　方庆华 译

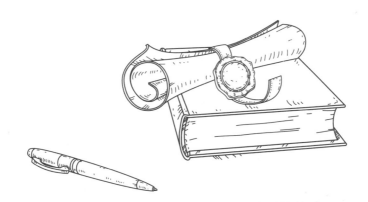

清华大学出版社
北京

北京市版权局著作权合同登记号 图字：01-2024-4524

First published in English under the title How to Do Your Research Project: A Guide for Students, 4e
ISBN:978-1529757712
Copyright©Gary Thomas 2023
This edition has been translated and published under licence from SAGE Publications Ltd. 此版本仅限中华人民共和国境内（不包括中国香港、澳门特别行政区和台湾地区）销售。未经出版者预先书面许可，不得以任何方式复制或抄袭本书的任何部分。

本书封面贴有清华大学出版社防伪标签，无标签者不得销售。
版权所有，侵权必究。举报：010-62782989，beiqinquan@tup.tsinghua.edu.cn。

图书在版编目（CIP）数据

手把手教你做科研：第四版 /(英) 加里·托马斯 (Gary Thomas) 著；方庆华译.
北京：清华大学出版社，2025.4. -- (新时代学术进阶丛书).
ISBN 978-7-302-68725-2

Ⅰ.G304

中国国家版本馆 CIP 数据核字第 2025L9D822 号

责任编辑：顾　强
封面设计：周　洋
版式设计：张　姿
责任校对：王荣静
责任印制：宋　林

出版发行：清华大学出版社
网　　址：https://www.tup.com.cn, https://www.wqxuetang.com
地　　址：北京清华大学学研大厦 A 座　　邮　编：100084
社 总 机：010-83470000　　邮　购：010-62786544
投稿与读者服务：010-62776969, c-service@tup.tsinghua.edu.cn
质 量 反 馈：010-62772015, zhiliang@tup.tsinghua.edu.cn
印 装 者：三河市铭诚印务有限公司
经　　销：全国新华书店
开　　本：170mm×240mm　　印　张：22　　字　数：393 千字
版　　次：2025 年 5 月第 1 版　　印　次：2025 年 5 月第 1 次印刷
定　　价：99.80 元

产品编号：105409-01

第四版前言

在《手把手教你做科研》的第四版中，对同事、学生和审稿人提出的希望在书中增加（或减少）相关内容的意见，我尽力做了回应，除了对全书进行更新，还增加了大量新内容，具体如下：

新增DIY活动	现在每个章节都有一个DIY活动供学生完成
让写作条理化	就写作框架、如何让写作条理化、优化写作流程、如何实现观点的过渡、如何让论证既完整又连贯等方面，提供了新资料
评估风险	就如何评估研究涉及的伦理风险提供了新资料，并列举了一些高、中、低风险项目的实例
形成漏斗型文献综述	采用从一般到具体的方式来组织文献综述
利用参考文献，滚雪球式完成文献综述	利用"学术"搜索引擎基于关键文献定位其他文献
新增阐释现象学分析（IPA）	新增的章节介绍了质性社会科学研究中日益流行的研究设计
记录反思日志	新增的章节将反思日志作为数据收集的一部分
拓展有关部分	话语分析
	编码
	评估研究
	民族志
	叙事研究
	立场

我一直恪守自己的准则，即尽量以对话的方式简单明了地传达信息。使用简单词还是难度大的词来传达信息？面临选择时我都会选用简单词。

做研究自有用处，也会令人感到振奋。在教育、医疗保健科学、社会工作、犯罪学等几乎所有应用社会科学领域，期待学生开展项目研究变得越来越常见。高等教育的每个阶段（包括基础教育、本科教育和研究生教育）也都如此。这种做法正确，也本应如此——学生就应该通过做研究来学习——因为研究项目能教会学生许多技能，而这些技能是无法在课堂上获得的。做研究不仅能让学生了解所选的特定研究课题，还教导学生要有质疑的精神，用证据说话，认识到知识的脆弱性，以及各种研究方法及其优缺点。做研究促使你独立学习，合理安排时间。研究可以培养技能和意识，为个人和专业发展提供一个触手可及的平台。

不论在哪个阶段，研究的基本规则都是相似的。基于这种假设，我没有试图将本书的读者局限于某一特定群体，所以无论对本科生还是对研究生，本书都同样适用。我力求本书读起来简单易懂，旨在吸引所有教育学和社会科学专业的学生。无论你是本科生还是刚刚开始博士学习的研究生，我都希望本书能对你有帮助。

给学生的建议：每位导师对研究项目的内容和形式都有不同的期望，他们想要强调的重点也各有不同。不同的导师想要学生去做的项目类型也不尽相同。我在本书中一直试图在说明，没有绝对正确的方法，因为有多种可供选择的途径。不过，如果我给出的建议与你导师给出的建议不同（社会科学研究中有些地方确实存在分歧和悬而未决的问题，这一点我在书中说得很清楚），要听从你导师的意见，因为你的导师永远不会错。

期待你有自己的研究项目。当你完成一项研究项目时，会学到很多关于研究的知识。你将学会如何组织一项重要的研究工作，如何抓取信息，以及如何分析和综合这些信息。你将掌握呈现研究成果的复杂技巧，所有的基础研究知识，以及更多有关如何使用常见数据管理软件的知识。这将是你在大学期间完成的最重要、最有成效的事情之一。

致 谢

我要感谢所有帮助我审读本书初稿并提出各种鼓励性和纠正性意见的人,尤其是本书第三版的匿名审稿人。特别要感谢我在伯明翰大学教育学院和利兹大学教育学院的同仁们,尤其是伯明翰大学图书馆的学科顾问凯瑟琳·罗伯逊(Catherine Robertson)和兹比格涅夫·加斯(Zbigniew Gas)。

本书的部分内容源于我主持的关于社会研究质量的系列研讨会,这些研讨会由经济与社会研究理事会资助,所以在此我要感谢经济与社会研究理事会在研讨会之前、期间及之后提供的支持。我要感谢所有花费时间和精力对前三版给予积极评价的读者。

非常感谢海伦·费尔利(Helen Fairlie),她一直鼓励我写一本帮助学生做研究的书,而不是枯燥乏味的学术著作。如她所说,那些内容"只有编辑、两位同行评审专家和作为研究人员的作者会去阅读"。我还要感谢塞吉出版公司(SAGE)的贾伊·西曼(Jai Seaman),感谢他激励我写出第四版,并承担了艰巨任务——针对读者有关第三版的意见,制订出编写第四版的切实计划,以将这些意见吸收和完善到第四版中。感谢汉娜·卡文德·迪尔(Hannah Cavender-Deere)为我做的一切安排,感谢伊恩·安特克利夫(Ian Antcliff)、凯瑟琳·霍(Katherine Haw)和理查德·利(Richard Leigh)以及他们在塞吉出版公司从事出版工作的同事们,感谢他们为最新版本所做的排版修订工作。感谢娜塔莎(Natasha)和玛雅(Maya),她们帮助我一直保持清醒。

我参考了学生的想法,其中一些还在本书中作为示例使用。我要感谢所有学生(书中提到了一些)。我还借鉴和使用了学术同仁的观点,他们来自更大范围的研究共同体。当然我要感谢所有的同仁。但是,如果本书中出现任何事实或判断失误,我理所当然要承担全部责任。

如何使用本书

我知道，你在阅读本书的过程中会发现其中大多数的特点都一目了然，因此在这里只是提前预告一下，（当你浏览本书时）你将看到以下内容。

· 路线图贯穿了研究项目的整个过程，并展示了本书的组织架构如何与研究过程相呼应（我希望是密切呼应）。

· 各章节开头的进度指南旨在提示：你正处于项目研究的哪个阶段，以及你正位于本书的哪个部分。

· 备忘录涵盖解释、案例或线上资源信息。

· 各章节的DIY活动旨在通过边做边学来强化重点。

· 对信息或定义的总结。

· 各章节末尾的自评表（checklist）可帮助你自查是否抓住了重点。

· 案例研究提供了所讨论的议题或方法的真实示例。

· 各章节对"导师希望你能做到……"专门做了备注。

· "数字化思考"方框（think digital boxes）强调了对互联网和社交媒体的使用。

· 词汇表解释重点词汇和术语。

目录
CONTENTS

1 找准研究切入点，提出一个好问题　　001

开篇：引言　　002
谁在乎？本研究的意义何在？　　004
想出一个研究点子　　006
研究目的　　006
提出研究问题　　007
研究问题的四种类型　　009
研究问题的四种类型—— 一些小型研究及其启示　　010
  情况如何？　　010
  怎么回事？　　011
  当……时，发生了什么？　　012
  什么与什么相关？　　013
你的问题需要描述性答案还是阐释性答案　　014
研究问题或假设　　015
研究问题是否可行，研究问题中存在的困扰　　016
  是否准确？　　016
  是否可行？　　017
初始问题　　017
证据类型和答案类型　　019
标题　　022
研究是什么？又不是什么？　　023
总结　　023
拓展阅读　　024

2　做好研究规划与管理　　　　　　　　　　　　　　**027**

了解学位论文的结构　　　　　　　　　　　　　　　028
制作时间图表　　　　　　　　　　　　　　　　　　030
别老盯着指甲看，注意时间管理！　　　　　　　　　032
　　制定时间表　　　　　　　　　　　　　　　　　033
　　积少成多　　　　　　　　　　　　　　　　　　033
　　与他人协商好时间　　　　　　　　　　　　　　033
　　设定目标　　　　　　　　　　　　　　　　　　034
　　确定工作时段　　　　　　　　　　　　　　　　034
　　采用结构化技巧　　　　　　　　　　　　　　　034
　　如果你依然找不出时间　　　　　　　　　　　　034
研究中的压力　　　　　　　　　　　　　　　　　　034
　　孤独　　　　　　　　　　　　　　　　　　　　034
　　问题不可避免　　　　　　　　　　　　　　　　035
信息渠道　　　　　　　　　　　　　　　　　　　　035
与导师合作　　　　　　　　　　　　　　　　　　　036
研究伦理　　　　　　　　　　　　　　　　　　　　038
　　研究伦理的重要性　　　　　　　　　　　　　　038
　　获得研究许可——研究伦理审查　　　　　　　　042
　　风险等级　　　　　　　　　　　　　　　　　　042
　　风险评估　　　　　　　　　　　　　　　　　　044
　　风险管理　　　　　　　　　　　　　　　　　　045
　　研究伦理指南　　　　　　　　　　　　　　　　045
　　本科阶段的研究伦理审查　　　　　　　　　　　046
　　研究生阶段的研究伦理审查　　　　　　　　　　047
　　思考研究伦理问题时应考虑的因素　　　　　　　048
　　研究伦理和社交媒体在研究中的使用　　　　　　054
　　关心参与者，也关心自己　　　　　　　　　　　055
　　学位论文中，适合在哪儿讨论研究伦理问题？　　055
总结　　　　　　　　　　　　　　　　　　　　　　055

| 拓展阅读 | 056 |

3　查找文献，分析文献，撰写文献综述　　　059

一手文献和二手文献	062
文献来源的质量	064
利用写作框架撰写文献综述	065
收集信息资料	065
形成漏斗	066
搭建框架（使用词汇工具箱）	067
文献综述应讲述一个故事，而非罗列文献	067
将文献综述编成故事	068
撰写文献时，需要讨论哪些细节？	072
快速阅读及记笔记	073
批判性意识	074
这个骗子为什么要对我撒谎？	074
点击"搜索"：查找信息	076
谷歌学术	077
使用谷歌学术整理参考文献	077
谷歌学术的其他使用方法	078
其他搜索引擎	079
滚雪球（snowballing）	079
谷歌图书（Google Books）	081
从图书馆获取期刊资源	081
一些有用的图书馆门户网站和平台	081
特定学科数据库	083
其他信息资源	085
参考文献管理器	087
了解如何引用文献：哈佛引用体系	088
抄袭	092
总结	093
拓展阅读	093

4　优化研究问题　　097

见林是为了见树　　098
从故事画板到故事情节　　099
你的最终问题　　102
理论　　103
　　理论的不同含义　　104
总结　　105
拓展阅读　　105

5　决定研究方法　　109

研究设计与方法论　　110
研究设计的实际问题　　110
研究途径　　111
　　科学家或间谍　　111
思考社会世界的框架：范式　　112
　　实证主义　　113
　　阐释主义　　114
范式和研究途径　　118
　　你在哪个星球？　　118
　　撰写范式　　119
但这是科学吗？　　120
　　"Q"开头的词：质性的（qualitative）和量化的（quantitative）　　123
　　批判性思维："学问"（ologies）如何提供帮助？　　124
　　什么是"学问"？　　125
　　本体论　　126
　　认识论　　127
　　批判性意识（再次强调）　　130
研究目的→研究问题→研究途径→数据收集　　131
设计一项研究：具体的实例　　133
总结　　135

拓展阅读 136

6　设计研究框架 141

什么是研究设计？ 142
设计框架 143
固定的设计和浮现出来的设计 144
研究设计中的一些普遍议题 145
抽样 145
变量 148
信度 148
效度 150
实验者效应 153
推论和普遍性 154
立场 156
三角测量法 157
设计框架 158
行动研究 158
个案研究 161
民族志 169
民族志实地考察记录 173
民族志方法学 175
评估 178
实验 181
纵向和横向研究以及调查 186
比较研究 193
无设计框架 196
能否混合使用设计框架和研究方法？ 198
后现代主义 199
如何建构和撰写方法论章节？ 201
总结 203
拓展阅读 203

研究设计中的一些普遍议题	203
设计框架	204
阐释现象学分析	205
民族志	206
评估	206
实验	207
纵向研究与横向研究	207
比较研究	208
混合方法	208
后现代主义	208

7 收集研究数据　　211

工具和方法	212
发挥创造力	213
数据收集工具——主要用于收集文字数据	214
访谈	214
报告	220
日志	220
记录反思日志	223
小组访谈和焦点小组	224
文件校验	226
利用社交媒体收集数据，并与其他研究人员和参与者合作	229
数据收集工具——用于收集文字和/或数字数据	230
调查问卷	230
观察	240
收集基于图像的数据	245
数据收集工具——主要用于收集数字数据	246
测量和测试	247
官方统计数据	248
总结	250
拓展阅读	251

访谈和报告	251
日志	251
反思日记	252
焦点小组	252
调查问卷	252
观察	253
基于图像的方法	253
测试	254
官方数据库	254

8 分析数据，展开讨论   257

分析文字数据	258
反复比较法和编码	258
网络分析	261
构思映射和主题映射	262
扎根理论	264
深描	265
话语分析与内容分析	266
计算机和语言数据分析	269
社会关系图	270
分析数字数据	273
数字类别	274
理性浏览数据	275
使用 Excel 表格分析数据	275
描述性统计	276
统计可帮助你理解两个变量之间的关系	279
统计可帮助你进行演绎（或推断）	281
回顾你在分析上所做的选择	291
对分析进行讨论	292
综合（和分析）	293
理论化：提出理论	295

　　　　组织你的讨论——是边分析边讨论？还是基于分析进行讨论？　　299
　　总结　　300
　　拓展阅读　　301
　　　　分析文字　　301
　　　　分析数字　　302

9　得出结论，撰写论文　　305

　　得出结论　　306
　　撰写论文　　308
　　撰写摘要和敲定标题　　309
　　论文的最终形态　　310
　　撰写和排版论文时的一般要点　　312
　　　　交流研究发现　　312
　　　　明确写作"领地"　　313
　　　　找到自己的声音　　313
　　　　用正确的文体写作　　314
　　　　采用非性别歧视和其他非歧视性写作　　316
　　　　论文排版　　316
　　结尾　　320
　　拓展阅读　　321
　　　　写作　　321
　　　　社交媒体　　322

附录　卡方检测临界值　　325

词汇表　　327

1

找准研究切入点，提出一个好问题

找准研究切入点，提出一个好问题  你在这里

撰写文献综述，优化研究问题

决定研究方法

开展调查研究，收集数据

分析数据，展开讨论

得出结论，撰写论文

引言阐述你选择做研究项目的理由。在引言中，你要说明研究内容、研究目的，并论证研究问题的合理性。

本章具体回答以下问题：

- 是什么促使你研究该领域？是出于个人兴趣，还是你读了文献后，发现仍有一些问题未解决，相关研究有待进一步验证或完善？
- 你的研究问题是什么？这是整个研究项目的基础。不同类型的研究问题会引出不同类型的研究项目。
- 你将收集哪类证据来回答研究问题？

开篇：引言

本书的章节顺序大致与博士、硕士和学士学位论文的章节顺序一致。所以这一章（即第 1 章）是引言。引言作为开头，需提出一个合理的问题……最后一章则是结论。

不过，在详细了解如何撰写引言之前，我们先思考一下引言要介绍什么内容。如果你不清楚要介绍的内容，就无法写出切合实际的引言。因此，你需要知道研究项目的基本框架：研究项目必须包含哪些内容？各个章节应该按照什么顺序排列？

虽然研究项目的类型和规模不尽相同，但通常都遵循一个特定的框架，包括以下要素：引言（即当前章节）、文献综述、讨论所用的研究方法、介绍调查结果、讨论调查结果、结论。

图 1.1 的"路线图"（已标出最重要的要素和节点）展示了以上各要素。

研究项目就像一个故事。故事情节连贯，要有开头、主体和结尾。因此，引言作为论文的开头，需要介绍研究背景，勾勒出整个项目的大体轮廓，其重要性不言而喻。尽管引言篇幅相对简短，但至关重要，因为引言奠定了整个项目写作的基调。评阅者阅读最仔细的部分很可能就是引言，因为他们想知道你开展研究的理论依据。他们一边阅读，一边想象你在做研究，同时提出以下问题。

- 这个项目值得做吗？换句话说，研究这个议题（issue）的理由是否充分？回答提出的研究问题（questions）为什么会引起关注？或者为什么有意义？
- 研究问题是否有解？作者（也就是你）认真思考过这个核心问题吗？

引言是论文的开场白，告诉读者论文后续的大致内容。好的引言能将论文的各部分串联起来，引起读者的兴趣。

引言必须做到以下几点。

- 向读者介绍你对研究项目所做的思考：是什么激发了你的兴趣？又是什么让你认为这个主题（topic）值得探讨？
- 概括你的研究目的：是纯粹出于好奇，还是为了做评估，抑或是为了提高实践水平？
- 将你的研究思路、兴趣和目的转化为研究问题。
- 归纳你可能获取证据、回答研究问题的方式。

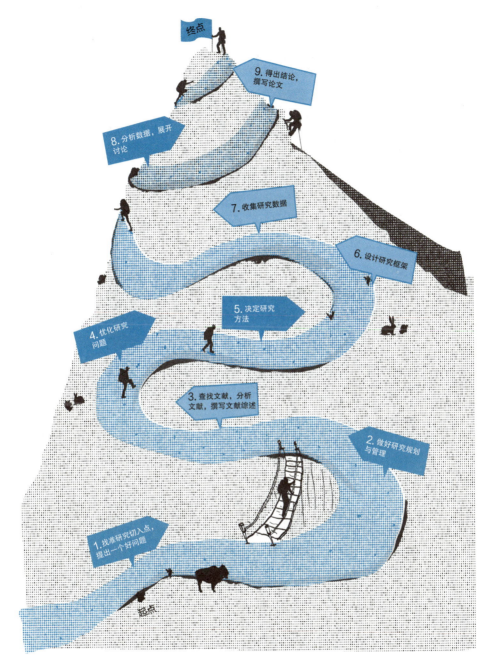

图 1.1 研究项目完成路线图

尽管如此,引言并不是对整个项目的总结。学生常会犯的错误是将引言局限于列举各章节内容,如"第一章是……第二章是……第三章是……"。这种总结应出现在摘要中(第 309 页)。与此相反,引言应该是论文的开头,引起读者的兴趣。最重要的是，引言应说明你为什么要做这项研究。

谁在乎？本研究的意义何在？

在引言中，你必须向读者（即评阅人）说明你为什么认为这个主题值得研究，你想解决什么难题（problem）。这里必须有一个难题或至少有一个尚待发现的议题，而你的研究有望带来启示。换句话说，你为什么要做这项研究？你的研究应避免简单盲目的探索。正如布斯等人（Booth et al., 2016: 240）所说："……某种程度上，知识的不全面和理解的不周密会促使你尽力去弥补自身的这些不足。"也就是说，你必须明确表明，尽管你想要研究的主题还不清晰、不明朗、不明确（希望只是你这样认为），但你的研究项目有望给所在领域投进一道光。

也许投进的只是一点光，是从裂缝里透进来的微光，但投进的仍然是光。这点微光对于一些议题、难题或困境的意义远比投入多少光更重要。你必须弄清楚：议题是什么？难题是什么？困境是什么？本科生和研究生做研究时，其中的一个通病就是没弄清楚这些问题。如果你没有说清楚，读者完全有理由质疑你："这项研究的意义何在？"事实上，这也是专业研究中的一个通病：我担任一家教育研究期刊的编辑时，在审稿中会自问："为什么要做这项研究？"如果作者在文中没有说清楚，文章被接收的机会就不大。不论经验丰富与否，研究人员必须总能回答"为什么要关注这个问题"。

我想用一个缩略词来回答"谁在乎"的问题，它抓住了需要解释的对象与预期从研究中得到的解释之间的关系。该缩略词为 BIS，由关键词 Background（背景）、Issue（议题）、Solution（解决方案）的首字母构成。做 BIS 分析就是呈现：研究背景（B）、研究议题（I）、预期的解决方案（S）之间的关系。

BIS 是引言的核心。

更详细地讲，研究背景包含一些大家都认可的共识，这就是研究议题所处的背景。研究议题或"视角"包含两个部分：①已有文献中，相关研究或存在研究空白，或存在一些相互矛盾的推论，或陷入悖论或两难的困境；②无法填补研究空白或摆脱两难困境带来的后果。解决方案与你之前阐述的内容有关。（见图1.2）

你能在引言中清楚陈述"BIS"吗？

- 研究背景（议题产生的大致领域）
- 研究议题（或难题，或问题）
- 解决方案（你的研究会给研究议题带来的预期启示）

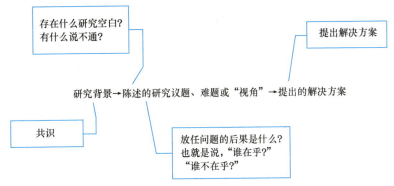

图 1.2　做 BIS 分析：清晰呈现你的研究如何解决重点议题

我在表 1.1 中提供了一个关于 BIS 的例子。这是我为儿童慈善机构巴纳多（Barnardo）做的一个研究项目（Thomas et al., 1998）。研究案例来自一所特殊学校，该学校在关闭后将所有教职员工和学生转到当地的中小学继续日常教学。政界人士和教育工作者大多认为如此举措会受欢迎。尽管如此，有研究提出要探讨以下议题："融入全纳教育对相关儿童有什么影响？"

表 1.1　BIS 在实践中的应用

研究背景…… ↓	将有特殊需要的儿童纳入主流学校的做法日益增长。人们担忧那些被隔离在特殊学校的儿童会失去社交和接受教育的机会……在反歧视立法的行动支持下，推动全纳教育主要是对此做出回应。
陈述的研究议题、难题或"视角"…… 目前存在什么研究空白？不能填补研究空白会带来什么后果？ ↓	尽管推动全纳教育意味着更多的儿童进入主流学校，但从特殊学校转入主流学校后，这些学生的经历如何？我们对此知之甚少。已有的研究主要关注：①主流学校的教师是否有能力充分满足重度问题少年的需求；②主流学校的学生是否准备好去帮助特殊学校的学生适应环境……
	已经开展了许多比较研究 [在文献综述中进行详细说明之前，先简要介绍一下什么是比较研究]，但很少有研究关注以下问题：新环境中学生学习生活的质量和"感受"；伴随着全纳教育的"扎根"，这种体验如何随着时间的推移而发生变化——改善或恶化……
	如果没有关于这些议题的资讯，将有特殊需要的儿童纳入主流学校的政策在实践中就存在失败的风险……
解决方案或回应…… 拟解决问题的方案	进行的案例研究密切关注最近关闭的一所特殊学校的学生经历。随着时间的推移，这些学生在社交和教育方面的适应情况如何？该案例研究有望增加人们对此类信息的了解，并为如何关闭此类特殊学校提供启示

你会发现，探讨研究的过程中，总是先考虑研究背景和研究议题，再思考要

采用的研究方法。缺乏经验的研究人员常犯的错误是反其道而行之——几乎都是先考虑研究方法，再思考研究要探讨的议题。他们甚至未弄清研究重点就说："我想做问卷调查""我想做案例研究"或"我想做定性研究"，这样做无异于本末倒置。正如我们在第5章看到的那样，始终将研究议题和研究问题放在首位，然后基于不同类型的议题，采用不同的研究方法和手段。

想出一个研究点子

一旦知道课程要求中包含完成项目研究的任务，你就必须想出一个研究点子，即我刚才提到的"研究议题"或难题（BIS中的"I"），这可能是整个研究中最难的一部分。好的点子会引出一个好项目，而错误的想法几乎肯定会使项目乏善可陈。

一项研究项目始于你的好奇心——始于对某一议题或不确定性的好奇，而该议题或不确定性又被重构为研究问题（我们稍后再谈）。你可能想知道某事能否成为研究案例，或者为什么能成为研究案例。你可能想知道做某件事的结果是什么。你的研究兴趣可能来自个人经历、与朋友或同事的讨论、老师在讲座中的评论，或来自报纸上读到的文章。其中可能需要从某一"视角"进行探讨。例如，你对现实世界的观察与他人对此所做的描述存在明显差异，你可能想要弄清究竟。但不论灵感是什么，你都应该有好奇心。你应该感受到自己对答案的渴望。

不过，请记住，你不是要证明什么，也不是要证明某事属实。相反，你的目标是为一个真正的问题寻找答案。能够在大学导师的指导下研究此类问题是一种莫大的荣幸，而且随着研究接近尾声，你会意识到基于研究结果分析之后的发现将给你带来极大的满足感。

研究目的

当然你的研究目的也许是为了获取学位，这一点我们暂且不谈。先考虑一下，你为什么要进行这项研究？你的研究想法（如果你有的话）并非无中生有。它是你好奇心的一部分，而你的好奇心又取决于你所处的环境。你所处的环境又会影响你的研究目的。这些可能意味着你希望：

· **发现某事的内涵**。此时你可能只有一个想要进行某项研究的念头。这个念头只与你的好奇心有关，无关其他。例如，你可能有在社会服务部门工作的亲戚，他们曾不满地提到，现在的社会工作者似乎都太年轻，缺乏生活经验。这可能促使你去研究：①通过调查过去20年中社会工作者的年龄概况，验证亲戚有关社会工作者年龄的看法是否正确；②如果存在年龄差异，可能的原因及潜在影响是什么？

你的研究点子是研究的核心

· **对某事做评估**。这里指的是可能正在提出或已经提出一项计划或创新，你想了解该计划或创新带来的影响。推行该计划或创新会带来什么结果？简而言之，"变量X是否有效？"例如，一家连锁超市可能推出了一项主题为"爱运动的孩子"的活动计划：如果家长领取使用了超市的优惠券，该超市就会为学校提供额外的体育运动器材。你可以选择评估该计划在当地学校的实施成效，作为后续研究（取决于你的研究项目持续时间的长短），你可能希望了解该计划在当地产生的影响，并尝试对学校参与该计划的成本和产生的效益进行评估。

· **了解某项措施是否奏效**。你可能对引入的某项创新措施的成效感兴趣，并决定对其进行系统检验。例如，一家出版社可能推出了一系列新的阅读图书，而你所在的学校决定采购这批新书。你可以选择让班级中的一半学生阅读新的图书，另一半学生阅读的图书保持不变，以评估这些新推出图书的阅读成效。

> **备忘录** 研究有不同的目的。请问问自己：你的研究目的是什么？

· **改进自己或他人的实践工作**。这样做的目的是审视自己的实践工作或聚焦其中的某个环节，看看是否有可以改进的空间。或者在你审视他人实践工作的研究中，你可能正在帮助他们进行实践工作的改善。改善工作包括引入新的工作方式，在工作出现新情况和新状况时对其进行思考和讨论，以及收集关于这些改变、思考和讨论可能如何影响实践工作的信息。这种研究通常称为"行动研究"，其主要目的是让实践工作变得更好。

提出研究问题

一旦想好了你的研究要揭示的问题，并决定了研究的预期目的，你需要将自己的想法转化为一个或一组更具体的问题，这些问题是研究的核心。不同类型的问题会引出不同类型的研究项目。这听起来似乎很简单，但如果不能领悟其中的真谛，很多时候学生在做研究时会遇到麻烦，因为他们一开始提出的问题就不对，而当他们意识到这一点时，为时已晚。这是初学研究者要面对的一个主要问题。

还记得《银河系漫游指南》(The Hitch-Hiker's Guide to the Galaxy)中超级计算机提出的问题吗？"生命、宇宙以及万事万物的答案是什么？"750万年后，计算机给出了答案：42。

"42！"卢恩克沃尔（Loonquawl）大喊道。"难道这就是你经过750万年的运算展示给我们的结果吗？"

"我仔细检查过了，"计算机说，"答案肯定是这个。我觉得问题在于——老实说吧——你们根本不知道要探讨的问题究竟是什么。"

也许社会科学家研究的问题永远不会像上述例子中这么简单地提出来，但这个故事可以警示所有人。它告诫我们要意识到研究主题（subject）的复杂性。

教育和社会科学领域的研究者，他们提出并试图解答的问题并不简单。过于简单的问题会产生愚蠢的答案。在所有涉及人、人类行为和这些行为相互关系的研究中，我们都必须思考我们想要探讨的问题本质，这一点非常重要。

如何才能提出一个好的研究问题呢？首先，你必须明白问题有很多不同类型，这些问题会引导你采用不同的研究路径，从事不同类型的研究。有些问题的答案十分简单。例如，如果你问男教师人数是否多于女教师？或男女教师的比例在过去几年中是否发生了变化？这些问题就很容易得到答案。

但是如果你提出一个问题，比如"为什么女孩的读写能力往往比男孩强"，答案或找到答案的途径就没那么简单了。事实上对于这个问题，我们脑海中立马会浮现几种可能的答案。或许是女孩的大脑更具语言天赋。或许与大脑和天赋无关：这可能是因为父母、朋友和家人与小女婴说话比小男婴更多。结果在学校又会重复这一过程。或是在语言方面，父母对女孩期望更高，所以女孩在语言使用上会得到更多反馈和训练。因此她们在语言方面表现更优秀。

对于这个问题，每一个可能的答案背后都需要进行一连串完全合理的推理。你可能认为我们能够冷静地判断出哪一个答案正确，但这不可能，因为：

（1）答案并不是非此即彼，换句话说，答案可能不只是两个原因中的任何一个。两个原因都可能促使女孩在读写方面表现更好。

（2）其中涉及衡量标准的问题——可能因为我们用来评估读写能力的测试，本质上只会让女生的读写能力看起来更优秀。

（3）我们还没有有效的研究方法来回答这个问题——即使（1）和（2）不适用，也没有任何研究设计可以给出一个永久有效的答案。

虽然回答研究问题十分困难，但这并不意味着我们应该放弃回答问题，相反我们应该意识到其中的难点，尽可能构建不同的、有附加条件的或更具假设特点的问题。

研究问题的四种类型

如果提出正确的研究问题至关重要，那么我们应该如何正确拟定研究问题呢？首先我们必须知道：存在不同类型的问题，花点时间对问题进行分类可能有所帮助。一般来说，社会研究涉及四种类型的问题，这四种问题完全可以作为研究的起点，但每种问题类型不同、复杂程度也不同，因此会引出不同类型的研究。

> **四种问题**
>
> （1）情况如何？
> （2）怎么回事？
> （3）当……时，发生了什么？
> （4）什么与什么相关？

（1）**情况如何？** 假如你是一名商科学生，你注意到公共服务领域中涉及"助理"的行业越来越多，包括警察部门的社区服务民警、学校的教学助理、医院的医护助理。这可能让你对过去20年来此类工作人员人数的增长现象感兴趣，由此引出了第一种类型的问题：情况如何？实际提出的问题可能类似于"在过去20年里，助理从业人员的人数是如何随着劳动力市场改革理念的改变而增长的？"

（2）**怎么回事？** 假如你是一名助教，注意到班上有一群学生一直不守班规，行为比班上其他学生要恶劣。或者你可能注意到，班上有一个孩子总是举手，但当老师点她回答问题时，她并不知道答案。这些都是你自己观察到的具体事例，在每个事例中你都可能问自己：为什么会出现这种情况？你想探讨这个问题。这就引出了第二种类型的问题：怎么回事？实际提出的问题可能是"为什么婕德（Jade）不知道答案还举手？"

（3）**当……时，发生了什么？** 假如你是公司的团队领导，正在攻读在职商学位。你希望为团队引入培训需求评估计划，帮助你确定哪些职员需要进行技能培训，以及哪种培训适合他们。作为其中的一部分（也是你学位研究项目的核心），你希望了解引入该计划后的结果。这就引出了第三种类型的问题：当……时，发生了什么？实际提出的研究问题可能类似于"引入培训需求评估计划对我的团队会产生什么影响"。

（4）**什么与什么相关？** 假如你是一名教育专业的学生，在选修经济学课程时，你会注意到，一个国家的国内生产总值与它花在教育上的费用总额之间似乎存在着某种联系。进一步观察可以发现，虽然这种联系看起来很密切，但花在不同教育阶段（幼儿园、小学、中学、职业教育和高等教育）的费用额度似乎存在差异。这些差异看起来十分有趣，因此你决定进一步探讨其中的联系，看看是否有文化或历史原因可以解释这些联系。

虽然这四种类型的研究问题看起来相似——毕竟都是问题，但事实上，它们提供了截然不同的出发点，也会引出截然不同的研究路径。在一项研究中可能需要提出不止一种问题，因此会伴随多个研究路径，并且彼此交织。我们将对这些问题进行详细的了解。

研究问题的四种类型—— 一些小型研究及其启示

情况如何？

例 1.1

"过去20年来，助理职业人员的人数是如何随着劳动力市场改革而增长的？"

这里你需要考虑的是描述正在发生的事情。在描述时你并没有试图去做比说"事情就是这样"更复杂的事情。你也没有试图找出某件事情的原因——换句话说，你不是在尝试研究"x 是否会导致 y"。

但研究者都知道，与说"x 导致 y"相比，说"事情就是这样"虽然相对简单，但并不直截了当。就像艺术家或摄影师呈现的艺术作品一样，你也试图忠实地再现自己所发现的事实，但做到这一点比表面上看起来的要困难得多。

就像艺术家一样，你会或多或少成功地呈现你想要描绘的世界，这取决于你要选择什么作为聚焦点，也取决于你所使用的技巧。相较于艺术家尝试画一幅画，研究人员面临的第一个问题是如何用文字或数字来勾勒出自己的图画（即研究项目）。我们都知道文字和数字并不能有效说明真相（例如，政治家陈述论点时所使用的方法就是很好的证明），因为我们会挑选要使用的文字和数字。此外，像艺术家或摄影师的作品一样，你勾勒出的画作很容易受到某种压力和偏见的影响，而你所描绘的画面也很容易因此偏离事实。艺术家描绘的对象希望自己看起来漂亮或英俊，而研究对象往往也是如此：他们希望自己表现不俗。

就像艺术家或摄影师一样，你也会面临出错的风险。摄影师拍的照片可能模糊不清或曝光不足，或拍人像时对焦失误，甚至将美人拍得很丑。老练的摄影师知道如何避免这些雷区，同样他们可以通过使用特殊镜头来放大某一方面与整体的相关性。研究者在使用文字或图片时，这些问题也可能出现，准备充分的研究者也可以像老练的摄影师那样避开会遇到的研究陷阱。

尽管这类问题只代表一种简单的问题类型，但作为本科或硕士学位的研究基础（平台），这类问题完全可以接受，而且行之有效，并能促成一流的研究项目或学位论文。但是仅靠描述现象不足以支撑一项研究。你还需要对助理职业人员的增长情况进行某种分析，这可能取决于进一步的文献阅读或进行特定类型的实地调查——或许可以调查知情人士（如警官、护士和教师）对此类人群的增长持何种看法。

实地调查： 收集资料的过程。因此，收集数据的地方称为"实地"。实地可以是教室、操场、街道、医院病房、某人的家——任何你正在收集数据的地方。

怎么回事？

例 1.2

"为什么婕德不知道答案还举手？"

你如何回答这个问题？因为你无法进入婕德的脑子里去弄清楚状况。如果问她为什么这么做，她可能也无法知道太多真相。没有婕德的心智图辅助，要回答这个问题，你就必须依据自己了解到的有关类似情况的信息，以及有关人（包括你自己）的信息来做出有据可循的猜测。当然这些都是主观的，但也并无不妥，只要你能了解并承认这类问题研究范围的局限——并且，正如所有的研究一样，我们必须确保我们不会提出不恰当的主张。这是一种非常特殊的研究：它关系到两个人——被观察者和观察者，我们必须小心谨慎，不能用这种非常特殊的情况来概括其他情况。你尝试解释这种情况，只是为了说明发生了什么。这就是为什么这类研究被称为解释性或启示性研究。

当你解释某个事物时，你就像一束光在照亮它。这意味着你要解释的对象原本处于黑暗之中（或至少光线很暗），让人无法看清到底是怎么回事（如果阳光明亮，就不需要照明，也就没有必要进行研究），所以你要照亮它。这个隐喻在这里是什么意思？

这意味着：首先你期待看见以前无法看到的事物；其次你将看见此事物，因为你在用前人未使用过的方法进行探寻；最后你要付出时间和精力用心探寻（即发光），利用你自己——你的智慧和经验——让这个事物经过研究之后，变得可以理解了。

正如一些喜欢将研究结构化的人所宣称的，这种利用自身（智慧和经验）的做法并非"不科学"：著名数学家乔治·波利亚（George Pólya）（1945/2004：172）说过，无论是在研究领域还是在其他领域，所有的发现都取决于"头脑和运气"，以及"稳坐不动，直到灵光一现"的耐力。换句话说，研究的要点不在于你使用的方法是否巧妙或特殊，而在于你是否愿意用自己的头脑去明智地看待事物。

也就是说，不要忽视自己反思问题的能力，也不要低估这种能力的重要性，它能帮助你理解问题。所有类型的研究都是如此，尤其在启发性研究中，你可以利用自己的资源——自己对人及社会情况的了解——来理解所发现的事物。

进一步延伸关于照明的隐喻。请记住，当光线从不同角度照射时，物体的外观也会不同，不同的视角或者不同的人看到的事物也会不同。记住了这些，你就会意识到，你所做的不只是描述。进行这类研究时，你的目的不是简单地描述事实，因为你所关注的社会状况并不是在简单描述的框架内得到有效解释。你将进行有关感知、认知和理解等方面的研究，为了获取答案，你需要倾听人们的谈话，解读他们的话语，观察他们的行为，并尝试理解他们的行为。

当……时，发生了什么？

例 1.3

"塔山小学（Tower Hill Primary School）实施反欺凌政策的结果是什么？"

"当……时，发生了什么"这类问题有一个特殊的结构。这种结构通常采取两个或两个以上的观察或测量结果（例如，实施改变措施之前和之后），然后尝试推断这些观察或测量结果之间的差异可能意味着什么。因此在这个例子中，你需要对政策实施前、后发生的霸凌事件进行统计，看看是否有所下降——你可能推断这是实施政策后的结果。显然处理研究主题（即霸凌）的方式有多种，第 5 章将对这些不同方式及其满意度进行探讨。

通常在这类研究中，你会问"这看起来是造成这种情况的原因吗"，你提出的问题是"x 会导致 y 吗"。

具体的情境可由你来主导。例如，为了研究一种现象对另一种现象的影响，你设计了一项实验，这也可能是自然发生的情况。你对它们进行或多或少的结构性观察，而你的推断就或多或少建立在这种结构性观察的基础上。

再举一个例子。作为中学的年级主任，你可能想改变早上与八年级学生见面时互动的方式。你可以选择提前半小时到教室，不点名，而是让学生们到校时签到，这会有什么影响？你将对任何可能的结果进行推论。你可以通过观看和记录来进行非正式观察，也可以采用结构化的方法，即通过精确调整条件（精确到你正在改变的时间长短）和精确选择要测量的结果，并比较条件改变前和改变后观察到的学生行为的差异。如果同事班上没有任何互动方式的变化，你还可以比较一下同事班上的情况。无论你的观察是非正式的还是正式的，你都将对其中的因果关系做出推断。

这类研究问题会带来一种特殊的研究设计，即揭示因果关联的研究设计。但是正如考虑"怎么回事"的问题一样，我们必须承认这类调查也有潜在的缺点，必须确保自己不会做出不当的推断。第 6 章和第 8 章将讨论哪些地方可能出错。

什么与什么相关？

> 例 1.4
>
> 在哈雷格林综合学校（Harley Green Comprehensive School），阅读能力、被孤立和缺课之间有什么联系？

以上问题由一名硕士研究生提出，她在教育期刊上指出，标明有特殊需求的儿童被孤立的可能性远远高于其他儿童。她的研究包括在学校收集数据和检查学校记录。对于她在期刊论文中的论述，我的兴趣集中在这篇论文指出，在某种程度上，学校在针对有特殊需求的儿童时，将他们孤立在外，即特殊需求在某种程度上"导致"了被孤立。在我看来，事实上更

数据： 刚开始接触社会研究时，这个词很容易让人混淆，因为可能会把"数据"和数字联系起来。然而在社会研究中，"数据"一词指的是任何原始资料来源——原始的意思是没有人对其进行过处理。因此它可能确实是数字（如考试成绩），但也可能是访谈记录、问卷答复、照片、文件、视频等。这些都是数据的组成部分。

可能的情况是"特殊需求"作为一个类别,"包含"了因各种原因而学不会的儿童,这种天生就学不会的表现最终导致了被疏离和被孤立。特殊需求并不会导致被孤立。相反,研究的每组学生基本上是从同一类群体(即"天生就学不会"的学生群体)里抽出来的。

这种不当的因果关系归因,凸显了解释此类问题时所面临的主要挑战,这类问题要探寻各种相关性,我将在第 8 章对此做进一步的探讨。

这四类问题有各自的研究路径,并使你或多或少地倾向于学习某一特定的研究方法和设计。研究方法和设计是研究过程的两个方面,我们将在第 5 章进行详细的探讨。

你的问题需要描述性答案还是阐释性答案

从我刚才概述的四类研究问题中,你或许可以看出,研究问题的性质或多或少有些复杂。最简单的问题是要求直接给出描述性答案,示例如下。

- 这所大学的学生主要通过哪些方式到校?
- 哥谭综合医院(Gotham General Hospital)忽视抗 MRSA(抗药性金黄色葡萄球菌)措施的主要原因有哪些?
- 消费者最信任的商业网站有哪些?

相比之下,需要进行某种解释的问题会更加复杂。这些问题可能是以下几种。

- 影响学生选择到校方式的因素有哪些?
- 为什么哥谭综合医院在实施抗 MRSA 措施时会遇到阻力?
- 消费者对商业网站的信任与哪些因素有关?

第二组问题不只是进行描述,因为这些问题是在寻求对某一议题或问题的解释。通常是在开题报告中预留时间和储备资源充足的学生(即硕士研究生或博士生研究生)提出这些问题。虽然寻求某种解释的问题,哪怕只是在讨论中进行推测或基于理论进行解释,总会受到青睐,但对于本科生所做的研究来说,提出描述性的问题完全可以接受(见"理论"部分,第 103～105 页)。

可能出现这样的情况:一种问题衍生出另一种问题,结果是描述在先,解释在后。让我们想象一下应用社会科学中的一个重要议题——一个与虐待儿童有关的议题。这里关于儿童保护的问题可能紧跟另一个问题,示例如下。

- 儿童保护中谁是起主要作用的专业人员？

紧跟的问题是：

- 在××儿童的案例中，这些专业人员为何未能进行有效的沟通？

因此对于学生常问的问题"我可以有多个研究问题吗"，答案是"可以，但这些问题需要相互关联，而且一开始提出的问题不应太多"。最好先从较少、较简单的问题开始，然后随着项目的推进看看这些问题会带来什么结果。要记住一点：描述性问题在前，阐释性问题在后。

研究问题或假设

可能你的脑海中会闪过"假设"这一术语，它建议你围绕假设而不是问题开展研究。与二三十年前相比，现在围绕假设展开的社会科学研究较少，原因有多种，这里就不一一赘述了。但是如果你的问题属于某一特定类型，那么围绕一个假设来建构你的研究可能比较合适，尤其是在导师鼓励你这样做的情况下。假设是围绕"当……时，发生了什么？"的问题来建构的。研究问题与假设的区别在于对假设的预期可以得到明确的验证，它强调的是"明确性"。你必须具体说明在哪些条件下你的假设可以被验证，而且预期你在研究项目结束时明确回答"是的，情况就是这样"或"不，情况不是这样"。（事实上，社会研究中对这类事情你永远无法给出明确的答案，因为假设也有争议之处。）

我将在第 6 章进一步解释如何用实验来验证假设。

DIY 活动
提出问题

你的问题产生于你的兴趣和观察。如果你在提出问题时遇到困难，不妨做以下尝试。

- 想想你的工作场景或主修的科目，其中是否存在新奇、令人困惑或不同寻常之处？如果有，想想你会如何做进一步的探讨。
- 向同事、朋友或亲戚询问他们在各自领域的日常工作中遇到的某一特殊议题或问题。想想如何由此引出研究问题？
- 对媒体报道进行思考，这些报道有关教育、媒体、医疗保健、体育科学、试用期、商业或你的研究领域。其中有哪些方面看起来有趣或令人费解？有哪些方面可以跟进研究？

·试着在互联网上浏览一些网站，如大型政府部门（商业部、能源与工业战略部、教育部、卫生部）的网站。了解当前的热点话题，例如，踢足球时儿童头球的危险性、隐私与媒体、儿童的幸福感。想想如何围绕这些话题开展研究项目？

·访问 Campbell Collaboration 或 Cochrane Collaboration 网站（见第94页），了解当前重要国际议题的相关资讯。

如果你还不知道该怎么做，不妨试试以下方法。

·头脑风暴——尝试提出三个不同的研究问题，这些问题最好来自你所熟悉的领域。头脑风暴的基本规则：①两名或两名以上人员聚在一起，就研究的议题畅所欲言；②最重要的是（想法的）数量，而不是质量；③不得批评他人的想法；④欢迎不同寻常或奇特的想法。

·按A～Z的顺序，以字母为首提出主题，任何想法都可以提，看看这些想法在你的脑海中会激发出什么火花。

研究问题是否可行，研究问题中存在的困扰

当你想好了一个问题，弄清楚该问题对应前面概述的四类问题中的哪类问题后，要根据两个重要的标准——准确性和可行性——来考虑该问题。

是否准确？

对于研究问题，常见的一个困扰是过于宽泛或过于笼统。例如，"儿童阅读困难的原因是什么？"这样的问题几乎无法回答。然而"肖恩（Sean）的阅读行为有哪些特点？"这样的问题可以从小规模研究中找到答案。

> 研究问题中常见的困扰
>
> ·研究问题太宽泛。
> ·无法给出明确的答案。
> ·无法获取所需信息。

是否可行？

有时研究问题会有伦理困扰。例如，假如你对父母吵架如何影响孩子学习感兴趣，但向孩子（或父母）询问这些隐私问题有违伦理。或者你可能无法获取想要的信息。如果你的研究问题需要在教室里进行观察，你确定会有学校允许你进教室观察吗？第 2 章将讨论这些伦理和信息获取问题。

同时还要记住，你在时间和物质上会受到很大限制。（我猜）你没有太多时间做研究，而且资金紧张。不妨先想想如何完成理想中的项目，再思考如何基于伦理、时间、专业能力、资金等因素对其进行调整（或许是删减）。

初始问题

初始问题是你一开始就提出的问题，即在引言中陈述的问题。初始问题会随着研究的推进而不断变化和完善。

如果你觉得你的研究问题在这个阶段不太合适，不要担心。通常情况下，不，几乎总是如此，问题不会在研究开始阶段就一劳永逸地确定下来。事实上我应该说得更清楚：可以预料的是，这（或这些）不会是你的最终问题。特别是在你进行小规模研究时，尤其是在有从业人员配合的情况下，你很有可能无法在一开始就恰如其分地确定你的研究问题。

你还可能觉得自己对该领域尚不够了解，无法在现阶段针对该议题就研究问题或攻关计划做出明确的选择，这没关系。或者你可能希望做一些实际的基础工作，以某种方式设定研究边界，再以某种方式筹划展开研究的渠道。毫无疑问，阅读文献会帮助你完善初始问题。

> **备忘录**　随着研究的推进，你将修改和完善你的想法。因此你的早期想法和问题都是"初始问题"。在你完成文献综述后这些问题会变得更精准。社会研究很少按原始计划进行。要有随着研究推进而修正研究问题的计划。

在项目开始时就必须恰如其分地确定研究方案，这种想法是社会研究模仿自然科学研究方法的时代产物。当时的自然科学研究方法是在实验一开始就制订出包括研究问题、过程和方法在内的详细计划，并不折不扣地落实该计划。事实上，自然科学研究人员在实践中是否如实操作？这值得怀疑，但他们宣称就是这么操作的。著名生物学家彼得·梅达瓦爵士（Sir Peter Medawar）反驳了"研究可被干净利索地计划和执行"的错误想法，这些本应该与科学家实际研究工作相关的特定方法和步骤，呈现出来的却是"由我们选择的幕布升起时被公众看到的姿态"(Medawar, 1982: 88)。

社会科学家对自己作为科学家的身份有点自我贬低的情结,因此选择信任自然科学家,并尝试复制已公开的通俗易懂的自然科学研究模式。但是在社会科学领域,你不可能设计出一种研究中没有停顿、再思考、再规划、修改及重新开始等过程的研究项目。而且重新思考你的研究问题是再思考过程的第一步,是可以预期的,也是你这类研究项目中必要且不可或缺的组成部分。

所有这些再规划和再思考的过程意味着你在调查社会世界时所做的研究通常称为递归研究或迭代研究。换句话说,研究回归到研究问题本身并重新开始,这种模式(涉及文献再探讨和重新规划)与有时被称作"线性"计划(见图1.3)的模式是有区别的。

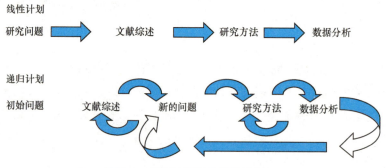

图 1.3　线性计划还是递归计划?

因此想着事情不会按计划进行本就是计划好的。如果图1.3中的"递归"部分看起来有点乱,那是因为社会研究通常就是如此。你的研究实际上可能沿着一条全然不同或比原计划要简单的路径推进,但该路径通常不会从头到尾都是笔直的、(思路)狭窄的。重要的是,为撰写文献综述所做的文献阅读将为你的研究问题提供参考,并帮助你完善研究问题。此外,你还会瞧见路边的其他事物,你会对此留意,觉得它比设定的主题更有趣;你会发现你无法与原计划要交谈的人交谈,诸如此类。你的发现和境遇将始终影响你推进研究的方式。这就像蛇梯棋(snakes and ladders)游戏一样,研究过程中你会有回退,也会突然很快推进研究,获得深刻见解。无论是回退还是获得深刻见解,都会让你重新进行思考。

研究开始时提出的一个或多个问题被称为"初始问题"。初始的意思是"初露端倪"或"初看之下",因此将你的研究问题称为"初始问题"就是承认其地位——承认这些问题是暂时的,未来会发生变化。初始问题给出的是粗略有效的问题。我们将在第4章探讨如何对初始问题进行修正。

证据类型和答案类型

到目前为止，我一直在谈研究问题。当我们想回答一个问题时，必须依靠某种证据，在这个阶段值得思考的是哪些证据可能有助于回答对应特定类型的问题。通常证据有很多种——有力的、薄弱的、间接的、主要的、次要的，等等。但这些证据意味着什么？它们可能与你的论文有什么联系？在现阶段必须对此进行思考，因为评阅人将依据你收集到的证据来评估你的论文。如果是你的研究问题导致证据不足，论文会因此被严重扣分。这就是一开始把研究问题彻底弄清楚的最好理由。

让我们来看表1.2中列出的一些简单问题——这些问题都与教育或社会科学无关——看看可能出现什么样的证据，你就会明白为什么在这个阶段必须非常谨慎。

表 1.2 问题和证据

问题	用证据回答问题的方式	证据是否可靠、有力（满分5星）	为什么评这个星级
彩虹有几种颜色？	从书中寻找答案	★★★★	基本可以肯定，书中的答案正确。但书中的答案未必总是正确的，因为总有解释的余地（例如，你所指的"颜色"是什么？紫外光算吗？）
	下次彩虹出现时，数一数彩虹有几种颜色	★★★★	靠自己的观察而不是别人的观察（比如书中的观察）是一件好事。但是要注意你的答案可能与他人的不一致——因为在这个例子中，你们可能对颜色的构成产生分歧（黄色和蓝色在哪里融合，融合后是否构成另一种颜色？）
	询问他人	★★★	他们可能知道，也可能不知道。他们可能不知道，但又不想告诉你他们不知道，于是就进行了编造
我最好朋友的中间名字是什么？	问问他/她	★★★★	你会想这肯定准确无误。但是如果你的好朋友羞于给出自己的中间名字，会怎么做呢？他们有没有可能说自己没有中间名字，或者编造出一个不同的中间名字
生命的意义是什么？	你可以进行反思，也可以询问他人或阅读书籍	★★★★	没有明确的答案（不论你做了多少研究，永远没有明确的答案）

续表

问题	用证据回答问题的方式	证据是否可靠、有力（满分5星）	为什么评这个星级
如何从这里前往爱丁堡？	在地图上查找，或上网查询	★★★★	出版的地图在这种简单的方向上出现错误的可能性微乎其微
千足虫有多少条腿？	在书中查找，或上网查询	★★★	在互联网上搜索发现，答案给出的数量范围大同小异。在我看来，答案"在80至400之间"出现得过于频繁，这表明"专家"也可能不是自己去找答案，而是依赖彼此之间的答案（涉及二手文献存在的风险，见第60～64页）
	到土里挖一只千足虫数一数	★★★	很有可能你数不清或在某种意义上数错了。如果你决定通过数另一只千足虫的腿来核对答案，结果数出的数字却不一样，这会令你想到更多的问题，怀疑千足虫有可能存在不同的物种或同一物种存在变异的情况
这个按钮是做什么用的？	按下按钮	★★★	你应该可以看到按下按钮后会发生什么，但可能什么也不会发生（想象一下汽车仪表盘，按了按钮后什么也不会发生，或微波炉控制面板，按了按钮后微波炉会进行相应的操作）。不过，如果确实随之发生了肉眼可见的事情，就可以大概率确定是按按钮引发的（但不能绝对肯定——有可能是某种巧合）

在表1.2中，你会注意到几个求证过程——你可能在书本或已发表的研究论文中寻求事实依据，或者你也可以"实地"收集证据：询问直接参与人，或进行观察，或试做某些事情，看看会发生什么。每个求证过程都会得到不同的证据，每种证据都是可以接受的。不过，正如你从例子中看到的，每种证据都有自己的优缺点和潜在的隐患。

实证的（empirical）：严格来说，这表示某事是从经验、试错或感官证据中发现的。但是，"实证的"经常被错误使用，暗示着经过某种实验，因此当提到"实证证据"时，人们通常（错误地）指的是来自某种试验或实验研究的证据。

通常情况下（但并非总是如此），人们希望你在大学开展的研究项目中提供的证据是实证性的。也就是说，你需要到广阔的天地中去，自己收集数据，而不是依赖他人整理的信息，比如书本中的信息。（事实上，研究项目是文献探讨——仅作为文献探讨——有时是可以接受的，但如果你想做一项完全基于文献探讨的研究项目，应征求导师的意见。）

由于证据可能存在这样或那样的缺陷和不足，因此以不同方式收集到的证据有助于确定答案，因为这样证据就可以相互支持。警方在犯罪现场收集证据，当一项证据可以支持另一项证据时，他们称为佐证。由于证人或警官可能出错，设备可能有问题，证人可能不理解被询问的问题，或者可能出于各种原因而编造事实，因此单凭一项证据往往是不够的。寻找不同的证据来源（如阅读文献、进行观察和访谈）十分有益。

社会研究项目同样如此。依靠多种证据比只依靠一种证据要好得多。获取证据的途径有很多种，证据可来自个人经历、试做某件事情——"尝过才知味"、他人的证词、文件或档案、历史文物、观察……

在社会研究中，使用一种以上的证据有时称为三角测量法（triangulation）（第157页）。虽然互证或三角测量法具有重要性，但必须指出的是，社会研究中你永远不可能得到确凿的证据来证明某件事情就是如此。

然而，证据越多，每个证据都相互佐证，你就越有把握。这就是为什么经常用形容词来修饰名词"证据"，如初始证据、无定论证据、薄弱证据、有力证据、确凿证据等。

我已经对证据问题做了总体陈述。重要的是，要结合社会科学和你的论文来思考这些问题。你能否收集到能够回答研究问题的证据？因此要想一想你在回答研究问题时可能收集到的证据。假设你的研究问题与儿童在数学方面遇到的问题有关。你能收集到哪些证据？你可以直接向老师提问，或问孩子们有什么问题，或让孩子们在做题时与你交谈，或让孩子们完成诊断测试。

以上途径都会帮助你获得某种证据，而且各有优缺点。

关于证据的最后一个要点为你如何看待、审查和使用证据。关键在于检查证据，并以批判性思维对其进行评估。伟大的哲学家约翰·杜威（John·Dewey）（1920—2004年）在评价几种思维时认为，只有"反思性思维……（才）真正具有教育价值"（第3页）。杜威将这种反思性思维与其他类型的思维区分开来，前者是指对信念赖以存在的依据进行有目的自我反思，后者则是指很少认可或根本不认可证据或依据对持有信念的证明力。他继续说道：

我们不知道为什么（某些想法）会流传下来。它们没有明确的来源，在潜移默化中巧妙地进入我们的内心，在不知不觉中成为我们思想的一部分。传统、教导或模仿——都以某种形式依附于权威（如传统），或诉诸我们自身的利益（如教导），或沉浸于对某事的热爱（如模仿）——是形成这些想法的原因。这些想法带有偏见，是未审先判，而不是基于调查证据所做的合理判断。（第4～5页）

杜威在此提出了一个要点，即我们应该对某些特定的思维持怀疑态度，尤其是那些源于传统和权威的思维。我们应该独立思考，警惕一切来自既得利益者或强烈主张者（"狂热者"）的推理过程（无论是他人还是我们自己使用的）。杜威所推崇的反思就是指对我们的想法持怀疑态度，并总是在寻找证据去进行一连串的推理。他认为我们应该努力做到几乎本能地进行批判性思考。这种反思是优秀研究项目的特征之一。

> **备忘录** 展示你的批判性思维。寻找证据时，一定要质疑其价值。

标题

你可能希望从一开始就为论文定下一个明确的标题，虽然这样计划看似很好，但事实上，此时（也就是一开始）标题最好不要那么明确。事实上，思考研究问题比思考标题更重要，但这并不是说标题不重要。相反，标题很重要，因为评阅人会结合标题对你的论文进行评估，换句话说，评阅人评估论文时会向自己提问："该论文是否切题？"

完成一项社会科学项目的过程中，不论研究规模是大还是小，你会发现，你要研究的社会世界并不像你原先设想的那样。因为存在伦理问题，你可能无法涉足设定的研究场所，或者在开始阅读有关该议题的文献时，你想到了更好的研究问题。（这些变化将在本书第4章中进行讨论。）你要认识到的重要事实是，这些变化不可避免，如果你固守预先设计好的标题，将错过许多让你的研究变得更有趣或更易于实施的机会。

或许你可能意识到有必要对标题进行修改，但依然坚定地坚持沿用原标题，即便研究项目在实施过程中已发生很大变化。毕竟你知道自己在做什么，而且随着研究的深入，该标题可能被忘却在你大脑中某个尘封的角落，再也不会被重新审视。但请记住，你的导师在阅读你的研究项目时，他会自问：你的研究是否在回应标题？如果你的标题与实际研究内容不符，评阅人会感到失望和疑惑。被评低分一个常见的原因是研究内容（论文或项目）与标题不符。

因此最好的规划是先确定一个初步标题——它可以扣住你原本打算要做的研

究内容——一旦你完成论文，就可以结合实际情况修改此标题。标题可能只需要稍作调整，也可能需要进行大幅修改。但新标题，即研究完成后拟定的标题，将与所做的研究完全契合。不过一定要使用初步标题，提醒自己研究目标是什么，因为做研究时，你会发现自己通常将受到百般诱惑，想去尝试无数不同的方向。也许只有其中一个方向值得研究，但你是真的想研究这个方向吗？你必须不断思考自己做出改变的动机和可能产生的结果。图 3.2（第 69 页）中的故事板块能在这方面为你提供帮助。该板块将帮助你确定由初步标题所决定的主要研究路径，以及每条路径可能指向的调查研究渠道。

> **备忘录** 做好修改标题的准备，但要等到项目结束时再对标题进行修改。

研究是什么？又不是什么？

谈谈研究是什么和不是什么，以此作为本章的收尾很有意义。研究事关好奇心和探索，就像新闻报道一样。然而，研究与新闻报道的不同之处在于，人们对研究有很多期待，相应的研究又受这些期待的约束。对研究的期待包括研究旨在发现新知识、研究要周密、研究要均衡、研究要公正、研究要符合伦理。

这些都是基本原则，我们将在后续章节中做详细的介绍。要强调的是，研究不是新闻报道，也不是为了某个议题去开展宣传活动。研究与坚持某个立场无关，也不是为了"了解"某事并试图为其寻找"证据"。你不能假定自己已经知道答案。研究事关：基于研究规则做均衡的探究，做研究要有批判精神。

> **导师**对你的引言**有什么要求**。他们可能期望你完成研究项目后才对引言进行完善。但是他们会期望你有理有据地说明：为什么进行这项研究？为什么这项研究值得开展？基于此，可以参考本章的"做 BIS 分析"。

总结

引言非常重要，它为读者铺设了研究场景。引言应能引起读者的兴趣，吸引读者去进一步阅读。引言告诉读者你为什么对某个领域感兴趣，为什么你认为这个领域值得研究。引言概述了你最初的研究问题是什么。你应该花时间考虑你要提出的问题类型，因为整个研究都将围绕这些问题的构建方式以及回答这些问题所需的证据类型来展开。思考研究问题时，应考虑问题的性质以及这些问题可能引出的研究路径。但你不应对这些早期的问题感到恐惧。在研究初期，它们都是初始问题，随着前期研究的推进，以及对文献的不断探讨，这些问题将不断得到完善。研究问题是初步的问题，就像你现阶段的标题是初步的标题一样。

事实上，整个引言就是一份有关如何开展研究的初步文件，随着研究的推进而不断得到修正。但是引言不应该试图抹去研究困境或你决定改变研究方向的节点。这些都是你研究经历的一部分。如果在引言中说明了你从哪里开始，又在哪里改变了研究方向，将有助于读者理解你为什么要这样做。因此引言要向读者介绍你最初的研究意图，以及你研究项目的进展情况。

拓展阅读

Becker, H.S. (2008) Writing for Social Scientists: How to Start and Finish Your Thesis, Book, or Article (2nd edn). Chicago: University of Chicago Press. 更适合硕博士研究生而非本科生。真正让你去思考如何做研究以及你要做什么研究。对于以计划为导向的研究来说，是一剂良方。

Booth, W.C., Colomb, G.C. and Williams, J.M. (2016) The Craft of Research (4th edn). Chicago: University of Chicago Press. 一本出色的著作，涉及从自然科学到人文科学各个领域的研究，帮助读者审视研究问题与研究方法之间的关系。

Cohen, L., Manion, L. and Morrison, K. (2018) Research Methods in Education (8th edn). London: Routledge. 对各种研究方法进行了全面和经典的阐述，涵盖面十分广泛，你可能需要"一辆叉车"来搬运书中的内容。

Denscombe, M. (2021). The Good Research Guide: For Small-Scale Social Research Projects (7th edn). London: McGraw-Hill Education. 关于项目完整的重要性，在结尾处提出了一些好建议。

Laws, S. (2003) Research for Development. London: Sage. 特别关注研究的进展部分，其中第 5 章对研究问题和重点进行了很好的阐述。

Luker, K. (2010) Salsa Dancing into the Social Sciences. Cambridge, MA: Harvard University Press. 一本不同寻常的著作，与其说是一本指导手册，不如说是一个故事或一系列有关研究指导的轶事。作者卢克以有趣又有效的方式指出了学生在建构研究问题时遇到的问题。为此她区分了"explanandum"（阐释的对象）和"explanans"（阐释本身）——这与我的"BIS"（见本书第 4 页）颇为相似，但探讨得更全面、更专业。

OECD (2015) Frascati Manual 2015: Guidelines for Collecting and Reporting Data on Research and Experimental Development. Paris: OECD Publishing. http://dx.doi.org/10.1787/9789264239012-en. 就研究是什么进行了专业的探讨，适用于高水平学生。

Pulman, A. (2009) Blogs, Wikis, Podcasts and More. Basingstoke: Palgrave Macmillan. 从一开始就考虑社交媒体的潜在价值是一件好事。本书篇幅短小，是很好的入门读物。

Seale, C. (2017) Researching Society and Culture (4th edn). London: Sage. 一本有趣的论文集，其中有几章涉及社会研究中的大多数问题，还有一章与研究问题有关。

Thomas, G. (2022) Evidence, schmevidence: The abuse of the word 'evidence' in policy discourse about education. Educational Review (in press). https://doi.org/10.1080/00131911.2022.2028735. 批判性地审视"证据"在公共话语中的含义，尤其关注政治家对证据的使用。

Thomas, G. and Pring, R. (2004) Evidence-Based Practice in Education. Maidenhead: Open University Press. 一本论文集，特别关注医学和教育领域的证据，以及基于证据的政策与实践。就证据、证据是什么以及如何使用证据展开了讨论，具体参见第 1 章。

Thomson, A. (2008) Critical Reasoning: A Practical Introduction (3rd edn). London: Routledge. 包含一些关于证据的精彩讨论和建议。

White, P. (2017) Developing Research Questions: A Guide for Social Scientists (2nd edn). London: Palgrave Macmillan. 正如书名所示，聚焦社会科学中的研究问题、研究问题的重要性以及如何提出研究问题。

第 1 章 自评表

复印此表并填写答案，这可能对你有帮助。

	记笔记	
1. 你是否完成了 BIS？ • 考虑研究背景了吗？ • 思考你特别想解决的研究议题或难题了吗？ • 深思过可能采取什么样的解决方案——什么样的研究能解决你的问题吗？	有关研究背景写上一两句话。 用一两句话概述具体的问题。 先不要写任何关于解决方案的内容，只需要在此阶段进行思考。只有考虑了不同的研究方式和方法后，才能更加明确自己要采用什么解决方案（见本书第 5 章）。	✓
2. 你是否想过你的研究目的？	写下两三句话。	✓
3. 你是否有一个要聚焦的研究点子？	说说你的研究议题或难题（见上文）是如何转化为研究点子的。	✓
4. 你是否想出了初始问题？	写下来。请记住，在你阅读该领域文献的过程中，初始问题可能发生变化（见本书第 4 章）。	✓
5. 你是否想好了初步的标题？	标题要简短。	✓

2
做好研究规划与管理

找准研究切入点,提出一个好问题 ← 你在这里

撰写文献综述,优化研究问题

决定研究方法

开展调查研究,收集数据

分析数据,展开讨论

得出结论,撰写论文

> 项目研究中你必须协调多种要素和活动,因此需要具备较强的组织能力。只有当你有机会接触到想要研究的人与事,在研究过程中遵守研究伦理、尊重参与者的兴趣和意愿,你的研究才能得以顺利进行。
>
> 本章具体讨论以下内容:
>
> - 项目管理——项目的主要构成要素及其组合方式。
> - 制订研究计划。
> - 与导师合作。
> - 研究伦理,遵守研究伦理——获得开展研究所需的伦理许可。
> - 时间管理。
> - 信息渠道——获取所需信息。

管理在研究项目中的重要性无可比拟，远超过其在撰写论文或完成其他任务中的作用，这是因为研究项目是一个庞大的工程。它可能相当于完成一个、两个或三个课程模块的工作量，但导师给予的指导可能只有几个小时。你需要肩负所有责任，自己安排研究计划。因此，最好能认识到这点，并为此做好准备。即使在最糟糕的情况下，你也可以熬上一两个晚上就完成一篇课程论文（但质量不会太高）。与课程论文不同，研究项目工程庞大，你的确需要进行"项目管理"。

了解学位论文的结构

一旦有了研究点子并确定了研究问题，研究项目的类型会随之明确。现在你可以着手进行项目管理了。不论要做的是哪种研究项目，几乎都包含以下要素。

第1章 引言　　引言需要说明你为什么对研究的课题感兴趣，并阐述对该课题进行研究的重要性。

第2章 文献综述　　文献综述是对该领域已有的研究进行梳理和概述。如果某些重点领域需要更加清晰的划分，你可以将文献综述分成两章或更多章节。也就是说，文献综述可以由不只一个章节构成。

第3章 方法论（或研究设计）　　方法论（或研究设计）需要解释选择特定研究方法的原因。比如，你需要说明为什么采用问卷法进行研究。

第4章 调查结果　　调查结果是交代你的调查发现。通常情况下，会将本章与下一章合并，因为在许多类型的研究中很难将调查结果与数据分析分开。

第5章 数据分析和讨论　　数据分析和讨论部分将运用本书第8章论及的工具对调查结果进行分析。你将基于自己的研究问题、结合文献综述中论及的议题进一步进行讨论。如有必要，你可以将本章分为数据分析和讨论两个章节。

第6章 结论　　结论是总结全文，向读者交代研究问题是否得到了很好的解决。

本书中，我们将逐一详细讨论以上章节。在现阶段，你只需要知道学位论文由这些部分组成，并了解每部分在论文中所占的比例。图2.1提供了一个简要的结构指南（非常粗略，不必把它当作"真理"）。

从论文的字数和页数来看，图 2.1 中的比例大致（再次强调，此处是大致）相当于表 2.1 给出的百分比。页面排版格式为 A4 纸双倍行距，每页约 300 字。

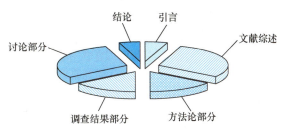

图 2.1 学位论文的要素

现在你可以合理安排任务时间了。假设你总共有两个学期（或者三个学期）的时间来完成一篇 10 000 字的学位论文，其工作量有时被认为相当于完成两个课程模块的工作量。除去周末和假期，你大概有 80～90 天的时间来完成论文。

表 2.1　学位论文中字数和页数的大致比例

组成要素	字数所占大致比例（%）	一篇 10,000 字的本科毕业论文		一篇 20,000 字的研究生毕业论文	
		字数	页数	字数	页数
引言	5	500	2	1 000	4
文献综述	30	3 000	12	6 000	24
研究设计和研究方法	15	1 500	6	3 000	12
调查结果	15	1 500	6	3 000	12
数据分析与讨论	30	3 000	12	6 000	24
结论	5	500	2	1 000	4
共计		10 000	40	20 000	80

你需要决定如何给该论文的每个部分分配时间，一个有效的方式是用图表展示如何分配时间。假设你的时间分配如表 2.2 所示。

表 2.2　项目的时间分配

	天数
阅读该领域的文献	10
撰写文献综述	14
检验研究方法	7
阐述研究方法	4
实地调查	21
分析数据与报告结果	21

续表

	天数
得出结论	3
定稿	2
总计	82

制作时间图表

为了使时间分配计划（见表 2.2）更加一目了然，你可以采用时间图表（有时称为甘特图）的形式来呈现，如图 2.2 所示。但要注意，当你同时处理多项任务时，时间条会有重叠。

只有对研究中各个部分的可用时间和所需时间有所了解，才能确保每个部分都能分配到足够的时间。你肯定不想在提交期限只剩一个月或者一周的时候才发现大部分文献综述和数据收集工作还尚未完成。

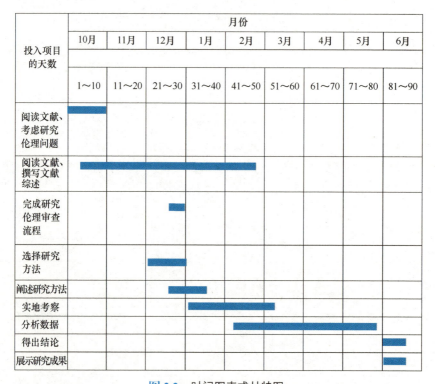

图 2.2　时间图表或甘特图

最好在 Word 表格中制作时间图表。这项技能极为实用，因为它关系到你能否清晰地展示自己的研究计划。无论是在研究项目中，还是在接下来的学位课程学习中，时间图表都是对你能力进行评估的一项重要技能。把制作好的时间图表交给导师过目，并与导师进行讨论，这不仅能让你获得宝贵的建议，还能给导师留下深刻的印象。

DIY 活动
为自己的研究项目制作时间图表

请看图 2.2 中给出的通用时间图表。现在制作你自己的时间图表，首先要明确项目的交付日期，然后据此倒推，为项目中的每个部分预留充足的时间，随后画出时间条。你自己的项目时间安排不一定与图 2.2 的完全一致，但整体比例应该与之相似。在示例中我预留了 9 个月的时间来完成项目。然而，实际安排的时间可能因导师的建议而有所不同，可能更短（或更长）。如果出现此类情况，要相应减少（或增加）月份的列数。

投入项目的天数	月份								
	天数								
阅读文献、考虑研究伦理问题									
撰写文献综述									
选择研究方法									
完成研究伦理审查流程									
阐述研究方法									
实地考察									
分析数据									
得出结论									
展示研究成果									

值得注意的是，这里提供的论文构成比例分配只是一个参考，并非固定不变，

你可以根据研究需求对其进行调整。不同研究项目中，有的调查结果可能更为详尽，有的文献综述可能篇幅更长，有的结论部分基本不需要单列成一个章节，可以与讨论部分合并。在这方面不必墨守成规。请看图 2.3 中两篇论文的不同构成比例。

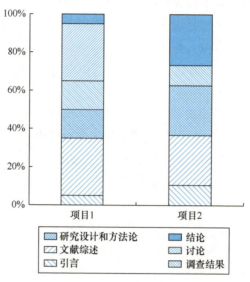

图 2.3　不同论文各部分的比例对比

我在前面说过，你应当灵活安排论文结构，但如果其他条件相同，我个人倾向采用类似图 2.3 中项目 1 的论文结构比例。如果你以此为准则，并做好灵活变通的准备，就不会犯太离谱的错误。

或许你会有疑惑：如此准备是否值得？答案是肯定值得。组织、准备、预判和管理等能力都是评估你研究能力的部分依据，而做准备的能力是其中的关键技能。

别老盯着指甲看，注意时间管理！

我们都清楚，应当在管理时间上做得更好，但总有一些原因导致我们的时间管理不够高效。我太了解这种症状：坐在电脑前，却一个字也敲不出来。我殷切地注视着自己的手指，然后……"就只盯着手指甲看！"然后去找指甲刀，最终小心翼翼地修剪了那些烦人的指甲，就这样浪费了半个小时。接下来，我还得将指甲上的粗糙部分磨平。当然这时就到了喝茶的时间，然后，"哦，邮递员来了"，我为工作精心预留的两个小时就这么流逝了。

如果你觉得这听起来耳熟，可以尝试以下几种管理时间的方法。

制定时间表

根据你绘制的时间图表以及研究项目中各部分的时间（天数）进行安排，决定一周中的哪些日子做研究工作。可能只在周一到周五？或只在周末？或一周都在做研究工作？抑或有其他的安排？根据自己的生活作息制定时间表，决定自己做研究的日子及时长，然后按计划行事（最后这一点很重要）。

积少成多

每天推进一点。"时间不够"是不能继续研究的一种常见托词。确实，能延长时间固然很好，但每个人很难找出多余的时间。指望王母娘娘赐给你更多时间吗？显然不切实际。现代生活纷乱复杂，要求繁多，充分认识到自己必须做出妥协、积少成多地推进研究，反倒来得更实际。如果研究推进足够频繁（如每天一次或每隔一天一次），你会发现自己能够保持研究的连贯性——这样就能更好地跟踪自己的进度。如果研究推进的间隔时间过长（如一次中止三四天），你会发现自己忘了之前的思路，并且失去继续研究的动力和兴趣。所以即使你没有进行实质性的写作，每天接触一下书籍和电脑也是有益的。即使已是晚上11点，你已经疲惫不堪，也要强迫自己打开电脑，回顾一下昨天的内容。

在"积少成多"的问题上，我要大胆提出我的"金链花原则"，这个原则通常是我激励自己投入到研究中的动力源泉。我书房的窗外有一棵金链花树。在5月份我留意到树枝上冒出了小小的花蕾。两三个星期后，当我再次注意到它们时，它们已经是美不胜收的长串金黄色花朵了。在我毫无察觉的情况下，它们是如何由小花蕾长成盛开的花朵的？因为它们每天都长一点点，并且一直在坚持。这就是积少成多（带来的巨变）。

与他人协商好时间

周一到周五每天都留出一段时间专门用来做研究，并要确保你自己以及家人朋友都将这段时间当作雷打不动的时间。与他们协商好，这是一段专门用来做研究的时间。务必让亲友们对此加以重视：告诉他们你的未来发展与之息息相关，并提醒他们，如果你的论文不合格，你很可能陷入抑郁中，从此一蹶不振，而这将是他们不遵守你的约定时间犯下的错，他们会为此深感愧疚。

设定目标

按照你的日程安排，给自己定下每天（预定的工作天）至少写 250 字的目标，目标完成之前绝不离开书桌。

确定工作时段

你可以早上 6 点起床，工作至 7 点。或者告诉自己 8 点至 9 点之间不看电视。完成任务后，不妨犒劳自己一下——如喝喝咖啡、品品酒，听听音乐，或出门走走。但要将这些消遣留到任务完成后，不要在研究期间分心。

采用结构化技巧

你可能发现，通过运用特定的技巧来对这些时间段进行规划会很有帮助。不妨尝试一下"番茄工作法"（因使用番茄形状的计时器而得名）。简单来说，"番茄工作法"包括以下内容。

- 选择一项可以在 25 分钟内完成的可控任务（如写出 100 字）。
- 写下任务内容和目标（如 100 字）。
- 在电脑、手机、厨房用具或任何其他设备上进行计时——25 分钟后响铃。
- 在这 25 分钟内不要回应任何干扰（火警和呼救声除外）。在这段时间内你不要回复电子邮件，不要上网搜索，不要接电话。
- 在下一个"25 分钟"之前休息 5 分钟。

如果你依然找不出时间

如果你仍然感到时间不够，可以制订一份近几天的空白时间表，上面列出的时间具体到小时。然后根据你这些天使用时间的实际情况填写时间表。不管你的生活有多忙碌，你会发现，你浪费了惊人的时间在无所事事、混点或观看无聊的电视节目上。这个发现有助于你有效使用时间。

研究中的压力

孤独

研究可能令人感到孤独，特别是当你每隔几周才能与导师见面的时候。孤独、觉得自己事事做错、看不到隧道尽头的光明，这些都是研究孤独压力综合症的症状。就我个人而言,我有轻微的社交恐惧,因此并不感到孤独。但是那些喜欢社交的人告诉我,在同学中建立支持小组,大家一起讨论各自的研究内容、优质的信息来源以及研究中出现的问题等,会对做研究很有帮助。社交媒体在此方面很有用。你可以建立一个 WhatsApp 群,或者关注 Twitter 交友软件上的热门话题标签,如 #phdchat(#博士聊天),即使你不是博士生,这些话题里讨论的问题与本科生和硕士生所面临的问题并无二致。

数字化思考 2.1
社交媒体

通过社交媒体,你可以获得他人的支持。YouTube 视频可能对你有所帮助(虽然视频质量参差不齐)。同时你可以访问诸如 Academia.edu 等网站,获取你所在研究领域学术"大咖"的最新研究成果和主张等信息。你也可以关注他们的主页,了解他们当前的出版成果。

在 Twitter 上关注如 #phdchat 等话题标签,或许有助于营造一种研究共同体的氛围,减少研究过程中的孤独感。

问题不可避免

除非你特别走运,否则有些倒霉事是不可避免的,如参与者退出、问卷回复率极低、找不到想要调查的对象等。所以,一开始就在一定程度上制订好应急预案是明智之举。这没有听起来的那么复杂。它仅意味着在研究之初,你应该设法评估哪些部分最具风险性(可能出现问题),并为此制订一个应急预案。比如,你打算通过电子邮件发送 100 份问卷,但你意识到这样做有风险,因为大部分人在回复问卷方面是出了名的不可靠。因此你制订了一个应急预案,一个月后发送电子提醒邮件,两周后再致电未回复者。具体如表 2.3 所示。

表 2.3 问卷应急预案

计划	应急预案 1	应急预案 2
1月6日,通过电子邮件发送 100 份调查问卷	如果 2 月 6 日前回复率不足 20%,发送电子提醒邮件	如果 2 月 20 日前回复率仍不足 20%,致电未回复者

信息渠道

信息渠道事关你如何获取所需数据。如果你所需的信息不是取自书籍或数据表，而是要从相关人员那里收集，那么这可能令你感到为难。无论是进行访谈、问卷调查，还是进行正式或非正式的观察，你都需要确定目标人员，与他们本人（通常是与他们的同事）取得联系，以获得他们的同意。表 2.4 列出了一些可行的联系形式，以及一些需要注意的事项。

表 2.4　可行的联系方式

方式	天数
通过本人或同事联系	你可能成为受调查组织的内部成员，这有利有弊。你可以轻松接触到想要调查的人员。你掌握的知识也能帮助你深入了解当地的政治和文化。但不利的一面是研究组织或体系中的其他人会对你抱有期望，这可能影响他们对你的看法。这一点或许至关重要，也或许无足轻重。如果你做的是阐释性研究，这些期望可能部分取决于你所处的位置和背景（详见第 156 页的"立场"）。但是，如果你的研究追求的是某种客观性，那么你必须审视自己的问题，思考你的立场可能如何影响他人给出的回答
通过亲友了解	对于本科生而言，这通常是一条打入组织内部的"捷径"。然而，这并不意味着你可以不经过该组织的权威部门或其他关键利益部门的同意。以学校为例，你必须让校长（或其委派的副校长）参与进来——这不只是为了获得"同意"，更是为了争取到他们的积极支持
通过导师指引	你的导师或许知道哪个组织、团体或个人能为你提供合适的平台。但是除了为你提供初步联系外，不要对导师抱有其他期待。其余的联络工作以及后续事宜，都需要你自己去完成
随机抽样或其他形式的抽样	你可能只是随意挑选名字，如邮寄问卷调查表给在特定地区工作的理疗师。也可能你的取样具有针对性——你知道联系哪些个体。（参阅第 145 页"抽样"部分，了解各种抽样方法）

使用社交媒体，能帮助拓宽研究者获取信息的渠道、提高参与者的参与度。英国国家医疗服务系统集团 INVOLVE（2014）列举了一些经典的范例，说明如何通过社交网络来提升潜在参与者的参与度。有关如何获取这些举措的详细信息，请参见本章末尾"拓展阅读"部分的"INVOLVE"条目。正如作者所强调的，这些范例显示了社交媒体能以低成本、高效率的方式吸引广大的参与者。

与导师合作

在项目开始之前系里将为你指派一名指导教师，该导师将是指导你完成研究的关键人物。与任课教师不同，和导师的合作更加个性化。通过一对一的交流，导师将给予你专业的指导和建议。但请牢记，导师提供指导时会"站在背后"。导师不会直接告诉你该怎么做，你需要有自己独立的想法。导师会与你讨论这些想法，为你指出正确的阅读方向，建议你如何设计你的研究结构，让你了解适当的研究方式和方法，建议你如何撰写论文，与你一起决定下一次面谈之前需要完成的目标，阅读你的论文稿并进行评阅。

导师通常使用Word中的"跟踪修订"功能来对你的论文稿进行修改。如果导师进行了修改，当你打开"被跟踪的"文档时，会看到修改后的内容以不同颜色插入文本中，导师删除的内容则被画上了删除线，或在页边空白处有注释说明所删除的内容。你可以选择是否接受导师所做的修改。具体操作如下。

> **与导师线上合作** 绝大多数情况下，你都会直接通过电子邮件附件或学习管理系统（如Canvas、Blackboard或WebCT）在线提交论文稿给导师。导师收到你的Word文档后可能会直接在文档上进行评阅。你的导师会使用Word的"批注"功能添加批注，如有需要，你也可以使用相同功能进行回复。（提示：使用"批注"请按组合快捷键Ctrl+Alt+M。）

- 单击"审阅"选项卡（屏幕顶部）——显示"跟踪"和"修订"选项组。
- 将光标置于导师所做的第一处修改。
- 点击"修订"选项组。
- 如果你认同修改（若导师建议，最好接受），只需点击"同意"下方的下拉箭头即可。
- 然后单击"同意并移至下一步"。
- 必要时可重复操作。

处理完所有修改过的地方后，点击"跟踪"选项中的"跟踪修订"图标，即可关闭此功能。

提示1：确保在关闭"跟踪修订"功能之前，你已接受（或拒绝）所有修改，否则重新打开文件时，所跟踪的修改仍会显示。也就是说，你无法通过在"显示以供审阅"窗格中点击"最终"选项来删除已标记的修改。

提示2：当你处理完所有批注后，按照以下步骤操作，以便删除所有批注。

- 单击"审阅"选项卡（屏幕顶部），选择"批注"选项组。
- 单击"删除"下的下拉箭头。
- 选择"删除文档中的所有批注"。

甚至在项目开始之前，你就应该与导师见面，着手规划项目流程。你或许会发现，与导师商定今后沟通的方式（也是导师期望的沟通方式）会对你大有帮助。一些导师无法在论文手册规定的时间之外为你提供指导，而其他导师可能乐于接受你想碰碰运气的顺路拜访。你的导师可能乐于通过 Skype、Zoom 或 Microsoft Teams 等应用软件听你进行线上汇报。最好从一开始就了解导师的喜好。

> **数字化思考 2.2**
> **云文件存储**
>
> 为保险起见，要使用云文件存储服务，如 Dropbox、Google Drive、Onebox® 或 iCloud 等。导师可能希望你以电子邮件附件的形式发送文档，但有些导师喜欢通过云端进行文档内容的管理和同步。

首次（实际是每次）与导师见面时，有以下几件事需要牢记。

· 在见面之前要拟定一份问题清单。这能提醒你，不会像病人一样在看医生时突然忘记所有想问的问题。

· 第一次见导师之前，阅读一些与你的研究主题相关的文献资料。导师不会指望你对研究很在行，但会期望你对研究的主题背景有一些了解，以便你能提出需要解决的问题和找到问题的答案。

· 面谈中做好笔记；最好在面谈后向导师提供一份复印的笔记。

在本书的每一章，我会用方框标注出你的导师对项目每个阶段的具体要求。

研究伦理

研究伦理的重要性

与导师第一次见面，你首先要考虑的一件事就是研究伦理审查。稍后我们会探讨研究伦理审查所需的表格和流程，但要记住，遵守研究伦理不只是在实践中落实到位，它与你的研究如何进行息息相关，如事关你如何看待自己的研究调查、如何看待自己的研究项目以及你是否尊重他人。大学有时倾向于鼓励我们将这些关注点都归入"研究伦理"，从而最大限度减少对研究行为准则和他人的考量。因此，我将暂时搁置在实践中如何遵守研究伦理的议题，先探讨如何进行研究调查等更广泛的议题。

作为大学的一员，无论是学生还是教职员工，你都是批判性研究团体的一部分。作为这个团体中的一分子，你被赋予了若干重要的特权。然而，伴随这些特权而来的是责任，它们相互制衡，研究伦理就在两者制衡的过程中应运而生。

研究伦理是关于是非对错的行为原则。在研究应用中，伦理原则涉及做决策时面临左右为难的困境，因为这些并非单纯的对错之争，而是要在两种正确行动之间找到平衡，同时还需要考虑各方可能的利益冲突。我认定的正确事情，或许并不合你意。研究者眼中的正当之举，在参与者看来或许恰恰相反。这些或许会迫使我们去检查存在的潜在错误，即隐藏的危险，促使我们去做进一步的了解，深入探究我们所做研究的本质。

显然我们应当行正道、避免错误的做法。这看似简单容易，然而在社会研究领域却存在着许多以正道之名而行错误之实的例子。换句话说，研究者以增进知识、减轻疾苦或其他方式帮助人类为目的，却在研究过程中采用了侵犯他人或压制他人的做法。以下两个案例研究将揭示这一问题。

研究伦理案例研究 1
米尔格拉姆（Milgram）实验

关于社会研究中的伦理难题，最著名的一个例子是20世纪60年代关于个人权威影响力的实验。在耶鲁大学任职的社会心理学家斯坦利·米尔格拉姆（Stanley Milgram）对权威如何影响人们的正常判断力产生了浓厚兴趣。如果权威人士指示人们执行某项与他们正确判断相悖的任务，他们是否会遵从指示？针对这个问题，斯坦利·米尔格拉姆邀请街头的普通民众参与了一项关于学习的实验。他要求受试者使用一个有不同标记（从"轻微电击"一直到"危险：重度电击"）的设备，对另一人施加逐渐增强的电击。被电击的人其实是一名演员，"电击"也是假的。随着电击强度的增加，"受害者"所在的房间内传出了求饶的尖叫声。当受试者不愿意继续加大电击力度时，研究人员会说"请继续"。如果受试者仍然犹豫不决，实验者会以"实验需要你继续"为理由向受试者施压，随后用"你绝对有必要继续增强电击"进行强调，最后以"你别无选择，必须继续"来强迫其服从。这些普通人在拒绝遵从研究人员的指示之前，会将电击持续增强到什么程度呢？结果三分之二的受试者竟然施加了最高级别的"电击"。以下是实验摘要中的内容。

26名受试者完全服从了实验命令，并且用电击装置施加了最大电压。在"受害者"提出抗议并拒绝进一步配合后，14名受试者选择了中止实验。该实验引发了一些受试者极度的紧张情绪，他们大量出汗、身体颤抖、说话结巴，这些都是情绪出现困扰的典型表现。一个令人费解的现象是，他们经

常发出紧张的笑声，部分受试者甚至因此出现了无法控制的抽搐现象。（米尔格拉姆，1963：371）

这篇研究论文最终荣获美国科学促进协会年度社会心理学奖。但有趣的是，出于伦理考量，该论文曾遭多家主流期刊拒绝发表。

显然人们对这项实验存在的研究伦理问题持不同看法。学术界已经有一套完整的研究体系来专门探讨学术研究所引发的伦理问题。

总之，该实验及众多同类实验涉及的核心议题是"目的能否证明手段正当？"其最终目标是促进人们对服从权威的理解。第二次世界大战结束不久，很多人曾以"服从命令"为借口，为犯下的滔天罪行辩护。从这个角度看，该实验具有一定的合理性。如果它有助于我们理解为何人们会轻易以服从权威为名对他人施暴，那么这一实验便有了实施的理由。

然而，使用欺骗手法会让一些人感到郁闷，有些人因为这段经历而深感痛苦。基于研究伦理的视角，该实验真的无可非议吗？即便它真的加深了人们对服从权威的认识，除了欺骗，难道没有其他方法可以获取这些信息吗？不太可能有。试问，如果我们置身于相同情境，有多少人能坦诚面对？即便只是面对自己？

研究伦理案例研究 2
塔斯基吉（Tuskegee）梅毒实验

1932 年至 1972 年，美国公共卫生服务局在亚拉巴马州的塔斯基吉招募了 600 名贫困的农村黑人男性参与实验，其中部分男性患有梅毒，部分则没有。该研究的目的是，不对参与者施加任何治疗，追踪他们梅毒病情的进展情况。

奇怪的是，当时人们没有意识到存在的问题：参与者并未被告知研究的目的是不进行治疗，相反，他们误以为自己正在接受免费的医疗服务。尽管 20 世纪 40 年代治疗梅毒的药物（青霉素）已问世，但当时研究才开始不久，那些梅毒患者并未得到适当的治疗，因为对患者施加治疗完全有悖于研究的目的（即研究不施加治疗的梅毒病情变化情况），会使研究不得不终止。

事实上，这项研究最终还是被终止了，有人向媒体泄露了研究的真实目的。这一不光彩的事件在有人类参与的研究史上留下了污点，并促使美国政府成立了"全国生物及行为研究人体受试者保护委员会"。该委员会在《贝尔蒙特报告》(*Belmont Report*)（1978）中公布了其研究成果，并提出了三项基本的研究伦理原则。

（1）尊重他人。

（2）善良：以合乎伦理道德的方式对待他人，不仅要尊重他们的决定，保护他们免受伤害，还要努力保证他们的福祉。

（3）公平：取决于研究的风险级别。如果研究不太可能为受试者带来益处，则不应进行这项研究。

报告还介绍了这些原则在研究工作中的三种应用方式。

（1）知情同意，尤其是要理解信息（传达信息的方式与信息本身同等重要）并自愿参加研究。

（2）风险和收益评估。

（3）受试者选择：研究人员应该避免选择弱势群体或容易受到诱导的人员参加高风险研究。

你不太可能再考虑进行米尔格拉姆那样极富戏剧化的实验，或者进行塔斯基吉那样极度不尊重人甚至给人带来伤害的实验。但你的研究可能隐藏着一些你尚未察觉或未深入考虑的研究伦理问题。其中许多问题会让我们联想到一些与米尔格拉姆实验当时所面临的相似问题，只不过没那么严重。示例如下。

- 研究对谁有利？
- 你有权占用他人的时间和精力吗？
- 参与者是否会感到任何不适？
- 你是否侵犯了参与者的隐私？
- 如果你认为实验组会有所收获，那么设立对照组是否合理公平？

在实验过程中，如果未能充分尊重合作对象的意愿、隐私或人格，那么研究动机可能就不像"保障人们利益"所说的那么高尚。或许你会急于求成，或许你认为参与者对参与研究不会介意。他们不愿参与的原因有多种：他们可能觉得尴尬；若是孩子，他们可能担心被同伴看不起；若是专业人士，他们或许不愿意参与由管理层提供支持的项目，或者相反，不想被视为对管理层持有批评态度等。所以你应该意识到不想参与研究项目的潜在原因有很多。而且不论你询问时态度有多友好、多温柔，只要你问了，参与者就可能感到压力。

社会科学研究常常涉及人的直接或间接接触，因此对研究伦理的考量不可或缺。无论是通过访谈、问卷调查、直接观察等方式直接接触受访者，还是通过查阅文献间接接触受访者，你都需要充分考虑研究伦理问题。如果研究问题没有涉及个人，如涉及的是政策问题或公共领域的数据，就无须过多考虑研究伦理问题。

获得研究许可——研究伦理审查

启动项目的一个关键步骤是获取研究伦理许可或研究机构许可。虽然各地对这一术语的叫法不尽相同，但都指的是研究伦理审查或研究机构审查。你必须撰写一份研究大纲，并交由一个团体进行审查，这个团体叫"研究伦理委员会"，在美国通常叫"机构审查委员会"（IRB）。

大学启用这些正式程序，以确保推进社会科学研究项目时遵守研究伦理，这一做法近年才出现，仍被众多研究人员（包括学生和专业人士）视为麻烦事。这种态度是不对的。在我看来，这种态度源于缺乏自我批判精神，即认定自己不会做出伤害研究对象的任何事情。随着时间的推移和经验的积累，我逐渐认识到平衡这些问题的微妙性，以及明确阐述和系统审查研究伦理问题的必要性。事实上与他人系统地探讨这些问题，往往能为研究的设计和实施带来超越研究伦理层面的深刻见解。

伦理审查始终围绕着风险这一概念。你的研究会带来什么样的（不管是哪类的）伤害风险？接下来我们将对这一概念进行探讨。

风险等级

进行项目研究时，要对参与者可能受到的伤害进行评估，包括识别参与者可能遭遇的潜在危害。危害的风险等级需要经过判断。如果你对风险等级的界定心存疑问，建议你与导师进行深入探讨。

潜在的危害包括以下几类。

- 可能给参与者或其他人造成心理或身体伤害。
- 隐瞒或欺骗参与者，不让他们知道相关的项目信息以及实施项目的真实目的。
- 可能损害参与者或其他相关方的地位或声誉。
- 侵犯参与者或其他人的隐私。
- 可能违法。
- 可能给社区带来某种程度的伤害（例如，引发对社区内部差异的关注）。

一旦存在任何与上述危害相关的重大风险，你应该考虑以下问题。

- 在评估风险级别时，要考虑到研究参与者的年龄和脆弱性等因素。
- 在多大程度上可以降低或"消除"风险。
- 与研究可能带来的利益相比，让参与者面临风险的意义何在。

在申请研究伦理许可时，务必详述以上所有内容，充分说明研究的合理性。

表 2.5 列举了各类研究案例以供参考，旨在帮助你了解研究伦理评估可能涉及的方方面面，以及评定的风险等级。希望这些案例能让你明白风险评估绝非易事，所得出的结论也并非绝对。

表 2.5 不同项目的不同风险等级

风险等级	研究重点	研究方法	定级理由
无风险	基于古巴导弹危机的视角了解 1960 年至 1970 年美国外交政策中的穷兵黩武	基于媒体评论、政府记录以及访谈关键人物进行文献分析	在数据收集过程中，没有人（即研究参与者）直接参与
低风险	对学生在推特上发帖时的用词特点进行评价	对推特推送的单词和短语进行词频统计	如果计划与学生直接接触，风险或许较高，但如果能保证保密性、匿名性和数据安全，风险可大幅降低
中风险	对艺术画廊进行一周的观察，了解博物馆和画廊如何回应公众需求	一是进行观察，二是对工作人员、导游、志愿者、团体以及画廊访客进行采访	尽管预计受访者不会感到太多的尴尬或不适，但由于可能涉及工作人员间的紧张关系或意见分歧，可能出现微妙的问题
高风险	对一名患有神经性厌食症的年轻女性进行深入研究，旨在了解"控食"现象	在一家精神病院的年轻人病区与一名年轻女性进行了为期三天的深入接触，"跟踪"她，与她交谈，并与医护人员和其他患者交谈	尽管研究可能带来益处，但对于易受伤害的年轻人而言，潜在危险确实存在。年轻女性可能因此感到不安、困扰，甚至对研究人员产生情感依赖，从而导致治疗中断

资料来源：改编自托马斯（Thomas）（2021b）。

如果在申请研究伦理许可时被问及风险和收益，你应该详细说明以下内容。

- 研究可能涉及的身体、心理、社会、法律或经济风险（如有），并概述应对这些风险的管理措施。
- 参与者是否与研究存在可能的直接利益关系？
- 研究人员是否面临特定风险？

- 是否需要一定程度的隐瞒或欺骗？如果有必要，请说明原因。
- 参与者的潜在收益如何超出其面临的风险？
- 你为后续研究提供的支持有哪些？

风险评估

研究伦理审查的过程中，通常会存在所谓的"风险评估"环节，即对研究中可能给参与者带来潜在危害的因素进行正式审查。考虑到我们刚才讨论的所有要点，风险评估还包括说明危害的严重性以及如何做好风险管理。如果研究人员与参与者的互动时间较短，通常没有必要进行正式的风险评估。但对于某些参与者，尤其是那些在各方面都处于弱势的参与者，则有必要按照表2.6中列出的要点进行系统的风险评估。

表2.6　进行系统的风险评估

风险评估流程	示例／问题／说明
第一步：风险识别。潜在危害（心理的或生理的）的性质是什么？	（1）嘈杂的环境可能诱发自闭症儿童的焦虑症。 （2）员工需对管理风格、冲突和压力发表看法。 （3）存在学习困难的儿童单独与成人在一起，可能引发潜在安全问题
第二步：暴露评估。这种危害的暴露程度如何？ a. 时长 b. 强度 c. 频率	以秒计？以分钟计？以小时计？以天计？或以周计？ 定期和同一个人待在一起？ 在英国，你可能需要接受无犯罪记录［即Disclosure and Barring Scheme（DBS），直译为"信息披露及禁止计划"］审核（见下面方框中的"背景审核"）
第三步：潜在风险。基于以上两点，这可能对研究参与者产生什么影响？	确定任何可能需要进行背景调查的情况。 根据暴露的情况，权衡潜在危害的可能影响。这需要你结合上文讨论的"风险等级"自行进行解释。 如有疑问，请与你的导师商讨
第四步：风险管理。如何减轻潜在危害的影响？	（1）管理研究环境，以减轻压力。 （2）斟酌表述问题的措辞。 （3）解释匿名流程，确保匿名性。 （4）添加"成员检查"环节，让参与者对你的解读（对参与者话语的解读）进行审查和评价。 （5）尽量减少单个成人与孤身儿童单独相处的情况，或确保有他人在场观察
第五步：记录风险评估结果	记录你对风险的初步评估、实际操作中的风险状况，以及你应对这些风险的措施。与导师分享这些信息，并将其整合到你的研究报告中

> **背景审核**
>
> 如果你在研究过程中长期或频繁接触儿童或弱势人群,在英国你可能需要接受无犯罪记录(DBS,直译为"信息披露及禁止计划",旨在对英国以外国家的各种背景进行筛选审核)审核。
>
> 出现偶然、非定期或直接接触的情况时,通常不需要接受DBS审核。关于是否需要接受DBS审核,应纳入风险评估流程(详见表2.6),同时要充分考虑与个人接触的性质,如参与者的脆弱性。如有任何疑问,与导师和研究的利益相关者(如孩子的老师)进行商讨。如需了解DBS计划的更多细节,可访问其官方网站。

风险管理

你可以制作一张表格,列出各类风险及相应的管理措施,为研究及应对伦理风险提供有力依据。我以伯明翰大学教育心理学专业学生所做的实际项目为例。索菲·皮特(Sophie Pill)绘制了表2.7。表中左侧列举了重大伦理风险,右侧则针对这些风险提出了管理建议。该项目涉及评估一项名为"WOWW"(Working on What Works,意为"开展有效课堂教学")的计划,研究目的是分析受邀师生的课堂行为。

表 2.7 研究伦理风险的识别与管理

研究伦理风险	风险管理
儿童可能因参与小组座谈会而感到不自在	自愿参加,有权随时退出;有熟悉的助教在场
儿童可能对公开表扬感到不自在	可选择其他方法,如写信、私下表扬
班上的其他孩子可能感到情绪低落	教师在WOWW计划日进行个人表扬
教师可能因为需要接受观察而感到紧张	自愿参加,有权随时退出;协调与研究人员的关系;重点关注教学中的积极面

研究伦理指南

你所在的大学应该有一套研究行为准则,并有一个网页对该准则进行详细说明,指导你完成研究伦理许可的申请流程。相关专业组织也会制定关于研究伦理的政策和指南。例如,在谷歌上搜索"BERA 研究伦理指南",你能找到英国教育研究协会(BERA)的相关政策和指南。第47～48页的方框中还列举了其他重要的指南。这些指南都具有很高的参考价值,但其中某些(如美国心理学协会的指南）篇幅很长，阅读时可能产生阅读疲劳。因此我特别推荐社会政策协会（Social Policy Association）的《研究伦理指南》（*Guidelines on Research Ethics*）。这是一本内容全面、表述清晰的指南。此外，加拿大的《涉及人类研究的伦理行为》（*Ethical Conduct for Research Involving Humans*）是针对医疗保健行业的综合指南，其中涵盖了临床试验、遗传学和人类生殖等相关议题。

在研读这些规范准则时，务必牢记：真正重要的是伦理考量，而非规范本身。尽管规范有指导作用，但对研究伦理的思考绝非可有可无，更不应被视为额外负担或时间紧迫时的权宜之计。

本科阶段的研究伦理审查

对于本科生研究，学校或院系会进行伦理审查，并要求填写一份表格，简要说明研究计划的细节。因此从项目开始时，你就需要考虑研究伦理审查的问题。与导师讨论主题并确定研究重点之后，你就应该开始考虑这个问题。换句话说，一旦你完成了第一章末尾的自评表，就应准备填写有关研究伦理审查的表格。

不要被这份表格或相关程序吓倒，它并不会耗费你太多时间。相反，它会帮助你将早期的想法记录在纸上，让你的研究变得更有条理。表 2.8 是我在大学时使用的缩略版表格，附有我对期待完成的目标任务的评价，可以帮助你具体了解必须完成的研究任务。

表 2.8　典型的本科阶段研究伦理审查表

标题	详细信息	个人评价
导师和你的名字		
研究目的	控制在 300 字内，给出主要参考文献	结合第 4~6 页 "BIS" 中的 "研究议题（I）" 和 "解决方案（S）" 来写研究目的可能更有帮助
参与者	详述样本规模、年龄、性别等信息。同时，说明招募方法和纳入/排除标准	这里只需要一个粗略的想法即可。你的导师知道情况会发生变化
研究设计	说明拟采用的研究方法，包括研究设计、项目时长以及与每位研究对象或参与者接触的大致时间。同时，说明研究地点、相关的访问安排（如门卫姓名等）以及如何保障研究的保密性。如有必要，一并说明研究中涉及的不适情况	在研究初期，这份表格对你提出了诸多要求（或许有些过多）。鉴于可能有大的变化，你只需要阐述目前对问题的初步想法即可。后续可能发生变化，但导师会对这些变化进行监控

续表

标题	详细信息	个人评价
知情同意	如何确保所有参与者都给予知情同意？如何征求弱势群体（如儿童）的知情同意？	最好在研究初期就考虑到这一点（见第50页"知情同意"）。你只需要说明自己的想法即可
项目开支	明确研究中涉及的所有费用，并说明支付明细	基于什么情形，不会有大笔支出
数据存储		确保与个人或机构相关的所有数据都将匿名化处理，存储在设有密码的个人电脑中，并在项目结束后进行销毁
主要参考文献		包括你迄今为止阅读的文献（哈佛引用体系——见第88～92页）。现阶段可能只有三到四篇参考文献

这是本科研究中应该做的事情，审批手续通常在内部——在系内或校内——完成。

研究生阶段的研究伦理审查

对于研究生研究项目，审查程序更为复杂。通常需要先填写一份在线表格，表格中有与你研究有关的各种问题。你的回答将决定你的研究属于"低风险"还是其他级别的风险（参见上文"风险等级"）。如果你对所有问题的回答都是"否"，那么该项目即被视为"低风险"，至此审查结束。你便可以进行后续研究。

然而，如果无法对所有问题回答"否"，你需要进入第二阶段，由学校委员会对你的研究计划进行审查。

研究伦理审查程序应在任何实证研究（包括试点研究）实际开始之前进行。

关于你所在大学的研究程序，要遵循所在院系的指导，或直接在谷歌中搜索"[你所在大学的名称] 研究伦理审查"获取具体信息，如果是美国的大学，你也可以尝试搜索"[你所在大学的名称] 研究机构审查委员会审查"。

> **行为准则及其他指导原则**
>
> 如需了解以下专业团体或政府机构发布的行为准则或指导原则，只需在你喜欢的搜索引擎中输入：
> - 美国心理学协会（American Psychological Association）——心理学家的研究伦理原则和行为准则；

- 美国社会学协会（American Sociological Association）——研究伦理准则；
- 英国教育研究协会（British Educational Research Association）——研究伦理指南；
- 英国心理学协会（British Psychological Society）——研究伦理准则；
- 英国经济社会研究机构（Economic and Social Research Council）——研究伦理指南；
- 英国医学总会（General Medical Council）——研究实践和知情同意示范；
- 社会政策协会（Social Policy Association）——研究伦理指南；
- 美国卫生与公众服务部人类研究保护办公室（US Department of Health and Human Services Office for Human Research Protections）；
- 世界卫生组织（World Health Organization）——知情同意书模板。

思考研究伦理问题时应考虑的因素

研究参与者

过去社会科学家常常将研究对象称为"实验对象"，对其进行实验。如今，尤其是在应用社会科学领域，我们倾向于将研究对象称为"参与者"，甚至是"合作伙伴"。这种转变背后有多重原因，本书将深入探讨其中的一些原因。关键的一点在于，我们意识到参与者应拥有自己的权利，并在研究过程中获益，这有别于单纯地"利用"完他人就走人的理念。为了让他们成为真正的参与者，必须让他们在一定程度上参与研究项目的规划、执行和撰写工作。

你需要考虑参与者的具体贡献与具体需求。特别要考虑以下人员：儿童／法定未成年人（16岁以下者），非母语人士，身体残疾者，学习困难者，寻求专业人士帮助的病患或客户，在押人员或法院判刑者。

我们将在下文（"弱势群体"部分）深入探讨弱势参与者的需求。

参与者的活动

需要考虑的问题如下。

- 应对任何可能引发（研究过程中引发或研究结束后引发）精神或身体不适的问题或程序进行妥善管理。这也可能包括那些乍看简单易懂的问题。务必考虑上述问题对参与者可能产生的影响。
- 任何可能有损自尊或引发尴尬的行为（如角色扮演）。如果你性格外向，可能难以理解角色扮演等程序给我们性格内向者带来的尴尬和无能为力感。这类程序不仅在研究伦理层面有争议,还可能带来误导性的结果。

·参与者不能牵涉任何非法活动。这绝对不允许。

·参与者是否会接触到生化物质或制剂——这种情况可能只存在于与健康有关的研究中,针对这类问题,有需要严格遵守的专业行为规范。

欺骗或隐瞒

默认的做法是研究者与研究参与者打交道的过程中要开诚布公。但是有时情况特殊(如米尔格拉姆实验所示),完全公开并非上策,因为如果参与者知晓了研究目的,可能导致结论无效。在这种情况下,你必须充分证明不能开诚布公的合理性,并做好计划,在研究结束后安排汇报会,向参与者解释研究中所隐瞒的事情及当时要隐瞒的原因。

专业协会的行为准则通常认可某些情况下有必要实施隐瞒甚至欺骗。事实上,美国政府的《贝尔蒙特报告》(全国生物及行为研究人体受试者保护委员会,1978)也对此表示认可,但同时强调:

在所有涉及不完全披露信息的研究案例中,只有满足以下条件时,研究才被认定为合理。这些条件包括:①对实现研究目标而言,不完全披露信息确实有必要;②不完全披露信息给研究对象带来的风险控制在最低限度内;③有向研究对象进行事后说明的充分计划。

因此,如果涉及任何程度的隐瞒信息或虚假陈述,你在研究伦理审查过程中必须:明确承认正在做的事情,充分说明这样做的理由,说明你要在研究结束后向参与者解释研究目的,以及当时为何有必要对他们隐瞒信息。

如果被问及风险和收益,你应该详细说明以下事项。

·研究可能带来的各种风险,包括身体、心理、社会、法律和经济风险,并概述管理风险的措施。

·参与者是否有可能获取直接收益,如果有,列出任何可能的直接收益。

·研究人员是否面临风险,如果有,列出任何可能的具体风险。

·给参与者带来的潜在收益是如何超出他们面临的风险的。

·你已安排好研究结束后提供的支持。

保密和匿名

你应该始终对所获信息保密,任何时候都不应泄露机密或有损机密性。对参与者予以匿名保护至关重要，无论在日常与他人的来往交流中，还是在数据存储和汇报中，都应做到这一点。为确保匿名性，你可以对参与者姓名、所属机构名称（如学校）和来自的地区进行技术处理，如使用假名或代号。与身份容易暴露的参与者（如少数民族群体）交往时，你需要格外小心。在特定情况下，你需要告知参与者，出于法律责任或道德义务，你作为研究人员可能无法遵守保密承诺。这种情况很少见，但倘若遇到这种情形，你应该立即与导师和／或相关部门（如儿童保护部门）商讨。

数据安全和管理

你有责任确保所收集的个人数据的安全，特别是涉及可识别的个人信息的相关数据。英国《数据保护法》(*UK Data Protection Act*) 中规定了一系列豁免条款，允许研究人员在收集数据时无须通知数据专员。然而这并不意味着你可以忽视妥善管理数据的原则。

- 仅限将数据用于最初收集时的目的，不得另作他用。
- 保存数据的时间"适当"。如何界定"适当"，取决于不同的情况。对于大多数本科生研究而言，在项目完成、获评分数后，立即销毁原始数据是"适当"的。然而，对于某些研究（如涉及部分硕士研究生项目的部分临床计划），专业行为准则会提出具体要求：在计划完成后数据必须保存数年。

为了确保数据安全，要在预先做了匿名的文件上设置密码。点击"文件"菜单，选择"信息"选项卡，然后点击"保护文档"按钮。接着，选择"使用密码加密"，输入密码并点击确定。（如果遇到问题，请按F1键寻求帮助，并输入"密码"。）注意：务必记住密码。如果忘记密码，数据将无法恢复。我没有开玩笑，除非绑架比尔·盖茨并逼迫他交出微软的密钥，否则没有密码是无法找回数据的。

- 勿将数据转交他人，这显然不安全。
- 保持数据的匿名性（见上一节）。

知情同意

在涉及人的研究中，研究伦理中一个重要的概念就是"知情同意"，因为研究可能对参与者造成伤害。知情同意指的是人们自愿参与研究。然而考虑到上述问题，简单的同意并不够。我们需要的是知情同意书。换言之，有意向的参与者必须明确了解他们所同意的内容。知情同意书以表2.9中的要点为基准。

表 2.9　知情同意书的组成部分

（1）参与者需要了解的信息包括：
　　——研究的性质和目的，包括研究方法；
　　——研究带来的预期效益；
　　——研究可能造成的危害；
　　——有关保密性、匿名性、数据保存方式和保存时间的信息，以及数据销毁时间的详细信息；
　　——遵循的研究伦理程序和申诉；
　　——你的全名和完整联系方式。
（2）以深入浅出的方式对（1）进行解释，同时对不常见的术语给出非专业化的简单解释。
（3）有意向的参与者可自行选择是否参与研究。

授权同意与默认同意

"授权同意"与"默认同意"之间存在重要区别：

· 在"授权同意"的情况下，参与者需要自主决定是否参与研究，并明确表示愿意参与研究。你需要向参与者发出参与邀请，邀请以书面形式为佳，并要求他们提交参与研究意愿表。如果无法提供书面邀请，可选择口头交流。同时还应该让参与者做出其他主动选择，如交回问卷调查表。必须清楚的是，（参与者）有权随时撤回同意书，一旦撤回，将不再收集有关该参与者的新增数据，对已收集的数据也不再做进一步的分析，同时需要从记录中删除现有数据。

· 在"默认同意"的情况下，你要向参与者阐明研究内容，并假定他们已同意参与，除非他们表示不同意。可以通过多种方式发布研究信息。例如，学校向所有可能亲身参与研究的儿童发送信件。信件中应提供表明是否参与研究的选项信息，但应附带一句类似"假如没收到您的回复，就默认您不反对埃莉（Ellie）参与……"的表述。基于预估的风险级别，只要可以合理推断接收者会收到信息，还可以通过发布公告或散发传单等方式传达信息。当然任何情况下都应明确说明退出研究的条款，并为参与者提供最简单的退出方式——通过信件、电话、短信、电子邮件或亲自与你联系。

"授权同意"与"默认同意"各有利弊。如果存在某种程度的重大风险，"授权同意"程序显然更可取。"授权同意"给研究人员带来的工作量比"拒绝授权"（或"默认同意"）要大。然而，有证据表明，使用"授权同意"程序可能导致样本出现偏差（因为只有真正愿意参与的人才会选择授权同意，这可能将一部分重要人群排除在外）。因此琼汉斯（Junghans）等人（2005）在医学研究中指出："对于给患者带来低风险的研究，应将'拒绝授权'作为默认的参与者招募策略。"

这里的关键词是"低风险",而如何界定低风险还需做进一步的探讨。如有必要,请与你的导师和当地研究伦理代表进行商讨。

无论你是写信邀请潜在的研究参与者,还是当面与其交流,都必须在考虑了以上所有问题后进行。如果研究项目较为复杂,你需要为参与者准备一份信息表,说明项目的细节和预期成果。如果项目可能给参与者带来任何不适,还应该要求他们签署同意书。无论是信息表还是同意书,都应包含以下要点:

- 项目名称、研究人员姓名及其所在机构;
- 对研究内容的介绍;
- 确保参与项目完全基于自愿原则,参与者可随时退出和/或撤回已提供的数据;
- 解释参与者需要参与的活动内容,以及是否会进行录音或录像等;
- 为保密(如匿名)所做的详细安排;
- 为保障数据安全所做的安排,包括何时销毁数据;
- 为澄清汇报和反馈所做的安排。

如果涉及的问题比较简单,需要写一封简单的信件,只要信件囊括上述要点、简单易懂即可,如图2.4所示。

弱势群体

对于那些可能对"知情同意"的详细内容不太了解,或者因社会经济地位低而容易被迫接受合作的人群,我们必须给予特别的关照。正如美国政府的《贝尔蒙特报告》所强调的,有些人极易参与研究,因为他们"随时都可以置身于研究场景中"。我们必须慎重考虑他们参与研究的原因及方式等问题,以防他们仅因方便起见而参与研究,或是因为容易被说服甚至容易被操纵而参与研究。

路易斯(Lewis)和波特(Porter)(2004)强烈要求,对任何弱势群体(包括儿童和学习困难者)都应考虑以下问题。

- 参与者具有完全知情同意的能力,对此是否已进行了评估?是否与参与人的父母、监护人或教师等进行了商讨?
- 是否已探讨过如何确保参与者充分理解保密规定和研究目的?
- 是否会在合适的时间点提醒参与者有权利选择退出研究?
- 是否已采取一切必要措施来确保匿名性?尤其要考虑到少数民族可能更难做到这一点。

> **巴德兰兹大学学院**（University College，Badlands）
> 2022年10月24日
>
> 亲爱的家长：
>
> **参与研究邀请**
>
> 我是巴德兰兹大学学院的一名学生，现在正在进行一项关于家长参与阅读的研究项目，这是我课程要求的一部分。课余时间我在巴德兰兹小学担任志愿者，校长坦布尔·薇德女士非常乐意我与家长们取得联系，并邀请你们加入这个项目。
>
> 我们知道，父母参与协助孩子阅读能带来很大好处。因此我想通过研究发现，通常情况下家长一周内与孩子一起阅读的频率和阅读内容。希望通过这些信息，我们能更深入地了解学校如何协助家长在家中与孩子共同阅读。
>
> 我会请家长在一周内每天写一篇简短的日志，记录前24小时内与孩子一起阅读的内容。这项任务每天只需花很少的时间去完成。
>
> 您参与本研究应完全基于自愿原则。如果您选择不参与，我们不会追问任何问题，同时也不会对您的孩子造成任何不良影响。
>
> 我不会将您提供的个人信息透露给任何无关人员，即使是学校教职员工。从研究项目中收集的信息也将做保密处理。关于您的日志信息，将使用编号代替您的姓名，以保护您的隐私。完成研究报告后，我将销毁所有收集到的信息。每位参与者都将收到一份研究结果摘要。
>
> 如果您有意愿参与我的项目，请填写下面的回执单，撕下的回执单由您孩子交给老师即可。如果您有任何问题，可以给我发送电子邮件，也可以给我打电话或发短信。本人电子邮件：＿＿＿＿＿＿＿＿＿＿＿＿＿＿＿＿＿
> 电话：＿＿＿＿＿＿＿＿＿＿＿＿＿＿＿＿＿＿＿＿＿＿＿＿＿＿＿＿＿
>
> 万分感谢！
>
> 露西·博格（Lucy Bloggs）
> 教育研究专业学生：
>
> ✂ ＿＿＿＿＿＿＿＿＿＿＿＿＿＿＿＿＿＿＿＿＿＿＿＿＿＿＿＿＿＿＿
> 孩子姓名＿＿＿＿＿＿＿＿＿＿＿＿＿＿＿＿＿＿＿＿＿＿＿＿＿＿
> 老师姓名＿＿＿＿＿＿＿＿＿＿＿＿＿＿＿＿＿＿＿＿＿＿＿＿＿＿
> 您的姓名（父母/监护人）＿＿＿＿＿＿＿＿＿＿＿＿＿＿＿＿＿＿
> 我想参与你的研究项目。请通过以下方式与我联系以获取更多详细信息（请勾选尽可能多的方框）：
> ☐ 您的电话
> ☐ 短信发送至：＿＿＿＿＿＿＿＿＿＿＿＿＿＿＿＿＿＿＿＿＿＿
> ☐ 您的电子邮箱：＿＿＿＿＿＿＿＿＿＿＿＿＿＿＿＿＿＿＿＿＿
> 我清楚参与此项目完全出于自愿，并且有权随时退出。签名处：＿＿＿＿＿

（批注）
- 介绍一下你自己
- 简要说明你的研究项目
- 阐述对参与者的要求
- 阐述匿名性、数据安全和反馈

图 2.4　参与研究邀请信示例

- 在提供反馈时，是否已采取措施确保信息易于理解？例如，可以让熟悉参与者的人与其沟通，或提供附带简单文字的图片或案例研究材料。

- 如何妥善地结束与参与者的研究关系？在研究过程中，我们容易与参与者建立密切的联系，因此不应突然终止这种关系。

当研究对象是儿童时，"知情同意"问题尤为重要。由于成年人与儿童之间权力不对等，而你作为研究者的身份会让儿童更认可你的权威性。穆卡基（Mukherji）和阿尔本（Albon）（2015）、BERA（2018）、奥尔德森（Alderson）

和莫罗（Morrow）（2020）以及巴特威克（Butterwick）等人（2020）均对与儿童相关的伦理问题进行了深入探讨。

联系参与者

请记住，每种情况都不尽相同，所以你需要评估与潜在参与者建立联系的最佳方式，以及准确向他们传达研究核心要点的方式。一个实用性很强的网站是世界卫生组织的网站（http://www.who.int/rpc/research_ethics/informed_consent/en/），该网站提供了包括信函、表格和信息表在内的各种参考模板，包括临床研究的知情同意书、定性研究的知情同意书、儿童/未成年人的知情同意书、研究涉及儿童的家长知情同意书（定性）。

和参与者书面交流时，应该始终使用简洁明了的语言，就像与他们进行日常交谈一样。例如，要说"项目从什么时候开始"，而不是说"项目何时开启"；又如，要说"请认真阅读"，而不是说"请研读"。（现实生活中，真的有人会使用"开启"或"研读"这类词吗？我不明白为什么设计表格的人如此偏爱使用这些词。）此外，应使用通俗易懂的语言，如用"信息"代替"数据"。

研究伦理和社交媒体在研究中的使用

莫雷诺（Moreno）等人在2013年提出，传统研究和在线研究都存在一些常见的研究伦理风险。除此之外，使用社交媒体或其他在线工具还存在一些特殊的风险。他们建议，作为研究人员你应该做好以下事宜。

- 在所有传统研究环境中，以相同的方式对具体风险进行评估。比如，一个项目评估12岁孩子在推特上使用"喜欢"一词的频率，其风险相对较低；另一个项目观察青少年艾滋病患者的在线小组讨论，以了解哪些人承认未按规定用药，其风险则相对较高。
- 在社交媒体网站上始终真实展示自己的形象。
- 提供联系信息，以便解答"知情同意"过程中出现的问题。
- 参与者的个人信息应当谨慎保管，以避免在学校或社区中泄露其身份。
- 只收集回答研究问题所需的基本数据，并谨慎呈现这些数据，以避免参与者身份暴露。
- 以研究人员的身份创建一个独立的脸书页面，与个人脸书页面相区分。如此一来，参与者可以在专业的环境中（而不是基于个人关系）与研究者建立友谊。

- 考虑在该独立网页上列出隐私政策，并说明收集的数据类型及使用方式。

关心参与者，也关心自己

为了防止给研究参与者造成伤害或带来不适，我们已经探讨了很多需要考虑的问题。尽管你已经尽了最大努力，还是会发生这样的事情，如你的发现给参与者造成了困扰，或者你引起了他们的痛苦反应。这时你应该考虑是否要妥善地向他们提供相应的支持服务信息。

此外，进行社会研究时，你还需要注意自身安全。虽然大多数情况下并无危险，但有些情况下仍需警惕。例如，如果你需要与陌生人会面，务必携带手机，并告知亲友你的行踪、与谁会面、预期的回家时间等信息。

学位论文中，适合在哪儿讨论研究伦理问题？

这个问题显得多此一举。关于伦理的讨论可以放在引言开头，但如果放在引言开头，可能造成研究目的的叙述部分失衡。研究伦理问题可以独立成章，但又会显得过于独立与特别，与论文主体有所脱节。我认为，最佳方案是在研究设计与方法论章节（第5、6章）中另设一节。

在详细说明研究设计之后，具体解释研究方法之前，你可以详细讨论研究伦理问题。此外，如果合适的话，报告研究结果与数据分析时也可以简要讨论伦理问题。相关表格、信件、指南的样本可放在附录中。

> 导师对你的项目管理和研究伦理审查有何具体要求？如果你能在与导师第二次见面时就制订出一份详尽的时间表，明确各项任务的完成时间，导师一定会对你刮目相看。导师还期望你能早在项目初期就进入大学院系的研究伦理审查程序。如果研究涉及敏感信息，导师还希望看到信息表及知情同意书的初稿。

总结

研究项目是一项大型工程。如果没有经过系统规划，最终只会出现临时抱佛脚、难以收场的结果。因此在项目的初期阶段，你需要明确研究架构，并与导师商讨。务必基于预期的项目类型，合理分配有效时间，并规划如何将实际研究工作与具体时间安排匹配到位。

在思考调查形式的同时，你还需要着重考量研究项目所涉及的研究伦理问题，以及如何接触研究对象。如果在规划阶段未能解决这些问题，即使研究策略再完美，也很容易走偏。这些问题之所以不容忽视，不仅因为其关乎研究的实际进展，更在于它们能引出有关调查性质、研究目的以及谁会受益等问题。

拓展阅读

Alderson, P. and Morrow, V. (2020) The Ethics of Research with Children and Young People. London: Sage. 提供了关于儿童和青少年研究伦理的权威性建议。

BERA (2018) Ethical Guidelines for Educational Research (4th edn). London: BERA. www.bera.ac.uk/publication/ethical-guidelines-for-educational-research-2018-online.

Biggam, J. (2021). Succeeding with your Master's Dissertation (5th edn). London: McGraw-Hill Education. 提供了很多切实可行的建议。

Burns, T. and Sinfield, S. (2016) Essential Study Skills: The Complete Guide to Success at University (4th edn). London: Sage. 一本很好的大学学习指南，其中包含了很多实用的建议。

Butterwick, S., Head, G., Madalinska-Michalak, J., Raykov, M., Taylor, A., Taylor-Neu, R. and Zgaga, P. (2020). Introduction: Ethical issues in educational research. European Educational Research Journal, 19(1), 3-9. 作为《欧洲教育研究期刊》特刊的开篇导言，致力于探讨当前教育研究伦理行为所引发的广泛关注。

Cottrell, S. (2019). The Study Skills Handbook (5th edn). Basingstoke: Macmillan International Higher Education. 一本广受欢迎的著作，提供的关于培养学习技能的建议极为基础。这里所指的"基础"仅指"基础"——别怪没提醒过你。

Farrell, A. (2005) Ethical Research with Children. Maidenhead: Open University Press. 对儿童研究伦理进行了全面的回顾，涵盖了研究学习困难者的可行性。

Honan, E., Hamid, M.O., Alhamdan, B., Phommalangsy, P. and Lingard, B. (2013). Ethical issues in cross-cultural research. International Journal of

Research & Method in Education, 36(4), 386-99. 探讨跨文化研究中的一些重要问题，以及如何与研究伦理委员会进行谈判。

INVOLVE (2014) Guidance on the use of social media to actively involve people in research. Eastleigh: INVOLVE. Available at: http://www.invo.org.uk/wp-content/ uploads/2014/11/9982-Social-Media-Guide-WEB.pdf (retrieved 1 January 2022). 通过实例探讨了如何利用社交媒体吸引研究参与者参与研究。这些实例虽然均来自医疗保健领域，但其观点具有广泛适用性。还提出了关于伦理和社交媒体的宝贵建议，其中值得一提的是 Easy Chirp，它是 Twitter.com 的平替平台，设计简洁易用，针对残障人士进行了优化。详情请访问 http://www.easychirp.com/。

Moreno, M.A., Goniu, N., Moreno, P.S. and Diekema, D. (2013) Ethics of social media research: Common concerns and practical considerations. Cyberpsychology, Behavior and Social Networking, 16(9), 708-13. 对研究人员在使用社交媒体或互联网时所面临的特殊研究伦理问题进行了很好的综述。

Oliver, P. (2010) The Student's Guide to Research Ethics (2nd edn). Maidenhead: Open University Press. 一本不可多得的著作，几乎涵盖了你需要了解的所有研究伦理知识。

Open University (2013) Study skills.Available at: www.open.ac.uk/skillsforstudy. 一本关于如何学习的基本指南。

Walliman, N. (2019). Your Research Project: Designing, Planning, and Getting Started. London: Sage. 在项目规划、研究伦理等方面均有建树。

Wiles, R., Crow, G., Heath, S. and Charles, V. (2008) The management of confidentiality and anonymity in social research. International Journal of Social Research Methodology, 11(5), 417-28. 就保密和匿名问题进行了精彩的讨论。

Williams, K. (2013) Planning your Dissertation. Basingstoke: Palgrave Macmillan. 就总体规划提供了很好的实用性建议。

第 2 章　自评表

复印此表并填写答案，这可能对你有帮助。

	记笔记	
1. 你是否已绘制好时间图表？	确保已记下每个要素的起止时间。	✓
2. 你是否与导师见了面并提交了研究大纲？		✓
3. 你是否向研究对象征询了相关的伦理行为准则？		✓
4. 你是否获取并填写了贵校的研究伦理审查表（如在美国，填写IRB表）？		✓
5. 你是否明确了你需要接触的研究对象？		✓
6. 你是否充分考虑了你将如何接触研究参与者？		✓
7. 你是否准备了信息表并起草了（如有必要）参与研究邀请函？		✓

3

查找文献，分析文献，撰写文献综述

- 找准研究切入点，提出一个好问题
- **撰写文献综述，优化研究问题** 你在这里
- 决定研究方法
- 开展调查研究，收集数据
- 分析数据，展开讨论
- 得出结论，撰写论文

你不是一座孤岛，你的研究必须在前人研究的基础上进行。其他研究者对这个问题或类似问题的看法是什么？通过撰写文献综述，你会找到答案。在获取答案的过程中，你可以进一步明确最初的研究构想，并不断完善研究构想。

本章具体讨论以下内容：

- 文献质量参差不齐——有各种类型的资料来源，每种资料来源都有优缺点。
- 组织并撰写文献综述。
- 保留文献检索记录。
- 条理清晰地讲述科研故事——不是简单列举文献。
- 使用搜索引擎收集资料。
- 利用图书馆资源。
- 开始创建故事画板。
- 进行批判性思考。

一旦你勾勒出想要研究的问题或议题，并乐于以一个或多个初始问题的形式将其表达出来（见第 1 章），就需要了解其他研究者对该研究主题做了哪些研究。也就是说，你必须对文献进行回顾。回顾文献能为你指引方向，帮助你更准确地决定你要做什么研究。最终你有能力使自己的研究问题得到完善。

提到文献综述，你首先需要明确"文献"的含义。文献涵盖了几乎所有关于某一主题的研究成果或学术成果的资料。这些资料以书面材料的形式可能出现在图书、文章、学术会议和专题研讨会论文集、学位论文、网站、研究报告。

以上所有资料可以简称为资料来源。浏览上述资料来源，不难发现这些资料种类繁多，而且你的导师对这些资源的看法会各不相同。由于各种文献资源的可信度参差不齐，因此在查阅文献时需保持警觉，不要因为文献是出版物就完全相信其真实性。白纸黑字并不意味着该信息的可信度无可挑剔。引用文献时，你需要明确标出所引资料的出处。你应该问问自己所引的文献属于哪种类型。让我们来看看表 3.1 中的一些文献资源。

表 3.1 写作信息资源

类型	定义	优点	缺点
同行评审期刊论文（通常是一手文献）	作者向期刊投稿，进入评审流程。同行评审（即同一领域的其他学者）在审阅时会自问：这篇文章值得发表吗？只有最好的文章才会被接受，因此同行评审期刊也被视为衡量文献质量的"黄金标准"	只有最好的文章才能在期刊上发表。因此（理论上）你可以确信这类期刊文献的质量	文章是刊发给作者的学术同仁看的，一般人可能难以读懂其中的研究内容。此外，文章涉及的问题通常具有学术性和前瞻性，并不只是简单明确的议题。只是稍稍提及文章内容涉及的广泛背景，也很少用简单的术语进行解释
专业期刊论文（通常是一手文献）	与同行评审期刊类似，专业期刊也可以进行同行评审。其评审标准却大相径庭。专业期刊评审的主要标准是论文对专业人员是否有实用价值，而非所使用的研究设计或研究方法是否令人满意	可能具有实用价值	可能只是作者的个人观点。文章的研究设计、研究方法、数据分析等没有经过严格的审查。由于专业期刊与同行评审期刊都有同行评审的环节，因此难以评估二者之间的区别。如果对其质量存疑，可以就以下问题对文章进行评估：是否仅为个人观点？是否做了充分的文献探讨？研究是否彻底？

续表

类型	定义	优点	缺点
专著（通常是一手文献）	专著的"学术性"各不相同。作者撰写专著，通常主要展示自己的研究工作和学术成果。但专著有时是对他人研究工作和成果的解读（见"教材"章节）	专著由单一作者撰写，代表对某一特定主题做延伸的学术论述。由一人独立执笔，专著具有完整性：各部分能"紧密地联系在一起"	通常是个人对某一主题的论述，可能被他人评论为或视为有失偏颇。因此需要注意：这可能是对某一主题的特别见解或个人观点
编著中的章节（一手文献或二手文献）	编著是由一位主编将同一主题的文章汇编而成的著作。和期刊类似，但同行评审的水准没那么高	编著是将某一主题的相关研究材料汇编到一起的有效形式。由该领域的专家进行编纂，他们通常眼光独到	由于各章节质量参差不齐，编著会略显"零碎"。汇聚了多位作者的"声音"，可能让读者感到困惑
教材（二手文献）	教材汇集了大量同一主题的研究成果。它不是作者的原创著作，而是为了满足学生的课程学习需要而汇总起来的材料	可大大节省查找资料的时间。如果教材质量高，可以提供非常有效的知识汇总	编写教材是对他人研究成果的转述，所以有可能出现内容被歪曲或误解的情况（想想中国成语"道听途说"就知道了）。因此教材属于二手文献。当他人的研究成果被教材作者以这样的方式汇编于一本书中时，要经过摘录，有时也可能没有摘录好。而且教材内容很快会过时。由于上述各种原因，教材作为文献资源的价值不高
学术会议论文（通常是一手文献）	在学术会议上宣读并且被印刷成册的论文集称为"学术会议论文集"	通常是最新的研究，甚至经常汇报正在进行的研究工作	会议的级别不尽相同，即使论文要经过同行评审，也仅在小范围内进行。因此学术会议论文集的质量参差不齐
学位论文（通常是一手文献）	你可以查阅到的所有学位论文都由硕士生或者博士生撰写	研究主题可能与你的接近。也许对你的研究有好处（但也可能没有好处，参见下一栏）	学位论文质量可能很差。不要将学位论文作为自己论文的模板。它可能只是拼凑出来的一篇勉强及格的论文

续表

类型	定义	优点	缺点
研究报告或专业报告（通常是一手文献）	由研究人员撰写并直接提交给研究资助方的报告	具有直接、重点突出、与研究问题密切相关等优势	没有同行评审，就谈不上质量监控。此外，由于研究经费由资助方支付（属于"合同研究"），研究结论可能受到资助方的影响
杂志或新闻报纸上的文章（通常是二手文献）	和其他形式的出版物一样，报纸和杂志（期刊）的形式多种多样，二者之间的差异尤为明显。有些杂志（期刊）、报纸与学术期刊一样"备受尊崇"；有些则不然	杂志和报纸上的文章内容最新，可以作为一个起点，引导你找到可靠的文献	这些出版物大多依赖好的销售业绩。因此即便是"高质量"的出版物，也有可能为了增加趣味性而歪曲材料。记者的报道不需要经过任何学术期刊的同行评审检查，记者胡编乱造的情况也并非没有发生过
网站（通常是二手文献）	和上述信息来源一样，网站信息来源也多种多样。网站作为承载各种信息来源的工具，本身并不存在优点或缺点。所以信息质量完全取决于你的判断	绝大部分网站会提供可靠的信息，比如有些网站会直接给出链接，把你引至出版商的网站，让你可以下载同行评审的文章	有些网站，甚至是相当知名的网站，会提供误导性信息。有些网站直接提供有关论文问题的现成答案。特别要提防这些网站。维基百科可以帮助你扩展某个领域的背景知识，但要注意，它提供的信息可能并不可靠，务必用其他信息来源进行核实

一手文献和二手文献

　　你会注意到，表3.1将各类文献资源分为一手和二手文献。需要指出的是，一手文献资源（简称一手文献，下同）往往比二手文献资源（简称二手文献，下同）更受重视。需要花些时间对它们进行区分，因为导师可能倾向于一手文献，而非二手文献。表3.1中的文献大部分是一手文献（不过教材常常属于二手文献）。我们再看看其他文献。

　　一手文献示例如下：

· 自传；

· 日志；

· 政府文件和数据资料；

· 信件和信函（包括电子邮件和社交媒体信息等电子类文献）；

- 原始文件（如出生证明）；
- 照片、视频以及音频；
- 商业调查报告或其他研究报告（如焦点小组研究报告）；
- 演讲；
- 专业报告。

二手文献示例如下：

- 人物传记；
- 字典和百科全书（包括维基百科）；
- 综述文章；
- 教材。

一手文献和二手文献的主要区别在于数据和证据是直接的还是间接的。一手文献是对数据的首次呈现或分析，二手文献则是对一手文献的二次加工，通常由一手文献作者以外的人员完成。在实践中有时很难区分一手文献和二手文献，你不用过于纠结二者之间的严格界限。表3.1强调，文献质量的高低与它们是"一手"还是"二手"并无必然联系。有时一手文献的来源可能非常可疑，反而一些二手文献的质量十分出色。

> **备忘录** 顾名思义，一手文献指直接得到的第一手材料。也就是说，一手文献是没有经过分析和总结的原始材料。对很多一手文献进行分析和总结，这种经过再加工的文献通常是二手文献。教材是常见的二手文献。

你会发现，我将综述文章也归为二手文献。需要在此特别说明的是，人们通常认为综述文章比百科全书和教材中的文献更具有权威性。综述文章分为两类：系统性综述和叙述性综述。系统性综述使用特定的方法，在大量同行评审研究文献中检索某一主题的研究成果。最终纳入综述探讨的只包括预先定好的某类研究成果和/或高质量的研究成果。叙述性综述则就某一特定主题的文献展开讨论和总结，但不遵循特定的检索方式。叙述性综述通常不会解释如何检索文献或为何采纳某些相关研究文献。除了系统性综述和叙述性综述，还有元分析，元分析用特定的技术来筛选和总结多项研究成果。

如果你能够找到和你的研究主题相关的最新综述文章和元分析研究成果，那就太好了，因为综述文章和元分析研究成果都是非常有价值的文献。除了可以在一般学术期刊中找到这些资源，你也可以寻找期刊名带有"评论/综述"

（review）字样的期刊，如《哈佛法律评论》（*Harvard Law Review*）、《教育研究评论》（*Review of Educational Research*）等。

"协作研究"是一种较新且日益重要的资源平台，聚集了高质量的证据资料，读者还可以通过"协作研究"获得合成和总结处理的文献。对社会科学研究来说，最重要的协作资源平台是坎贝尔协作组织。其总体目标是通过对教育、犯罪、司法以及社会福利等领域的干预效果进行系统性梳理，从而改进决策。此外，协作资源平台"政策与实务证据资讯与协调中心"（EPPI-Centre，全称为 Evidence for Policy and Practice Information and Co-ordinating Centre）也提供了类似的资源。

另一个类似的汇总资料库是考科蓝合作组织（Cochrane Collaboration）。该资源库是一个有关医疗保健系统性评论的数据库。此外，还可以访问教育证据门户网站（Educational Evidence Portal）以及社会政策在线摘要网（Social Policy Digest Online），后者提供了整个社会政策领域最新的进展列表，查阅方便。

我想通过分享一个发人深省的故事来结束本节关于文献来源的讨论。作曲家罗尼·哈兹赫斯特（Ronnie Hazlehurst）去世后，BBC（英文广播公司）新闻栏目和《卫报》《独立报》《泰晤士报》以及路透社都发布了讣告。然而令人遗憾的是，这些备受敬仰的讣告中却存在错误，这是因为讣告撰写者都从维基百科上剪切并粘贴了不实信息。当时有人恶意篡改了哈兹赫斯特的维基百科条目，谎称罗尼在退休后为流行音乐组合 S Club 7 写了一首名为 *Reach* 的歌曲，这一荒诞不经的"事实"未经核实就被记者们用到了讣告里。结果讣告发布时，他们都羞愧得满脸通红。

这个故事带来的启示是不只维基百科在提供信息时需要保证真实性，所有的出版物都要做到这一点。在通常情况下，维基百科仍然是极好的资料来源。避免只使用一种信息资源，尽可能使用其他资源对信息进行确认和核实，并尽量使用一手资料。不仅事实可能出错，更大的问题是，在查阅文献资源时，你会发现其中包含的观点会牵涉不同的利益。如果文献资源涉及数据解读和分析，我们要留意其中可能存在的各种解读方式和立场。经过阅读各种文献资源后，你将对研究主题有更全面的了解。

文献来源的质量

除了要判断正在使用的文献来源的可靠性，还要全面评估所引用文献的质量。

评估可以围绕以下问题展开。

- 文献是否基于某项研究而撰写？如果是，那么进行的是何种研究？是大规模研究还是小规模研究？研究结论是什么？一般情况下，文献作者会坦诚地指出自己研究的局限性和不足之处。如果研究主张不切实际，那些已经在高质量期刊上发表的论文本不应被收稿。并不是说小规模研究一定比不上大规模研究——二者各有优缺点。重要的是要意识到这些，这表明你具有批判性意识（见下文"批判性意识"），了解所有研究类型的局限性。

- 如果不是发表在期刊上的研究论文，那么它是否是某人的观点？这个人是谁？他/他们权威吗？他/他们提出的观点或建议是否给自己带来了利益？

> **备忘录** 并不是所有的文献资料都一样。应考虑它们的质量高低，是一手文献还是二手文献？是基于研究证据撰写的吗？是否经过了同行评审？

利用写作框架撰写文献综述

现在已经了解了文献来源——你要回顾的文献材料来自何处。你该如何组织这些材料？从哪里下手？构建写作框架可能有所帮助。写作框架不仅能帮助你组织写作内容，还能引导你展开写作。写作框架是一个骨架大纲，可以帮助你思考章节结构，从而正式开始撰写工作。构建文献综述的写作框架分为三个阶段。

- 收集信息（gathering），在此阶段收集信息资料。
- 形成漏斗（funneling），在此阶段将收集的资料组成漏斗状。
- 搭建框架（building），在此阶段搭建好写作框架。

让我们来详细了解一下。

收集信息资料

在这一阶段你要找到尽可能多的与你研究主题相关的文献。（我将在下文"点击'搜索'：查找信息"中详细介绍如何做到这一点。）将参考文献和摘要剪切并粘贴放进一个单独的文件夹或参考文献管理器中，如 EndNote（见下文的"参考文献管理器"）或谷歌学术图书馆［见下文的"谷歌学术"（Google Scholar）］。当你认为已经收集到足够的信息资料时，可以停止文献收集工作。（"多少才算

'够'？"我总是被问到这个问题。坦诚地回答，"这要看情况"。我知道这个回答不会令人满意。进一步说，我建议本科生至少要找 15 条参考文献，而硕士生至少要找 30 条参考文献。）在收集信息资料阶段，不需要太担心如何组织这些资料。接下来我们进入"形成漏斗"阶段。

形成漏斗

"形成漏斗"指将文献综述的章节结构调整成漏斗的形状，具体做法如下：从笼统的信息资料开始，慢慢聚焦，最后集中到与研究问题紧密相关的有针对性的资料和结论。你可以对"资料收集"阶段收集到的资料进行分类，按照关系从一般到具体的顺序整合资料。如图 3.1 所示，从主题背景信息开始，或基于历史发展的视角引出材料，这些材料信息都是对相关研究领域的探讨，反映该领域当前的"研究现状"。在漏斗的中间部分，你可以放置与你的研究问题密切相关的资料，最后在漏斗的底端收拢，放置与你感兴趣的研究领域"最密切相关"的资料。

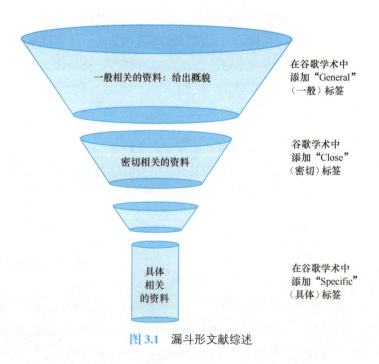

图 3.1　漏斗形文献综述

谷歌学术是搭建"漏斗"的一款实用工具。在该网站上，用户可以根据参考文献在漏斗中的具体位置，设置不同的标签。（我将在下文"谷歌学术"部分进一步解释如何使用该工具。)

搭建框架（使用词汇工具箱）

后续（下一个标题中）我们会深入探讨将文献综述各要素串联起来的重要性。将各要素串联起来才能讲好一个故事，形成对本研究领域的全面概述，并解释你的研究主题在该领域中所处的具体位置。在这一过程中，拥有一个词汇库——词汇工具箱——非常有帮助，词汇工具箱能帮助你将各要素串联起来。表 3.2 是我给出的词汇工具箱。关键的是，要借助工具箱中的词汇，将一篇文献与另一篇文献关联起来，并说明它们之间存在一致性（或差异性），或者解释如何基于文献形成某个观点。

表 3.2 词汇工具箱（帮助你将各要素串联起来）

分歧时	一致时	由一观点引至另一观点时
however（然而）；but（但是）；notwithstanding（尽管）；although（虽然）；yet（然而）；conversely（反过来）；in spite of this（尽管）；nevertheless（尽管如此）；on the other hand（另一方面）；despite（尽管）；then again（另一方面）；besides（除了）	moreover（而且）；indeed（的确）；further（进一步）；furthermore（而且）；additionally（此外）；likewise（同样）；also（也）；similarly（相似地）；equally（同样地）；and（并且）；what is more（更何况）；again（再者）	hence（因此）；because of this（正因如此）；thus（所以）；for example（例如）；as a result（结果）；consequently（结果）；therefor（所以）；accordingly（相应地）；so（所以）；for this reason（为此原因）；this is why（这就是为什么）；otherwise（相应地）；then（然后）；finally（最后）

文献综述应讲述一个故事，而非罗列文献

文献综述要有严密的逻辑性，读起来像一个故事，这至关重要。你肯定不想自己的文献综述只是简单罗列关于某一主题的所有文献。虽然罗列文献和总结文献必不可少，但要写好文献综述，仅靠这是不够的，还需要分析、综合归纳文献。

在"分析"文献的过程中，你了解了相关研究的进展情况，理解了各部分之间的相互关系，看清了相关研究所处的大背景（即看清了树木所在的森林）。例如，从事政治报道的记者不会只是简单记录总理或总统所说的话，而会

> **备忘录** 文献综述应当是一个由开头、主体和结尾构成的故事。文献综述应该对观点进行整合，或是找出其中的差异，而非只罗列相关文献。

分析讲话之间的内在联系，会关注上个月的讲话是否与此次讲话一致，也会揣摩发言人通过讲话想获取的既定利益。

在"综合归纳"文献的过程中，你需要将各种信息综合归纳到一起，形成新的成果。化学家在合成一个新分子时，并不是将两个现有的分子简单地黏合在一起。相反，他们会对现有的两个分子进行一些处理，使其形成一种全新的、迥然相异的物质，其性质与原始的两个分子截然不同。最理想的文献综述同样如此：作者对一定范围内的文献资料进行正确的评估处理，然后通过某些方式提炼出处理过的文献资料的关键信息，并以概述一个事实或观点为脉络来阐述这些信息。

最后强调一下，你的文献综述应该是一个由开头、主体和结尾构成的逻辑严谨的故事，各部分之间紧密联系，"漏斗"的各个部分息息相关，分析文献和综合归纳文献要始终贯穿其中。最后，你可以通过总结有待解决的问题、分歧、悖论、困境和疑问来收尾。

将文献综述编成故事

我一再强调，文献综述更应是在讲故事，而非罗列文献，讲故事的目的是找到贯穿众多文献中的主题。如果只是简单地罗列各种文献，文献综述就会缺乏连续性和一致性，显得突兀。进行了适量的文献检索并将材料整合成漏斗形状后，主题就会逐渐浮现出来。在此阶段，绘制一个故事画板非常有用，故事画板也是对文献综述中的观点进行概括和汇总的计划。（有时这种计划被称为"思维导图"，但我更倾向于称其为"故事画板"，因为它强调了计划的"故事性"。）

绘制故事画板：

- 从研究问题开始。这是故事画板的中心。
- 围绕中心点进行头脑风暴，想出可能衍生的分支。尽可能涵盖你能想到的与研究问题相关的所有内容。
- 想一想从这些分支中可能衍生哪些子分支。
- 思考与研究问题相关的关键词。
- 根据提供的背景与研究问题的相关程度，对分支进行颜色编码。该分支提供的背景与研究问题是大体相关，还是密切相关，抑或是直接相关？
- 根据相关性，以同样的方式对关键词进行颜色编码。

请看图 3.2 中的故事画板。初步提出的问题是"校长如何应对难相处的人"。这可能是由一位攻读教育硕士学位的副校长提出的。在绘制故事画板之前,你需要阅读一些相关文献。如果你对阅读的内容进行了思考或头脑风暴,会对你绘制故事画板很有帮助。头脑风暴能帮助你找到分支和子分支。以"压力"这一概念为例,如果"压力"是分支,那么"处理压力的方法"就是其子分支。你需要发散思维,联想与主题相关的词汇。例如,从"校长"一词开始,你可能联想到教师、员工、人力资源以及人事。从"应对"一词开始,你可能联想到压力、人际关系、管理以及策略。从"难相处的人"开始,你可能联想到棘手、不合作、无益、对立、固执、任性等词。(在接下来的章节,我们会深入探讨如何完善故事画板,最终找到讲好故事的途径。)

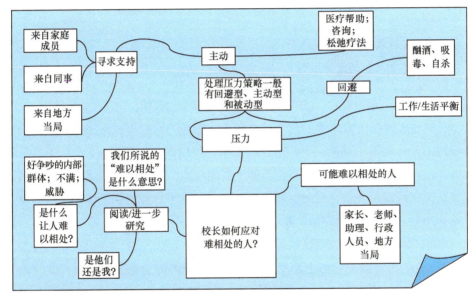

图 3.2 故事画板

讲述文献故事的过程就是总结文献、分析文献、综合归纳文献的过程。文献故事具有内在的逻辑性,并非简单的堆砌。故事由开头、主体和结尾构成,你的文献综述也可以采用这一结构,围绕研究主题从宽泛的背景信息慢慢讲到密切联系的具体信息。

此外,就像小说家尽力激发读者的阅读兴趣一样,你也需要努力让读者对你的研究领域产生浓厚的兴趣。可以从伟大的心理学家罗杰姆·布鲁纳(Jerome Bruner)(1997:142)所谓的故事中的"困扰"开始——当然不是字面意义上的"困扰",而是指议题、疑问或者不确定性。优秀的小说家会在小说的开头抛出"困扰"来激发读者的阅读兴趣，你在撰写文献综述时也应该采取这样的写作策略。

例如，先写你所研究的领域应受到全国范围内的关注，实际情况却是研究人员经常忽视该领域，或者只关注与专业应用无关的方面。或者你可以通过指出一个存在争议——即使经过了数十年的研究，这个争议依然存在——的主要领域来引出其"困境"。接下来，你需要撰写故事的"主体部分"，阐述人们实际持有哪些观点，以及他们持有相同或不同观点的原因。对阐述的内容进行总结，基于总结阐明撰写论文的原因，文献故事至此结束。

撰写文献综述时，要不断思考以下问题。

- 文献中的作者是否都专注于某一主题？
- 他们有不同意见吗？
- 有没有存在争议的领域？
- 是否存在相似的发现或惊人的一致之处？
- 是否存在无人关注的研究空白？

在撰写文献综述时，我们应该尽力把不同领域的研究串联起来，并在句子或者段落的开头使用明确的词语凸显这些联系，可以参考我在表3.2词汇工具箱给出的词汇。例如，史密斯提出了与布朗不同的观点，你不能只是逐一罗列他们的观点，而应该插入一个"然而"来连接这两人的观点，表示你已认识到他们观点的不同之处：史密斯（2006）发现，九年级男生的阅读能力明显低于女生。然而，布朗（2007）没有发现这种差异。

图3.3的内容摘自我博士论文的文献综述。我的博士论文主要研究课堂内的其他成年人，如课堂助教和提供协助的家长。我在这部分探讨了成年人在课堂上合作的困难程度，并将其与二十世纪六七十年代团队教学中的类似现象联系起来。

我认为这部分摘录的内容对撰写文献综述有参考价值，因为它展示了如何将不同的观点串联起来。

你可以看到，为了讲故事，我在摘录中做了两件事。第一，我使用了"相似的"和"与吉恩一样"这样的词和短语将两位学者（吉恩和科恩）的研究成果联系起来。第二，我还将参考文献中的观点与我个人的观察和研究领域联系起来。我注意到课堂上的合作教学似乎存在困难，而这里提到的研究人员刚好持有同样的看法，并分析了导致这些困难的原因。这些困难便成了展开文献综述的主线。

3 查找文献，分析文献，撰写文献综述

文献综述不只是对前人研究成果的总结，更要在其中找到一个或多个研究主题。而我的研究主题是课堂上团队合作的困难程度远超出人们的预想。

> ……
> 已有研究探讨了团队教学中成员间的各种关系所引发的问题：成员间可能存在教育理念冲突，和/或人际关系紧张等问题。然而，在确定责任边界及责任归属的过程中，可能产生一些管理问题，以及关于协商、规划时间的实际问题。

（进行综合归纳和分析，同时也在叙述。）

> 吉恩（Geen）（1985）对英格兰和威尔士的团队教学活动进行跟踪，发现让多位教师在一个班级中协作教学困难重重。通过致函英格兰和威尔士104个地方教育局的首席教育官，他了解到，尽管六七十年代团队教学的热情高涨，但"在许多学校，团队教学未能成为一项长期的教学策略"。在20世纪60年代率先开展团队教学的49所学校中，只有7所学校在1984年保留了团队教学方式。
>
> 吉恩表示，学校放弃团队教学的原因包括：备课所需的时间和精力过多；一些教师不愿意在同事面前授课；团队成员之间存在分歧。这些与前面提到的问题相关：备课耗费时间和精力是实际问题；不愿在同事面前讲课属于人际关系问题；团队成员之间的分歧可能是由于个人理念或个性上的冲突。

（直接报告文献中的具体发现，并将这些发现与其他发现联系起来。）

（这个句子的开头将前后两段联系起来。）

> **有趣的是**，在美国也发现了类似的研究结论。科恩（Cohen）（1976）对469名教师的问卷数据进行了历时分析。数据取自**两个时间点**：1968年和1975年。与吉恩一样，科恩也注意到，在此期间，参与团队教学的教师数量大幅下降：在1968年，5或6人的教师团队很常见，但到1975年，常见的团队规模仅为2人（所有参与团队教学的教师中，45%的教师为2人团队；35%的教师为3人团队，仅有8.5%的教师为5人或5人以上的团队）。据推测，人数减少的原因是高效运作更大规模的团队需要进行大量的协调和沟通，但教师没有充足的时间去做这些事情。成功的团队合作需要重视团队的动态发展并且得到管理层的支持；团队合作"与教师满意度并非无条件相关"。满意度在很大程度上取决于团队合作过程中是否达到了平衡状态，而平衡状态又取决于团队全体成员的参与程度。对受访者的答复进行分析后，科恩逐渐认识到，团队参与度走向了两种极端，好的时候非常好，差的时候非常差（p58）。科恩因此得出结论，团队教学安排极其脆弱："团队教学似乎是一种组织创新，试图在没有有效准备或支持的情况下生存下来（p61）"。

（"与吉恩一样"将科恩和吉恩的观点联系起来。）

（将两个特定的研究结果联系起来，并引出主题。）

图3.3 讲故事

在这里你可以让自己的研究呼应文献综述中的其他研究。你是否旨在凸显某一观点的重要性？在综述别人的研究成果时，你可能从一个全新的视角来审视你最初提出的研究问题。这样你的研究便初具雏形。在文献综述的结论中一定

要明确这一点。

撰写文献时，需要讨论哪些细节？

需要讨论哪些细节？这取决于文献综述的重要性。类似于医疗保健等领域的文献综述应涵盖整篇论文内容（这主要是为了避免在该领域开展实证研究时可能出现的研究伦理问题）。在其他学科领域，如教育或者商业研究，其文献综述占比不大，不必赘述细节。

撰写医疗保健领域的文献综述必须充分讨论各文献的细节。实际上，临床医生会使用诸如 PICO 这样的检索系统来全面充分地讨论文献材料，PICO 检索基于以下四个要素对文献进行分析和报告：患者或人群（patient or population），干预措施（intervention），对比（如果有的话）（comparison），结果（outcomes）。

临床领域以外的文献综述就不需要如此详细地讨论单篇论文了。接下来，基于霍德华（Howard）等人（2021）撰写的一篇论文（关于戴口罩）的节选内容，我们一起看看该篇论文汇报文献的主要特点。这是一篇综述论文，其篇幅与普通论文相当。我认为这篇论文不仅实用性强而且十分有趣，因为它突出了综述论文的关键特征（也就是说，并非所有特征）。

在这份简短的摘录中，你会发现作者对每份文献的综述都很简短，只有寥寥几行字。而且对每份文献的讨论都具有以下特点。

- 概述背景。"Only one study"（仅有一项研究）强调了该领域研究的缺乏。"sponsored by the World Health Organization"（由世界卫生组织赞助的）强调了该研究获得资助的事实。但我们应该相信资助方吗？（在本例中，可以肯定的是，世界卫生组织不会忽悠我们。）
- 提及或简要论及研究方法。我们获知第一项研究是"观察性"研究，第二项研究是一篇系统性的综述。
- 简要呈现研究结果。作者只概述了结论，没有给出具体细节。
- 指出局限性。综述指出了每项研究的不足之处。

因此我们需要对更多的研究进行简要概述，而不是仅对两三项研究进行深入阐述。关键在于使用三角论证法——从多个来源收集信息——进行佐证或区分。从而知道这些研究是彼此支持还是各不相同。通过运用关联词，指出这些研究的相似点和相异点。

3 查找文献，分析文献，撰写文献综述

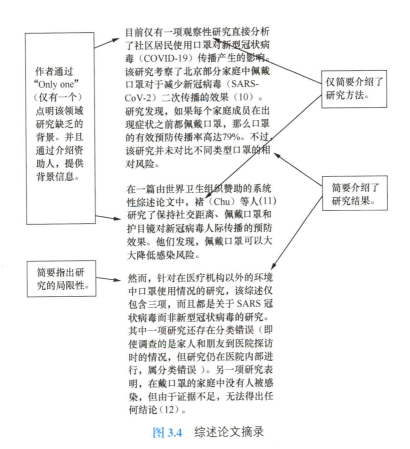

图 3.4　综述论文摘录

快速阅读及记笔记

努力培养快速阅读的技能——从文章或图书中"挖掘"你所需要材料的技能。留意文中的关键词或短语，忽略无关内容。阅读学术著作不能像读小说或报纸那样。学术研究人员有时候会用一种非常规的"散文"笔调来写作，这样的文章可能只有专业领域的少数人能够读懂。如果你把时间都用在解读这些"散文"上，那么你可能感到很抓狂。

你不妨运用 SQ2R 法仔细研究其中特别重要的图书或文章（可能是你研究中的关键参考文献）。弗朗西斯·普莱森特·罗宾逊（Francis Pleasant Robinson）提出了一种名为 SQ3R 法的阅读方法——在本章末的"拓展阅读"部分可以找到相关内容。但我建议去掉一个"R"，将方法变为 SQ2R 法，它是 SQ3R 法的一种变体。SQ2R 是一种有效的方法，使用时你无须绞尽脑汁地记忆或解释每个词。它总结了一些问题，这些问题提醒你带着目的去阅读。作为阅读过程的一部分，

你要在阅读时向自己提这些问题。

·浏览或略读（Survey or Skim）整篇文章，记住：关键信息常常出现在文章或章节的开头和结尾，以及段落的开头和结尾。

·提问（Q）——向自己提问，特别是那些与你想要发现的内容相关的问题。

·再次快速阅读（Read）全文，不要纠结于困难的部分。如果是自己的书，用荧光笔或铅笔标出关键词或短语，尤其是与你的研究问题相关的词或短语。

·回忆（Recall）阅读内容（先合上书）。然后将回忆的内容记成笔记。如果什么都记不起来，回到第一步"浏览全书"，重新开始。

不论你是否使用这种方法进行快速阅读，都要记阅读笔记。你可以利用"谷歌学术"中的"我的图书馆"功能来记录阅读笔记，其操作简单便捷，我将在下面的"谷歌学术"部分进行解释。

尽管在研究项目初期你已专门留出时间来做文献综述，但在整个项目进行的过程中，你可能会随机（也很高兴地）不断找到相关的参考文献，进而扩展文献综述的内容。

批判性意识

在大学学习中，批判性意识是一个频繁出现的关键词，尽管导师们一直努力给学生灌输这个概念，但批判性意识仍然是稀缺物。如果你具备批判性意识，意味着你能获得高分，反之就只能得到低分。

什么是批判性意识呢？接受高等教育的关键是你对待知识的态度，而非拥有的知识量。中小学阶段最重要的似乎是尽可能多地了解事实，然后在作业中以合乎逻辑的形式将其再现出来。而在大学阶段，学习态度则截然不同。固然你对一些已掌握的问题和知识非常熟悉，然而相比于熟悉程度，你对待这些知识的态度更为重要：你必须始终抱着怀疑、批判和反思的态度，而非故步自封。你需要认识到，对于某些观察结果，总有不同的解释方法；对于某个案例，总有不同的论证方法；对于任何争论，总有不同的关注点。总的来说，你要认识并去证明这一点：真理来之不易。

这个骗子为什么要对我撒谎？

通常，相对于你掌握的有关事实的知识，你对待事实的态度能让你获得更高的分数。你应该了解他人是如何做决定、判断以及得出结论的。同时也要明白,除了这些,基于收集到的数据一定可以找到其他不同的方式来做决定、判断以及得出结论。这与伟大的生物学家约翰·伯顿·桑德森·霍尔丹(J.B.S. Haldane)所说的"怀疑是职责所在"相一致。勒内·笛卡尔(René Descartes)(1647/1996)也曾说:"怀疑是智慧的源泉。"

或者就像电视访谈主持人杰里米·帕克斯曼(Jeremy Paxman)所说的:"这个骗子为什么要对我撒谎?"虽然略显粗鲁,但也许更直截了当。然而,杰里米·帕克斯曼说他从未说过这句话。提起这件事时,他说:

难道我会认为你访谈的每个人都在撒谎吗?不,我没有。只有白痴才会这样想。但是我认为你应该对任何既定利益发言人持有一定的怀疑态度,问问他们"为什么这样说"以及"这可能是真的吗"。毫无疑问,这才是我会做的。(Wells, 2005)

杰里米·帕克斯曼所说的话是对批判性意识的最佳概括,它不仅适用于政治家和发言人,也适用于所有需要报道调查结果或表达观点的人。因为每个人都是出于自己的经验来报道和表达的。而这种经验可能或多或少是有依据的、有所偏倚的,或者符合相关利益的(这里的"符合相关利益的"是指"有利害关系")。你不能指望所有研究人员乃至所有写文章的人在观察时都保持公正、中立。可能有千百种理由是为什么有人对某个研究问题持有特定倾向。为了达到目的,这些人会选择特定的数据搜集方式,并利用这些数据进行特定的分析,从而得出他们所期望的研究结果。他们研究某个特定领域可能缘于个人的参与或投资,也可能是因为某特定公司或政府部门的资助,因为这些研究可能与该公司或政府部门有利益关系。

因此,从帕克斯曼曾提出的问题(转述)"他们为什么要这样说"开始,我的一篇文章"Evidence, schmevidence"(Thomas, 2022)讨论了许多人,尤其是政客,在使用"evidence"(证据)一词时的轻率态度——实际上他们是在挑选适合自己论点的证据。

然而,批判性意识不只是揭示偏见或发现个人卷入到这类问题,更是一种意识,让你认识到:知识是脆弱的,不是一成不变的;应该带着怀疑的态度去对待你所读到和听到的一切;应时常自问:有些研究是否可以用不同的方式去开展?是否可以得出不同的结论?

因此不论信息来源权威与否,都要敢于质疑,敢于批判。此外,对于自己得出的任何结论,都需要保持谨慎的态度。避免使用"this proves"(这证明)或"this shows"(这表明)等词语,而应使用"the evidence suggests"(证据表明）、"points towars"（指向）或"implies"（表明）等。尽量使用"tends"（倾向于）或"one might conclude that"（可以得出这样的结论）等语气和缓的短语，避免使用口气偏大的短语。保持谨慎的态度有利于学术写作——你不应该对自己的研究妄加评论，也不应该轻信他人的报告，否则没人会给你打高分。对所有人的研究成果，包括对自己的研究成果，都要心存怀疑。永远铭记霍尔丹说的"怀疑是职责所在"。

> **备忘录** 在研究过程中，展示批判性意识、批判性思维以及反思性思维与其他研究工作一样重要。这是对知识和真理保持本能的怀疑。

"怀疑（批判性思维）是职责所在"这一思想传统源远流长、璀璨辉煌，可以追溯到2500年前的苏格拉底。苏格拉底指出，不能依赖权威人士的观点和声明。尽管他们身居高位、手握重权，他们的观点听起来可能令人侧目，但实际上可能不合逻辑、混乱不清。苏格拉底还提到，我们应该强力质疑任何知识、主张的有效性。他提出的质疑体系被称为"苏格拉底法"。我们所有的观点和知识都应在苏格拉底法的质疑中得到检验，这样我们才能区分合理与不合理的观点，或证据充分与依据不足的观点。

在撰写文献综述时，为了对遇到的资料来源（即任何研究成果或任何学术观点）进行批判性思考，你可以对自己提出以下问题。

- 是否存在既定利益？
- 作者进行研究的目的是否会在某种程度上影响他们的推理？
- 不同的研究方法是否会带来不同的调查结果？
- 使用了哪些资料来源？是否有证据表明资料的选择经过了有效权衡，或者资料来源经过了"精挑细选"？
- 所引用数据的质量如何？是否引用了高质量的一手资料？
- 作者的推理是否合理？如果你要和他们争论，你会怎么说？（同时也要问问自己，自己进行批评的依据有多少？是否可能受传统观念、情感倾向或者既定利益的影响。）

点击"搜索"：查找信息

准备进行资料搜索时，谷歌学术是最佳的选择。尽管我不希望我的同事们知道（也希望你们不要告诉他们），但我还是悄悄告诉你们，我自己做研究时很少采用其他方式来搜索资料。

谷歌学术

谷歌学术的搜索方式与谷歌搜索引擎基本相同，但是谷歌学术更专注于搜索大学生涯中的阅读材料。谷歌学术的网址为 http://scholar.google.com/。一旦进入谷歌学术的首页，其使用方法和谷歌搜索引擎是一样的。你可以根据已经确定的特定文章输入问题，或进行更有针对性的查询。

假设你是一名心理学专业的学生，对鲍尔比（Bowlby）的依恋理论如何帮助理解跟踪行为感兴趣。图 3.5 显示了我在搜索框中输入"依恋理论跟踪"时谷歌学术给出的检索结果，显示了检索结果页面的各种元素。

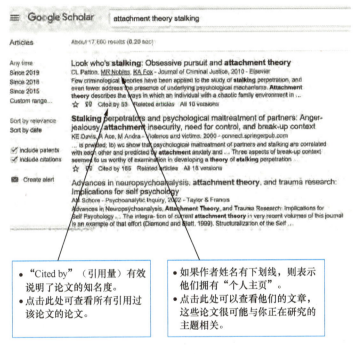

图 3.5　谷歌学术使用说明

使用谷歌学术整理参考文献

请看图 3.5，注意每篇文献的最后一行都有一颗小星星。留意这些小星星，因为在整理文献时，它将起到重要作用。无论是一般相关文献还是具体相关文献，只要对你有用，你都可以通过点亮小星星将其加入你的"个人图书馆"。也许你会说："我没有个人图书馆。"不用担心，谷歌学术已经帮你创建了一个：点击屏幕右上角或左上角的"My Library"（我的图书馆），你的参考文献就保存在那里。重复上述操作，不断积累参考文献，很快你就会拥有一个内容丰富的参考文献库。

现在你需要整理收集的参考文献。打开你的图书馆（点击屏幕右上角或左上角的"我的图书馆"，你会看到你放进去的每条参考文献左边都有一个小复选框。点击其中一个复选框，你会发现页面顶部的图标变成激活状态。点击那个看起来像拉杆箱标签的图标，然后点击"Create new"（新建），你就可以给这条参考文献贴标签了。

出于练习的目的，我建议你将收集到的参考文献分为 General、Close 和 Specific 三类，分别表示一般相关、密切相关和具体相关。试着将一些参考文献（10 篇左右即可）随意放进你的图书馆，然后给它们贴上 General、Close 或 Specific 的标签。先看看效果如何，然后再继续操作。

谷歌学术的其他使用方法

你还可以使用其他方法在谷歌学术上搜索资源。

· 在搜索框中输入一篇文章的完整参考文献。谷歌学术将显示该文章的详细内容和摘要。

· 在搜索框中键入主要作者的名字，谷歌学术就会搜索出他们所写的所有文章。很明显，查找泽维尔·科桑格·斯迈思（Xavier Coathanger-Smythe）的文章要比简·史密斯（Jane Smith）的容易。如果你刚好急需简·史密斯的文章，可以尝试在搜索栏添加一个与你的查询内容相关的短语，如"Jane Smith economic recovery"（简·史密斯经济复苏），这可以让你的搜索更有针对性。

· 下载 Google Scholar Button（谷歌学术搜索按钮）。这是 Chrome 浏览器的一个插件。该插件一般可以在谷歌学术上下载。下载成功后，Chrome 浏览器工具栏会出现一个蓝色的按钮，你在浏览任何网页的时候，点击这个按钮，谷歌学术就可以帮你快速找到你想要浏览的文章。（你可能需要点击右上角的拼图图标来找到该按钮，然后点击"固定"图标将其固定在工具栏中。）例如，如果我对参与囚犯改造项目的动物感兴趣，那么我可以在按钮的搜索框中输入"prisoner rehabilitation animals"，就会得到图 3.6 所示的检索结果。

谷歌学术还有另一个特别实用的功能，就是可以提供某篇文章的各种引用格式。如果我在谷歌学术搜索框中输入一篇文章的参考文献，如"Shaw, A. and Shea, S. (2006) The more you read, the more you know. Paediatric

Child Health, 11(9): 566. (2006) The more you read, the more you know. Paediatric Child Health, 11(9): 566."检索结果页面就会出现该文章，页面底部有一个小小的"符号，点击该符号你就能得到这篇文章的各种引用格式。

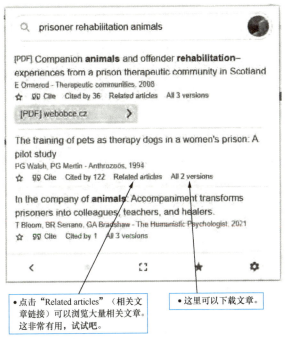

图 3.6 通过 Chrome 浏览器查找和使用 Google Scholar Button

其他搜索引擎

当然你也可以尝试使用 Microsoft Academic Search，以及其他可以在 EasyBib 上找到的搜索引擎。你还可以试试 connectedpapers.com，只需要输入关键文章的参考文献，它就可以帮你查找所有的相关文献，并生成一幅关联文献的图谱，这太棒了！

滚雪球（snowballing）

如果你通过谷歌学术（或其他搜索引擎）幸运地找到了一个合适且近乎完美的资料来源，那么就可以试着从它开始"滚雪球"。也就是说，向前查找引用过你所选关键文献的文章，或者向后查找关键文献作者引用的其他文献。你可以通过以下方式使用关键参考文献。

- 借用关键词进行进一步搜索。
- 利用参考文献列表，找出作者引用过的其他论文（"向后滚雪球"）。
- 查看引用过该文献的论文，看看是否有相关资源（"向前滚雪球"）。
- 查看哪些期刊刊登了你感兴趣主题的论文。

DIY 活动
滚雪球

想象一下，你是一名商科学生，对卡车司机短缺如何影响商店货物供应的问题很感兴趣。你的导师向你推荐了一篇文章，但导师不记得文章的具体标题，只知道这篇文章与你的研究领域很接近，作者名叫米塔尔，文章标题中带有"卡车司机短缺"这个关键词。于是，你在谷歌学术搜索框中输入"Mittal truck driver shortage"（米塔尔卡车司机短缺）。谷歌学术立即给出了搜索结果：

Mittal, N., Udayakumar, P. D., Raghuram, G., & Bajaj, N. (2018). The endemic issue of truck driver shortage-A comparative study between India and the United States. Research in Transportation Economics, 71, 76-84. (2018).The endemic issue of truck driver shortage-A comparative study between India and the United States.Research in Transportation Economics, 71, 76-84.

接下来：

（1）在谷歌学术上查找这篇文章。（试着只用我用过的四个关键词"Mittal truck driver shortage"。)

（2）"向后滚雪球"，查阅该论文已公开的版本（谷歌学术屏幕右侧），并查看其参考文献列表。哪些参考文献看起来最受关注？你可以尝试查看哪些参考文献被大量引用，从而知晓那些谷歌学术中看起来备受关注的文献。

（3）"向前滚雪球"，点击谷歌学术检索页面底部的"Cited by 16"链接。然后你就可以获取自米塔尔的论文发表后引用该论文的全部（16篇）论文。你还可以了解有哪些文章被引用的次数特别多？有哪些文章近期被大量引用且备受关注？

（4）选取你所在学科领域的一篇文章进行"前后滚雪球"。

谷歌图书（Google Books）

谷歌图书不仅能帮你找到相关图书，还能将你引至与搜索查询相关的网页，甚至直接显示这些网页。只需要在谷歌搜索框中直接输入"谷歌图书"就可以访问该网站。

与在谷歌上所做的一般查询相比，在谷歌图书中一般查询的成功率要低。因此刚开始搜索时，你可能需要使用很少的搜索词进行广泛的查询。请记住，谷歌图书的搜索范围有限，所以在搜索图书时尽量减少搜索词的数量，以确保放宽搜索范围。

从图书馆获取期刊资源

你从谷歌上搜索到的一部分资料会是期刊论文。谷歌学术页面还会显示其出版期刊的内页，提供文章摘要以及完整文章的购买链接。但是不要轻易去购买这些文献，因为你很可能通过大学图书馆就可以访问该期刊。目前，虽说不是各个高校都有，但大多数大学图书馆会设置一个中心跳转点，无须付费即可获取海量期刊资源。我所在大学的跳转点是 FindIt@ Bham，你所在大学的跳转点也会有类似的名字，如 iDiscover 或 SOLO。

首次参观图书馆时，如果图书管理员未告知访问期刊资源的方法，请主动向其询问。不要害怕这样做，因为在信息时代，帮助你获取各种信息资源是他们的职责所在。这就是他们的工作，请提醒他们这一点。（顺便说一句，这只是调侃。）事实上，我认识的大多数图书管理员并不像人们刻板印象中的那样冷淡，通常他们都非常友好，还乐于助人。而且新型信息查询系统易于使用：你只需要花费一两个小时熟悉图书馆使用的系统，就明白它能给你带来什么服务。

由于每所大学的系统都不尽相同，继续提供有关这部分的具体搜索信息对你的帮助可能不大。因此下一步就是亲自去图书馆。不过在向图书管理员询问之前，请尝试自行搜索一下图书馆关于电子检索的使用说明，并尽力读懂这些说明。然后在电脑上试一试，了解自己能操作什么，不能操作什么，以及可以访问什么，不能访问什么。接着列出一份有针对性的问题清单，再去找图书管理员。

一些有用的图书馆门户网站和平台

门户网站和平台类似于图书馆，你可以访问其数据库、图书、期刊和其他信息资源。通常情况下，你的图书馆会引导你跳转到这些网站上查找所需的信息。以下是推荐的几个网站。

ProQuest

ProQuest 宣称其藏书跨越了 6 个世纪，覆盖了所有学科和各种内容类型。它尤其适合查找一些鲜为人知的藏书和历史资料，如旧报纸。

EBSCO

EBSCO 是一个资源平台，提供各种研究数据库、期刊、杂志和电子书包、电子图书等资源。

> **提示 3.1**
>
> 试试 Kopernio。Kopernio 能让你通过喜欢的工具，如 Web of Science、谷歌学术、PubMed 等自动获取感兴趣文章的 PDF 文件。它在你的浏览器工具栏上放置了一个"按钮"，这是一个存放 PDF 文件的"储物柜"。

JSTOR

JSTOR 涵盖了 75 个学科，拥有超过 1200 万篇学术期刊文章、图书和原始资料。

DOAJ（开放存取期刊目录）

DOAJ 致力于提供高质量、开放存取、同行评审的期刊。

OVID

OVID 平台提供期刊、著作、文集、100 个核心和特殊数据库，内容涵盖了医学、保健、牙科和体育科学等多个领域。除此之外，该平台还提供了访问其他相关平台的链接。

Web of Science

Web of Science 不仅与科学相关，也不只是一个平台，还可以提供"指引"，帮助用户查找特定时间段内在知名同行评审期刊上发表的关于特定主题或由特定作者撰写的所有文章。

> 提示 3.2
>
> 可以搜索观看 Web of Science 的在线使用教程。在搜索引擎中输入"Web of Science quick tour",然后查找 YouTube 上的相关指南。

NICE

NICE,即英国国家卫生与临床优化研究所(National Institute for Healthcare and Excellence),其门户网站可提供一系列健康领域的资料。

Zetoc

Zetoc 自称为"世界上最全面"的研究数据库之一,覆盖了大英图书馆里 34 500 余种电子期刊以及 550 余万条引文和会议论文。Zetoc 非常实用,其电子邮件提醒服务能帮助用户及时了解最新的相关文章和论文。比如,用户可以让 Zetoc 向他们发送某位作者的所有文章。

Scopus

Scopus 是一个大型的文摘和引文数据库,收录了经过同行评审的研究文献以及高质量的网络资源。

> 提示 3.3
>
> 记住:一定要通过图书馆网站登录这些工具网址,否则除了能试读文献的前一两页外,将无法进行文献查阅。大学图书馆已经为这些资源支付了大量费用,你只要通过图书馆的账户就能访问这些资源。

特定学科数据库

除了通用数据库,还有许多针对特定学科的特定数据库。这里我将介绍一些主要的特定学科数据库。

British Nursing Index

顾名思义,该数据库涵盖了护理和助产学主题领域的 200 种英文期刊和其他英文刊物。

Business Source Premier

该数据库涵盖了管理、经济、金融、会计、国际商务和市场营销领域。

提示 3.4

大多数大学图书馆网站都提供资源列表,你可以通过图书馆网站直接访问所有关于个人课程的阅读材料和资源。不论身在何处,只要有方便可用的设备(手机、平板电脑、笔记本电脑或台式电脑),你就可以访问所有重要的资源。

ERIC

ERIC 由美国教育部资助,可查阅 100 多万条有关教育的资料,包括"灰色文件",如对外公开的情况说明书。

Sociological Abstracts

提供社会学和社会与行为科学相关学科的国际文献索引及摘录。

BEI

BEI(British Education Index),即英国教育索引,相当于英国的 ERIC。

Embase

生物医学和制药数据库,收录了 3500 多种药物研究、药理学及相关主题的国际期刊。

提示 3.5

BrowZine 是一个非常有用的资源库,可以帮助你查找相关的期刊并保存其中的文章。你所保存的文章会在你所有的设备之间保持同步。这样,无论你在飞机、火车还是汽车上,都可以随时随地使用它们。不要犹豫,去向图书管理员咨询关于 BrowZine 的信息吧。

HMIC

HMIC(Health Management Information Consortium),即医疗卫生管理信息协会数据库。该资源整合了多个数据库,为用户提供有关卫生政策和管理的期刊论文、专著、报告和政府文件的摘要。

PubMed

如果你在医疗保健领域（包括医药）工作，你一定想要访问 PubMed，这是美国的生物医学文献库。

CINAHL

CINAHL 为护理和专职医疗学科的学生提供了一个"护理和专职医疗专业人员的权威研究工具"。

PsycINFO

PsycINFO 主要面向心理学家，由美国心理学协会管理，包含 420 万条行为科学和心理健康方面的记录与资料。

OpenGrey

在 OpenGrey，你可以免费阅读近 100 万份欧洲"灰色"文献。

其他数据库

还有几十个针对其他特定学科的数据库。如果想知道这些数据库中的哪些对你有用，可访问相应的图书馆网页。正如我之前指出的，现在大部分大学图书馆都会提供一个类似于谷歌的检索页面，方便学生查阅图书馆的庞大资源，其中"我的图书馆"对所有人开放。进入网站后，点击网页上方的"Find Databases"（查找数据库），然后点击"Search by Subject"（按学科搜索），随后选择一种类别，如"Healthcare"（医疗保健）。如果有需要，你还可以选择一个子学科，如"nursing"（护理），然后网页就会列出所有与该学科有关的数据库。

其他信息资源

官方数据库

官方数据来源于政府、非政府组织（慈善机构）和其他大型组织，涉及其工作的各个方面，为社会科学家、地理学家和其他许多人提供了非常有用的资源。然而，学生极少使用这些数据资源。如果你能证明自己从这些统计数据中获得了相关且有价值的信息，那么你的文章将更受青睐。你可以轻松地从各种网站上下载详细丰富的数据，通常这些数据在电子表格上处理起来也非常简单。

- http://stats.oecd.org/wbos/，该网站提供经济合作与发展组织（Organization for Economic Co-operation and Development）收集的各种统计数据，涵盖了从农业、渔业到社会保护及福利的方方面面。
- www.usa.gov/statistics，该网站提供有关美国的数据，如人口分布图、人口统计和经济等方面的数据。
- www.ons.gov.uk/，英国国家统计局（the UK Office for National Statistics）的官方网站。
- www.secondarydataanalysis.com，该网站可以引导你访问英国、美国和国际数据网站。例如，美国的数据源可引导你访问行政记录、档案，以及提供包括联邦机构和民意调查、人口普查记录、纵向队列调查等数据的门户网站。
- OFFSTATS 是新西兰的一个资源库，专门提供有关政府、政治和媒体的统计数据。
- The Statistical Abstract of the United States，即美国人口普查统计数据摘要，重点介绍美国的社会、政治和经济组织。
- UNdata（http://data.un.org/）收录了联合国整理的国家数据，其中关于犯罪和教育领域的数据特别有用。后者提供了一系列相关数据库的链接，包括联合国教科文组织和经济合作与发展组织的数据库。
- 《世界概况》(The World Factbook) 由美国中央情报局编制 [是的，正是美国中央情报局（CIA）]。它自称"为全世界的 267 个国家和地区提供关于历史、人民、政府、经济、地理、通信、运输、军队以及国际关系等方面的信息"。（我知道你心里在想什么——中央情报局？但该数据库真的不错。）
- Gapminder（http://www.gapminder.org/）提供精彩的互动式社会统计数据。

论文

这里所说的论文指一篇较长的学术论文，通常是博士学位论文。虽然可以提供针对具体学科的宝贵帮助，但切记不要将他人的论文作为范本，因为这些论文的质量参差不齐。

- ProQuest（见上文）自称拥有世界上最大的国际来源学位论文和论文集。
- EThOS 是大英图书馆的数字资料库，收录了英国院校博士生完成的所有博士论文。博士论文可以提供针对具体学科的宝贵帮助。但请再次记住，这些论文的质量参差不齐。
- 若要进一步搜索更多的相关论文，你可以试试以下网站。
  - NDLTD 学位论文文摘数据库（Networked Digital Library of Theses and Dissertations）。
  - DART-Europe e-Theses（欧洲学位论文库）提供欧洲国家大学的开放存取学位论文。

图片和视频

现代的数码照片和录像具有方便快捷的特点，十分便利，极大拓展了基于图像的资料收集方式。这也让数据可以通过照片、视频、电影、涂鸦、绘画、漫画等多种形式进行收集。如果想在社会研究中运用图片，推荐你参考 PhotoVoice，这是一个参与式行动研究平台，旨在通过摄影推动基层社会行动。

通过社交网络服务，如 WhatsApp 和 Instagram，可以轻松传输图片。你可以在 BoB（Box of Broadcasts）上查找有关图片。此外，BoB 还提供离线录制以及影音存档服务。在 BoB 上你可以录制未来 7 天计划播放的电视、广播节目以及播客，也可以搜索过去 7 天内的节目。

馆际互借

我已多次强调，遇到所有需要花钱下载文章的链接时，你都要非常谨慎。因为你完全可以通过大学图书馆账户免费获取某些文章或图书。有时你只需要阅读部分已提供的信息，便能了解其大致内容。最坏的情况是，当你下定决心要找到一篇论文的全文但以上获取文献的方式都对你没有帮助时，可以通过馆际互借获取电子版或影印版的论文。向图书管理员咨询，可能收取一定的费用，但肯定比从出版网站上购买便宜。

参考文献管理器

ERIC、PubMed 和 Web of Science 等数据库的优势在于它们可以将引文直接导出到诸如 EndNote、Reference Manager 或 ProCite 等参考文献管理器中。大学图书馆会提供如何使用这些软件的网页介绍。参考文献管理软件会帮你整理所有参考文献，甚至为你设置适当的文献格式。对于本科生来说，我认为最容易上手的可能是一个名为 RefWorks 的在线系统。（全球共有 1,200 所大学订阅了该系统，若你所在的大学不在其中，那么你可以选择付费使用。）该系统可以收集、管理、存储以及分享所有类型的文献,并生成引文和参考书目。成为会员之后,即使离开学校,这些服务仍然可用。

其他与RefWorks相似的有WorldCat,它能搜索全球10,000家图书馆的藏书和文章,并能把搜索到的引文导出到自己的参考文献列表中。还有CiteULike,它提供了840万篇文章的参考文献,还能自动接收文章推荐,甚至可以和同学分享参考文献。

> **思考 3.1**
> **与同学和老师合作**

研究工作会让人变得孤立。尽管有时我在进行了详细的文献检索后对某个课题了如指掌,但在与同事或学生的讨论交流中我能产生全新的思考,探索之前从未考虑过的问题,这让我感到惊奇不已。有可能一开始我认为某个话题是切题的,但是与人讨论后会发现它并非那么切题;或者有可能因为某种原因我之前没能注意到某个研究者,但与人交流后知道他碰巧在研究领域中处于核心地位。因此与他人建立联系总会带来好处,一些简单的方法(如通过使用专门的社交网络平台)可以让你与他人保持沟通,这些网络平台有:

- MethodSpace是由出版商SAGE运营的为社会科学家提供社交网络服务的平台。除了在线交流,MethodSpace还为用户提供建议以及视频剪辑服务。
- ResearchGate提供了一个与其他研究人员(主要是专业研究人员)在线交流的平台,同时也是一个学术数据库的搜索引擎。
- Graduate Junction是一个专门为研究生及博士后研究人员打造的社交网络服务平台。
- Academia.edu,你可以通过该平台和一些专业研究人员建立联系,了解他们的最新出版成果。
- WhatsApp可以帮助你建立一个与你志同道合的研究人员的线上交流群。

了解如何引用文献:哈佛引用体系

你需要了解哈佛引用体系(全称为"哈佛参考文献注释体系")的原因有二。一方面,在阅读时你需要了解图书或期刊论文作者是如何引用文献的。另一方面,在写作时你需要知道在撰写文献综述时如何给读者提供参考文献,换句话说，就是如何提供你所参考的图书和期刊论文的全部详细信息，以供他人查询。引用参考文献的方式有很多种，但在社会科学领域，最受青睐的引用方式就是哈佛引用体系。[有几种不同的文献引用格式，哈佛引用体系就是其中的一种，属明显的"APA"格式。APA代表的是美国心理学会（American Psychological Association）的引用格式，是广泛使用的引用格式。]

哈佛引用体系是这样使用的。你找到了一条文献，如简·布朗（Jane Brown）发表的一篇论文。假如你想在文献综述中引用她的论文，你应该先注明其姓氏，随后在括号内标明其论文的发表年份。示例如下。

In a large study, Brown (2004) discovered that little bits of fluff accumulate in people's pockets.

[布朗（2004）在一项大型研究中发现，人们的口袋里会积累一些小绒毛。]

然后在你报告的最后，在以"References"（参考文献）[附带提一下，这里指的不是"Bibliography"（参考书目）。参考文献指文中实际引用了的他人研究成果，相比之下，"Bibliography"不只包括被引用了的文献，还包括一些作者认为与论文有关的可以关注的图书。]为标题的下面列出布朗这篇论文的全部信息。稍后我将介绍如何编写参考文献列表。既然文献的引用格式有多种，那我们先了解在文内如何对各种资源进行引用。

如何在文内引用文献？

· 若图书或期刊论文的作者为一人，使用作者的姓氏（不用名或首字母），随后的括号中注明出版的年份。示例如下。

Sweedlepipe (2005) found that the fluff referred to by Brown (2004) is composed mainly of cotton fibre and dead skin.

[Sweedlepipe（2005）发现Brown（2004）提到的绒毛主要由棉纤维和死皮组成。]

· 若文章由两位作者共同完成，则使用两位作者的姓氏，随后在括号中注明出版的年份。示例如下。

Sweedlepipe and Sikes (2007), in later work, showed that the ratio of cotton fibre to dead skin (by weight) is between 3∶1 and 5∶1.

[Sweedlepipe和Sikes（2007）后来的研究表明，棉纤维与死皮（按重量计）的比例在3∶1到5∶1之间。]

· 如果作者超过两位，则使用第一作者的姓氏，后面只加"et al."[意思是

"等人"（and others）]。示例如下。

Sweedlepipe et al. (2008) illustrated the mechanism by which cotton fibre bonds to dead skin.

[Sweedlepipe 等人（2008）说明了棉纤维与死皮结合的机制。]

- 如果你直接引用了作者的观点，必须给出引文的页码，在出版年份后加冒号，再注明页码。示例如下。

Sweedlepipe (2005: 134) sums up the importance of the topic this way: "The precise mechanism involved in the accumulation of fluff in the pockets is one of the greatest mysteries remaining for science to solve."

[Sweedlepipe (2005: 134) 这样总结了这一课题的重要性："绒毛在口袋中积聚的确切机制是科学有待解开的最大谜团之一。"]

- 如果作者在 2005 年发表了两篇论文，而你在文内又引用了这两篇论文，则在出版年份后用"a""b""c"等进行区别。示例如下。

Sikes (2005a) found that trouser pockets of male students contained significantly more fluff than those of female students, and in later work (2005b) hypothesised that the lower amounts of fluff in female pockets were due to a higher frequency of personal hygiene measures (principally by washing and clothes laundering) among females.

[Sikes（2005a）发现，男性裤兜里的绒毛明显多于女性裤兜里的绒毛，并在后来的研究（2005b）中提出假设，女性裤兜里的绒毛较少，是因为女性采取个人卫生措施（主要是洗衣服）的频率较高。]

- 在引用原书出版很久之后再版的经典著作时，要在作者姓氏后面注明首次出版和再版的年份。例如，Ryle (1949/1990)。

然后在论文结尾处，附有专门的参考文献部分，其标题应为"参考文献"，其中包含你参考了的所有文献的全部细节信息，文献的具体格式如下。

- 列出书籍的格式：作者姓氏，名字的首字母,（出版年份），斜体书名，出版地，出版商。示例如下。

Sweedlepipe, P. (2021) *The Fluff in People's Pockets*. London: Sage.

- 列出期刊论文的格式：作者姓氏，名字的首字母,（出版年份），论文题目，斜体刊物名称，总卷号（本期号），页码。示例如下。

Sweedlepipe, P. and Sikes, B. (2020) Ratios of cotton fibres to exfoliated skin in trouser pockets of US males. *International Journal of Fluff and Allied Detritus*, 31(1),

252-7.

- 列出网上可下载文献的格式：作者姓氏，名字首字母，（发表年份），论文标题，斜体刊物名称，可查询于（Available at），网址，[资料获取日期]。示例如下。

Graham-Harrison, E. (2021) Uncertainty hovers over Helmand's schools as Taliban ban older girls. *The Guardian*. Available at: www.theguardian.com/world/2021/sep/30/uncertainty-hovers-over-helmands-schools-as-taliban-ban-older-girls [accessed 5 October 2021].

在编写参考文献列表时，为了美观，每条参考文献前都需要进行悬挂缩进。即第一行按正常格式向左对齐排版，随后的行则缩进。在 Word 文档中，将光标放在参考文献的任意位置并按下 "Ctrl+T" 键即可进行悬挂缩进。或者选中所有参考文献（用鼠标左键单击开头，然后向下拖动到结尾），然后按 "Ctrl+T" 键，也可以完成操作。

参考文献列表需按作者姓氏的字母顺序列出。2007 年以前版本的 Word 文档可自动按英文字母顺序排序，即用光标选中整个参考文献列表，然后点击 "表格"，再点击 "排序"，最后点击 "确认"。而 2007 年版本及以后版本的 Word 文档中，你可以在文档页面的 "段落" 中找到 "排序" 按钮，它类似于这样的小方框，点击后，列表会奇迹般地按顺序排列。

上文提到的各种参考文献管理器，如 EndNote、Reference Manager 和 RefWorks，可以帮助你自动整理参考文献，大学图书馆肯定会提供这些工具的使用指南以及相关链接，发布在传单、课程和电子邮件中。我所在的图书馆也提供了哈佛引用格式的详细指南，对所有人开放。这个网站的功能相当强大，信息内容非常丰富，涵盖了你需要了解的各种信息。点击 "How to reference"（如何引用），然后在下一页点击 "Harvard (author-date)"。你的导师可能倾向于让你使用哈佛引用格式，但有些科目会要求使用上标数字编号（即温哥华格式）、脚注或者 "文内上标数字 + 页面底部脚注" 格式（即 OSCOLA 格式）（牛津大学法律权威引用标准，主要针对法律专业的学生）。大学学校图书馆网站也提供了以上所有格式的使用指南。

我在这里给出了有关参考文献引用的大部分基础知识。不过，有时你可能需要引用一些更特殊的内容，如网页资料、软件、音像制品或报告。若你想进一步了解这方面的内容，建议你阅读一本指南，即《Taylor & Francis 期刊参考文献标准（美国心理协会引用标准）引用指南第七版（APA-7）》。（放心，实际上 APA 格式与哈佛引用格式差不多，当人们提到 APA 格式时，指的就是哈佛引用格式。我不想过多解释这两者的区别。）

抄袭

有时学生会试图剽窃他人的作品，将他人的作品伪装成自己的成果。你所在的大学必定针对抄袭行为制定了相关规定，这些规定包括如何定义抄袭、为何不能抄袭、如何避免抄袭，以及对于抄袭行为的处罚方式。我所在的大学对抄袭的定义如下。

提交给教师正式评估的作业没有按照公认的参考标准对参考文献进行适当引用，或者没有对第三方知识产权进行确认。

> 你的导师可能要求你先写一份文献综述的初稿，然后使用 Word 文档中的"修订"功能对你的初稿进行修改并提出建议（第二章详细介绍了如何使用"修订"功能）。

身为有意愿阅读我这本书的你，当然不会是那种要抄袭的人。总的来说，抄袭是一件令人遗憾的事，原因有很多。

- 首先，抄袭违背了你撰写论文的初衷。你的初心是为了更好地学习、进步和提升自己，而不只是为了获得一纸证书。所以何必伪装呢？
- 其次，随着论文重复率检查工具的不断优化，抄袭被发现的风险正在急剧增加。再者，所有学校对于抄袭行为的惩罚都非常严厉。事实上，现在大部分学校都要求学生在提交论文作业前必须通过 Turnitin 查重软件的检查。如果学生被判定为抄袭，基于不同的抄袭程度，他们可能被扣分，或被要求重新提交作业，甚至被直接判定为不及格。
- 最后，只要注明是间接引用他人的观点或直接引用他人的文句，就不会受到任何惩罚。事实上你的评阅老师很乐意看到这些引用，因为它们证明作者进行了广泛阅读，具备巧妙整合所读文献的能力。但是这里也有一个有利于写好论文的警告。我的很多笔记是从互联网上直接复制粘贴的，要确保不能从笔记中复制粘贴相关内容直接放到论文中。因此我（也包括你）必须非常谨慎，记笔记时要明确标记：哪一句话是他人的观点，哪一句话是自己的观点。只要你引用别人的成果，都需要完整、清楚地注明作者。

虽然引用完全可以被接受，但要避免过度引用。一般来说，每页最多有一处简短的引用，偶尔一处可有较长的引用。这是因为文献综述是为了概述并展示各种观点之间的联系，而不是为了逐字逐句地罗列他人的各种观点。文献综述的关键在于分析和综合归纳，而引用只是起到抛砖引玉的作用。不过如果你需要借用引用来阐释权威人士提出的观点，就另当别论了。

总结

文献综述并非附属，它应当是推进整个项目的主要贡献者。文献综述应协助你发现已经做过的相关研究，进而帮助你调整你的研究问题。你需要对文献综述的撰写材料进行严格筛选，即使看似无可挑剔的资料也可能具有误导性。任何研究成果在阅读过程中都有进一步阐释的空间。当你意识到这一点时，你已经形成了批判性思维。文献综述就是阅读并理解他人所做的研究，将其中的贡献整合并串成一个连贯的故事。文献综述应讲述一个故事，而不是简单地罗列清单。文献综述包括开头、主体和结尾，可以借助固定框架进行撰写。此外，文献综述在内容上也应遵循由宽泛到具体的漏斗规律。现在文献检索、整理以及保存技术（如谷歌学术）已经相当先进，务必善用。在撰写过程中要确保自己掌握正确引用文献的方法，避免有意或无意的抄袭。

切记，文献综述的重要性在于它能启迪、推进并塑造你的研究。文献综述不仅是一项需要完成的任务，而且是一个至关重要的步骤。文献综述是对研究项目进行批判性反思的重要一步，促使你深入思考研究要回答的问题，以及回答问题的方式。实际上撰写文献综述的过程就是思考并反思的过程。收集、整理和筛选你为了撰写文献综述而浏览过的相关期刊论文、图书及其他资料时，你始终要想着自己的研究主题，并再次对最初提出的研究问题进行思考：最初提出的问题还有意义吗？是否还存在你从未考虑过的主题？既然你已经对整体的研究现状有了全面的了解，是否还有一条最佳的研究路径可循？基于这些问题，你是否需要修改最初提出的研究问题？在下一章，即第 4 章中，我们将探讨如何对文献进行批判性思考，可能的话，对接下来的研究再次进行聚焦和调整。

拓展阅读

Aveyard, H., Payne, S. and Preston, N. (2021). A Postgraduate's

Guide to Doing a Literature Review in Health and Social Care. London: Open University Press. 表述清晰，对医疗保健研究人员尤其有价值。

Campbell Collaboration：http://www.campbellcollaboration.org/. 一个协作资源平台，提供关于教育、犯罪与司法以及社会福利方面的系统性综述。该平台不仅有助于分析和综合归纳各项研究，还能举例说明证据如何互补。

Cochrane Collaboration：http://www.cochrane.org/Available at: http://www.cochrane.org/. 一个协作资源网，是关于医疗保健系统性综述的数据库。

Coughlan, N. and Cronin, P. (2020) Doing a Literature Review in Nursing, Health and Social Care. London: Sage. 适合护理或医疗保健专业的学生使用。

公共政策和实践信息研究证据统筹协调中心（EPPI-Centre），http://eppi.ioe.ac.uk/cms/Available at: http://eppi.ioe.ac.uk/cms/，与坎贝尔协作资源平台类似，但侧重于教育。

Fink, A. (2013) Conducting Research Literature Reviews: From the Internet to Paper (4th edn). London: Sage. 系统性强，在健康、教育和商业领域的资料检索方面提供了很好的实例。该书不仅介绍了检索过程，还很好地介绍了如何对所选文章进行评价。

Hart, C. (2018) Doing a Literature Review: Releasing the Social Science Research Imagination (2nd edn). London: Sage. 目前知道的关于如何撰写文献综述的最好的一本书。除了介绍文献综述的写作原理，还探讨了如何组织观点，如何进行论证，以及如何实现作者提出的解放"研究想象力"。此书面向研究生而非本科生。

Pears, R. and Shields, G. (2016) Cite them Right: The Essential Referencing Guide (10th edn). Basingstoke: Palgrave Macmillan. 帮助解决哈佛引用格式与 APA 格式混淆的问题，尤其对解决互联网资料引用问题很有帮助。

Research Information Network (2011) Social Media: A Guide for Researchers. Leicester: RIN.：http://www.rin.ac.uk/system/files/attachments/social_media_guide_for_ screen_0.pdf (accessed 14 October 2016). 一本关于如何利用社交网络和社交媒体的优秀指南，提供了一些如何与他人建立联系的实用建议。

Ridley, D. (2012) The Literature Review: A Step-by-Step Guide for Students (2nd edn). London: Sage. 实用易懂，实例丰富，其中关于如何"表达

观点"的部分很精彩。

Robinson, F.P. (1970) Effective Study (4th edn). New York: Harper & Row. 虽然有点老旧，但实际上非常好用，其中关于如何速读的建议尤其实用。

Taylor & Francis Journals Standard Reference Style Guide: American Psychological Association, Seventh Edition (APA-7) (2021). 提供了完整的引用格式指南，包括哈佛引用格式、APA格式，甚至还提供了其他较为罕见却实用的互联网资源、软件、应用程序、档案材料以及法律案例等引用指南。可访问 www.tandf.co.uk//journals/authors/style/ reference/tf_apa.pdf 进行查找。

Thomas, G. (2020) Find Your Source. London: Sage. 重点放在如何查找文献综述的资料来源部分，而不是放在讲述故事部分。有关 Google Scholar 和"滚雪球"方面的内容相当丰富。

Thomas, G. (2022) Evidence, schmevidence: The abuse of the word 'evidence' in policy discourse about education. Educational Review.https://doi.org/10.1080/00131911.2022.2028735. 探讨了如何精挑细选"证据"，尤其探讨了政客们如何精心挑选"证据"。作者做了关于批判性推理的思考。

Williams, K. and Carroll, J. (2009) Referencing and Understanding Plagiarism. London: Palgrave. 篇幅短小但实用，全面介绍了关于抄袭的知识。

Williamson, G. R. and Whittaker, A. (2019) Succeeding in Literature Reviews and Research Project Plans for Nursing Students (4th edn). London: Learning Matters. 精彩之处在于对文献进行批判性思考，书中有大量的分析内容。

第 3 章 自评表

复印此表并填写答案，这可能对你有帮助。

	记笔记	
1. 你是否获取了以备分析的相关高质量资料来源？	这些资料的主题是什么？共识是什么？分歧是什么？	✓
2. 你是否列出了主要议题？		✓
3. 你是否有要聚焦的研究点子？	说说你的议题或难题（上述）是如何转化为研究点子的。	✓
4. 你是否绘制了故事画板？	出现了哪些"故事"？你要讲述哪些故事？	✓
5. 你是否探索了谷歌学术的强大功能？特别是"我的图书馆"功能？是否尝试过"滚雪球"？	如果还没有，请尝试本章的 DIY 活动。	✓
6. 你是否了解了如何使用哈佛引用格式？		✓

4

优化研究问题

- 找准研究切入点，提出一个好问题
- **撰写文献综述，优化研究问题** ← 你在这里
- 决定研究方法
- 开展调查研究，收集数据
- 分析数据，展开讨论
- 得出结论，撰写论文

文献综述会帮助你聚焦研究问题，而经过淬炼的研究问题能让你满怀信心地推进研究。

本章具体讨论以下内容：

- 经过第3章的文献探讨，你对第1章中提出的初步问题有何新的认识？
  - 事实上，你是否发现有很多人研究过你打算去开展的研究？
  - 研究问题是否比你想象的要复杂？
  - 你有能力获取所需要的资讯吗？
- 基于对文献的探讨，淬炼你最初的研究问题和想法，确保淬炼后的新问题不过于宽泛，也不过于艰深。
- 将故事画板转化为具体的故事情节，这将有助于形成明确的研究计划。
- 如何通过淬炼研究问题提出最终的研究问题。
- 思考如何建构理论。

见林是为了见树

当你首次提出问题时，它只是你脑海中的初步思考，可能源于你个人的感悟、细致的观察，或是从讲座、报纸文章中获取的灵感火花。正如我在第1章所阐述的，这种问题只是源自"头脑"中的初步想法，所以有时称作"初始问题"。接下来，我们需要将这个初始问题淬炼得更精练、更有针对性，更新为一个或一组更理想的问题。

文献综述使你的研究更有方向感，可揭示不同作者间的相似观点和相异主张。如果你做得不错，在完成文献综述时有可能比刚开始时还要困惑，这是因为你挖掘了大量的新信息，把你引向许多新的研究路径。别灰心，这很正常。实际上这也是必然发生的事情。这些截然不同的想法会成为重构文献综述、获取项目推进新思路以及再塑研究问题的基石。

记住，文献综述不仅仅是为了论证研究问题。它的意义远不止于此。这是一种帮助你远观问题——见林是为了见树——的方法，将问题塑造得更有意义。如果没有做过文献综述，你就只会盲目地跟着眼前所看到的第一条路走。经历了文献探讨，你会问："我是该走这条路还是那条路？"

因此，你应该做好调整初始研究问题的准备。既然你已经了解了他人的研究成果，你就需要去挖掘你的研究问题和别人研究过的问题有什么不同之处。我说过，文献综述能给你带来大量信息，激发你从不同的方向思考你选定的研究问题。

> **备忘录** 文献综述可以帮你淬炼最初的研究问题。至此，你的研究问题可以变得更精练。

但让你重新审视研究问题的原因还有许多。例如，你可能发现已经有人做过你想研究的问题，他们已经找到了答案。你可能发现在某个领域的研究存在特别的争论或争议，或者你想要加入争论的某一方，而放弃原来的研究问题。或许你在文献探讨过程中发现了你可以去填补的研究空白。你发现了一个研究范围，那是最重要的研究主线，也是你最感兴趣的。

也许更重要的是，文献综述会帮助你将那些不相干、有高度研究伦理争议、获取相关资讯难度过大的部分排除在研究范围之外。要记住你在一开始就必须面对三个问题，问题之一是"这样做可行吗"。

因此在回顾你的文献综述时，首要任务是回到你的故事画板（图3.2）。现在我们来探讨一下。

从故事画板到故事情节

你的故事画板要完成的首要任务是揭示初始问题涉及的研究范围,这将为你指明研究的大致方向。更重要的是,它还会告诉你出于各种原因,你可以排除哪些研究方向。

图 4.1 为图 3.2 故事画板的重构版本。由图 4.1 可以发现,我去掉了故事画板底部众多集思广益的想法,将关注点集中于故事画板顶部与"压力"有关的概念。因此针对"校长如何应对难相处的人"这一初始问题,压力显然是一个核心概念。在研究这一概念时,我们将深入探讨人们如何应对压力,以及他们所采取的应对策略。同时我们会全面探讨应对策略的概念,并考虑心理学家提出的逃避、主动和被动应对策略。这些内容将在文献综述中进行详细的讨论。

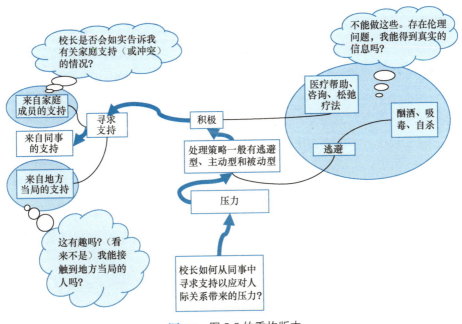

图 4.1　图 3.2 的重构版本

基于文献综述,我对"难相处的人"有了深入的了解。我明白了他们被视为怎样的存在,以及被认为如何难以相处。同时我也思考了这些个体采取什么措施来应对难以相处的人。是选择逃避问题、借酒消愁(如故事画板右上角所示),还是主动寻求帮助、积极应对(如左上角所示)?如果他们寻求帮助,那么他们通常会从哪里获得支持?

至此，基本形成了一个针对性更强的研究项目的框架。从校长与"难相处的人"这一很不具体的问题出发，逐渐明确了研究方向。对"难相处的人"以及他们如何被描述与定义，你开始想出精准的问题，并获得了初步的主题："难相处"与压力的关系及其应对策略。你也明白，可能有多种应对策略。

初始主题已衍生出许多分支，你要在文献综述中深入探讨其中的一些分支。现在你的首要任务是明确自己想要研究哪个分支。选择的关键在于你的兴趣。某些研究方向可能无法吸引你，因为其研究路径是你压根不感兴趣的。例如，在故事画板上，你可能对校长与地方当局的关系并不感兴趣。如果你像我一样，一提到地方当局便昏昏欲睡，那么这显然不是一个合适的研究方向。确保对所研究的课题充满热情，这将对你的研究大有裨益。

现在你还可以问自己一些关于"可行性"的问题。如果你已经考虑到应对策略，那么实际研究中你能否从校长那里获取故事画板中标记的有关"逃避"现象的信息？比如，校长是否会如实告诉你他们借酒消愁的问题？答案很简单——"不"，除非你地位特殊，比如你就是校长，并且与同事关系密切到能向他们问出这种问题。即使如此，向同事询问时，也需要考虑一些重要的研究伦理问题。比如，即使你煞费苦心地使用匿名方式撰写论文，你又有多大把握保证读者不会识别出你采访的负责人的身份？认识你的读者极有可能认识那些与你关系密切并回答你问题的同事，从而轻易推断出你和同事的身份。如此，我们在第2章中预期的匿名性恐怕难以实现。

你可能因为难以获得所需资讯而放弃某些研究方向。比如，你可能希望到校长所在的学校进行观察或采访教师。但如果你事先没有与学校联系到位，安排起来会很困难。允许你进入学校这类事情可能会给教职员工带来额外的工作负担，因此你可能在安排过程中遇到阻碍。

除非你确信自己有能力解决这些问题，否则你可以考虑将它们排除在研究范围之外。

在排除所有不感兴趣或无法进行的研究方向后，你便可以开始构建故事情节了，具体过程如图4.1中的粗箭头所示。

图4.1汇总的故事情节所引发的问题包括难相处的人、他们造成的压力、人们通常如何应对压力以及同事在应对压力中所起的作用。完成文献综述后，你会发现自己已经开始从特定的研究路径出发，该研究路径主要是关于压力的部分。虽然"难相处的人"是初始的兴趣点，但文献综述显示，该概念难以界定。对我来说难以相处的人，可能对你而言充满魅力；反之亦然。随着思考和阅读的深入，

4 优化研究问题

这一点会逐渐明朗。图3.2中故事画板中间偏左的一组"注释"总结了已探讨的问题:"我们所说的'难相处'究竟是什么意思?""是什么让人难以相处?""难相处"是特定的不满情绪造成的,还是感到威胁,或员工小圈子之间的斗争造成的?"难相处"是否有多种形式?一个人可能盛气凌人、蛮横无理;另一个人可能默默怀有敌意或采取"消极攻击"。将这些人都归为"难相处"一类是否合理?他们在人际交往中给你带来的问题各不相同,你的应对方式自然也会不同。

"难相处的人"的整体概念在文献探讨后引出更多问题,你必须有足够的勇气来面对这些问题。但如果你觉得"难相处的人"(或任何主题)处理起来太过棘手,那么应及时调整研究问题。

理想情况下,你应该在文献综述的最后对各种浮现出来的研究路径进行评论,并说明为何选择这条研究路径。在本例中,你可能将研究问题调整为"校长如何从同事中寻求支持以应对人际关系带来的压力"。

这个问题由"校长如何应对难相处的人"蜕变而来。

在研究问题蜕变的过程中,有几点值得注意,特别是新提炼的问题要注意:

- "应对"的议题要变得更具体,具体为一种应对方式,即借助同事的支持来处理问题。
- 去掉了"难相处的人"这个无法充分定义的概念,取而代之的是人际关系的概念。
- 引入压力的概念,暗示"应对"是指处理棘手的情况——我们往往将这种棘手的情况视为压力。

> **重新评估你的初始问题**
> - 从文献综述中你是否了解了该领域主要议题的研究动态?你是否打算将注意力转向其中的某个议题,而非初始问题?
> - 你最初的想法"可行"吗?会出现研究伦理问题或难以实施的问题吗?
> - 你能否突出重点和/或重新定义术语,以更准确地阐述新的研究问题?

即便如此,你还要留意这个问题是否仅适用于特定类型的研究项目或研究人员。如果要研究这个问题,你需要接近那些愿意与你谈及有关个人问题的校长。

如果你不认识他们,与他们不是关系亲密的同事或有私交的朋友或家人,他们几乎不可能成为你的研究对象。你想从校长那里了解得越多,问题就越难以解决,因此一开始就应留意能否有效接近预期的研究对象。

你的最终问题

完成文献综述后，经过深思熟虑，就应考虑调整并重写你的初始问题。鉴于你已经慎重考虑了如何将初始问题与该领域的其他研究工作相融合，你可以进一步明确研究重点，甚至构建新问题的框架，以便制定特定的研究方案。

我们已经见证了"校长如何应对难相处的人"如何蜕变为"校长如何从同事中寻求支持以应对人际关系带来的压力"这一过程。试想其他一些初始问题如何逐渐转化为更具针对性的问题？图4.2展示了一些初始问题演变为最终问题的过程。

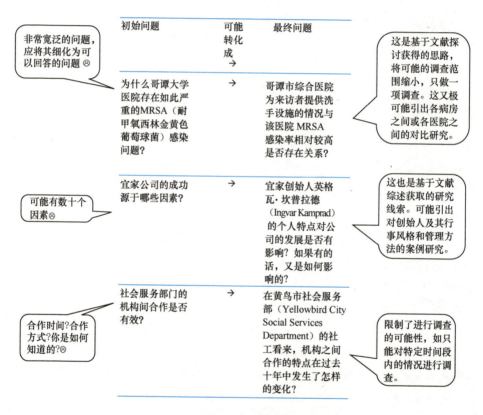

图4.2　从初始问题演变为最终问题

你可以将最终问题放在文献综述章节的末尾，再加上一个特殊的小标题，如"基于文献综述修改后的研究问题"。一定要向读者解释清楚为什么要对研究问题进行修改。因此你要说明你的研究始于问题X，得益于所收集的背景信息带来的具体启示，你已经有针对性地修改了研究问题，修改后的研究问题能更精准地解决该领域的相关问题。

> **DIY 活动**
> **进入最终问题**

图 4.2 展示了从"初步思考"到最终问题的形成与转化过程。现在针对你感兴趣的话题，参考图 4.2 在以下空白表格中提出一个简单问题，并按照图 4.2 最右侧栏目的方式，将其转化为最终问题。你可能会发现，绘制一个类似于图 4.1 的故事画板有助于梳理思路，排除不切实际的构想，并深入挖掘有趣且可行的想法。

初始问题	可能转化成	最终问题
	→	

理论

在撰写文献综述期间及之后，你仍有机会去思考理论问题。稍后我会详细探讨理论的多种含义，但本质上理论是一种能力，它能够帮助你超越文献阅读和研究发现，从而洞察它们的内在结构。打个比方说，理论就如同一个组织模板，你可以通过它来审视你的文献阅读和研究发现，从而看清相互之间存在的联系，并理解这些联系存在的方式及原因。理论不仅是描述，更是阐释。

在社会研究中理论是一个关键议题，人们已经花了大量的篇幅对其含义进行探讨。在我学术生涯的前 20 年里，我始终致力于探究"理论"在社会研究中的真正含义，并得出了一些粗略的结论。如果你对我的探讨感兴趣，不妨读读我的另一部专著《教育与理论：范式中的陌生人》（Thomas，2007）。在你对理论感到困惑时它可以提供一些帮助，让你不会感到孤立无援。

显然从事学术研究的每一个人都认为理论至关重要，而"未将研究建立在理论基础上"已成为研究论文被扣分的常见原因之一。因此我们应当花些时间探讨一下理论为何如此重要。

理论的不同含义

在讨论社会科学中的理论时，首先要意识到，理论并非单一含义。不同的人在谈论理论时，会赋予它不同的含义。我们对理论最清晰的阐述或许可以是：理论指进行思考、抽象概念和概括。然而在不同的研究中，这三者所指的具体含义可能有所不同。表 4.1 列出了理论的六种主要含义。

表 4.1 理论的六种主要含义

理论可能指的是……	一种概括或解释的模式。理论试图将一系列具体的调查结果或观察结果提炼成一般性命题，以解释这些结果
	实践的"思考面"。特别是在社会科学的应用领域（如教育和社会工作），理论或"理论化"是对实践的思考与反思。它也称为"反思性实践"，有时还被冠以"个人理论"或"实践理论"的称谓。当人们提及这种"个人理论"，他们所指的是猜想、个人观点和见解，这些都有助于实践者更好地理解实际情境。许多人坚信，在诸如教育、护理或社工等实践领域，从个人经验出发强化这种实践的理论化是专业发展的终极目标。其实这并不是一个新概念——希腊人早就用实践智慧（phronesis）与技能知识（techne）来描述这类实践理论
	一种不断发展的解释体系。这里所说的理论，是指在特定领域内不断扩展的知识体系。这些知识体系，既可以是宽泛的领域内的（如"管理理论"或"学习理论"），也可以是基于一套特定理念的严密理论（如"皮亚杰理论"）
	科学理论。这里的理论借鉴了自然科学中的理论概念，最终可能通过一系列的陈述来正式表达其中的思想。通过这些陈述人们可以进行预测和解释。然而随着社会科学的发展，发现这种理论的希望似乎愈发渺茫
	宏大理论。"宏大理论"由伟大的社会学家赖特·米尔斯（C. Wright Mills）提出，用于描述社会科学家期望的其学科能够构建一个关于"人类和社会的本质"的系统理论。赖特·米尔斯认为努力构建这种理论阻碍了人文科学的进步。我认为宏大理论并不是当今社会研究普遍追求的目标。当然你不会在自己的研究中发展宏大理论，尽管你可能将宏大理论作为研究框架或灵感来源
	一种思考工具。这里理论被视为一种方法，用以解读你正在研究的对象。构建理论的目的在于解释某个特定现象。伟大的社会学家皮埃尔·布尔迪厄（Pierre Bourdieu）（见 Wacquant, 1989: 50）说过，这是他唯一有时间研究的理论。他称这种"思考工具"理论为"一种临时的构想，为实证研究提供构架，也被实证研究定型"。因此，在布尔迪厄看来，理论的存亡都是为了辅助我们开展研究，解读调查结果。它如流星一般短暂

既然"理论"在社会研究中的含义如此多样，那么我们能从这些不同的含义

中提炼出什么呢？我们可以说理论是寻找联系、进行概括、从数据中提炼想法并提供解释、将自己的调查结果与他人的结果相联系、产生见解。

理论是对你的调查结果进行有意义的解读，并探讨这些解读如何与文献综述中的其他研究相呼应。换言之，你是如何将文献阅读与研究发现联系到一起的？你能提出哪些见解？你能做出什么样的解读？理论事关找到不同观点之间的联系。

在学术生涯起步阶段，由于可供利用的资源有限，建立与其他观点和思想的联系可能是最艰巨的任务。不过你至少可以证明，自己进行过文献阅读，权衡了各种观点，批判性地审视了它们，以及发现了它们之间的联系和主题。学生常犯的错误是仅在论文的结尾部分或最后一两页中呈现这一过程。因此至少应该将该过程（思考你所做的研究和调查结果的过程）延伸至全篇论文，使其不仅仅局限于结尾的几行或几段。如果你能做到这一点——将思考置于整个研究过程的中心——你就向读者展示了论文的重要之所在。你不仅展示了研究发现及研究意义，还示范了如何接受知识及运用知识。

总结

完成文献综述后，你将有机会登高望远，俯瞰全景。站在高处，你可以俯视其他研究与评论，明确自己的初始问题在整个研究领域中的位置。这些初始问题是否已有了答案？文献中是否存在共识或争议？接下来你可以对研究领域进行详细的思考，借助故事画板呈现清晰的研究故事线。如有必要，你可以重新写下你的研究问题，并思考如何回答这些新问题。你在考虑用不同的方法和手段来回答所提问题时，就形成了你的研究背景。此时也是思考理论的绝佳时机——思考如何整合观点、建立联系、提供解释。在此过程（理论化过程）中，你展示的不是对文字的简单复制，而是对文献进行分析与综合归纳，为你即将获取的调查结果构建潜在的解释。

拓展阅读

Becker, H.S. (2008) Writing for Social Scientists: How to Start and Finish your Thesis, Book, or Article (2nd edn). Chicago: University of Chicago Press. 内容相当高深，适合硕士生或博士生阅读，但也能让人读得津津有味，贝克尔的所有作品都是如此。

首都社区学院基金会编制了《语法和写作指南》，其中包含一个很有帮助的网页，其网址是 http://guidetogrammar.org/grammar。该指南讨论了作者所谓的"论文陈述"，它是研究问题的一种替代方式，也是美国和加拿大经常使用的术语。

Coonan, E. (2020) Where's Your Evidence? London: Red Globe Press. 除了标题中的主题，还很好地介绍了如何收集证据并撰写证据部分。

Cooper, H. and Schoolbred, M. (2016) Where's Your Argument? How to Present Your Academic Argument in Writing. London: Palgrave Macmillan Education. 在结合证据建构论点方面很出色。

Thomas, G. (2007) Education and Theory: Strangers in Paradigms. Maidenhead: Open University Press. 深入探讨了理论的意义，以及如何在不依赖"形式"理论的情况下推进研究。该书并非专为初学者编写，对于缺乏相关背景知识的读者来说，可能有一定的阅读难度。

Thomas, G. (2019) Find Your Source. London: Sage. 书中建议，撰写文献综述时应利用多种资料来源，并重视资料来源之间的互证性。

第4章 自评表

复印此表并填写答案，这可能对你有帮助。

	记笔记	
1. 你是否绘制了一个故事画板，总结了你在文献综述中发现的中心主题和议题？	如果没有，绘制一个故事画板。	✓
2. 你是否跟踪了一个中心主题（该主题将成为你的研究主题）？	主题是什么？	✓
3. 你是否写下了修改后的最终问题？		✓
4. 你是否考虑了你将如何在研究中运用和发展理论？		✓

5

决定研究方法

找准研究切入点，提出一个好问题

撰写文献综述，优化研究问题

决定研究方法 你在这里

开展调查研究，收集数据

分析数据，展开讨论

得出结论，撰写论文

文献综述和研究故事画板不仅能使研究问题的轮廓变得更为清晰，还能使你理解这些问题包含了哪些重要的议题。现在你可以进一步思考回答研究问题的方式。

本章具体讨论以下内容：

- 你将如何回答研究问题——调查途径。
- 社会调查中，看世界的方式不同，对如何寻求和获取知识的理解也就截然不同——实证主义和阐释主义。
- 进行批判性思考。
- 基于研究目的和研究问题，如何思考知识及"挖掘知识"。
- 决定研究路径时，要考虑研究目的、研究问题、研究途径和研究方法。

本章在学位论文中通常称为"方法论"，也可以叫作"研究设计"。

研究设计与方法论

　　一旦决定了研究问题，你就必须思考回答问题的最佳方式。这对你的研究项目而言是相当重要的一环，因为你所决定的研究问题将决定你在整个研究中所采用的研究途径。接下来，你要决定采用何种形式进行研究。你如何将研究目的、研究问题与收集和分析数据的方法紧密结合在一起？研究项目要想获得成功，必须将研究目的、问题、途径和方法等所有要素融为一体。你论文分数的高低也取决于你能证明自己对需要整合的这些要素的理解程度。

　　本章在学位论文中通常称为"方法论"或"研究设计"。重要的是，要弄清楚什么是研究方法？为什么研究方法和研究设计总是如影随形？方法论（methodology）就是对一种方法的研究（简单来说，"-ology"意为对某种事物的研究）。所以你必须意识到，"方法论"这一章节并不是简单介绍你将使用的研究方法，而是对你将使用的研究方法进行讨论。更重要的是，要说明你为什么使用这些研究方法。这个"为什么"与你之前提及的调查目的以及你决定要采取的研究途径有关。

> 备忘录　方法论章节将介绍你所使用的研究方法。更重要的是，要说明你为什么用这些方法回答研究问题。

这也是本章常常被称作"研究设计"的原因——其内容涉及你为什么进行这项研究，你打算如何进行研究以及研究最终将采用的"形式"。

研究设计的实际问题

　　研究设计就是研究的计划。在这项计划中你必须考虑你的预期和所处环境。在斟酌要采取的研究途径和方法前，你必须考虑一系列的现实问题，包括资源、技能和兴趣以及你可能接触的人和感兴趣的环境。试着回答下面自主（DIY）活动中的问题，帮助你思考以上问题。

DIY 活动
研究设计涉及的实际问题

- 你想要达成什么目标？你是否希望研究发现能在现实生活中得到运用？如果是，你将如何运用自己的研究发现？
- 你有哪些可用的资源？有时间？有资金？（可能这两样都不多）

- 你能通过什么途径接触重点研究对象或置身于要聚焦研究的情境？
- 有哪些专业知识可用于支撑你的研究？
- 你拥有什么优势？擅长什么技能？你是否能切实运用这些优势和技能来开展你的研究？
- 你必须遵守哪些正式或非正式的研究规范？

所有这些问题最终将你引导到研究设计的路径上，研究路径将在本章末尾的图5.8中呈现。同时在研究设计中考虑使用多种设计框架（design frame）的可能性，关于这一问题我们将在下一章进行详细的讨论。重要的是，上述这些问题将引导你去思考研究中所采取的研究途径。

研究途径

在思考研究设计时，最重要的是考虑你在回答一个或多个研究问题时可能采取的研究途径。这里谈到的研究所采取的研究途径指的是一些非常基本的，也是社会科学家苦苦思索和争论不休的事情。研究途径不仅事关你是否用了这种或那种研究方法，也与你如何看待社会世界有关。

此处的问题是社会科学家（也就是你）好奇的话题复杂多样，兴趣涵盖各种个人或社会行为。在这样广阔的前景中，主要问题在于我们不确定该研究什么，是研究个人还是群体？我们是应该测量严格定义上的变量（可计量的事物），还是忽略变量，努力理解人们互动所赋予的意义？这些都是需要厘清的重大议题。相比之下，太空科学似乎更为简单直接。

本章我们将讨论如何构思这些问题的框架、认识事物的难点在哪，以及为什么需要对所有知识和主张都保持严谨的态度。鉴于此，本章将重新探讨我们进行不同类型研究时可能产生的研究问题。

科学家或间谍

社会科学家面对复杂的社会研究时，做出的反应各不相同。有些人建议，社会科学家就应该像化学家和物理学家等自然科学家做研究一样，提出非常精准的问题，确定如性别、年级、学校经费或阅读年龄等相关变量，然后依照这些变量之间可能或不可能存在的关系，提出想法和假设，并通过实验找到问题的答案。他们通过调查研究来解释和预测社会世界。

有些人认为，社会科学家应该像间谍一样行动，融进研究对象的社会世界中，仔细观察并详细描述其中发生的事情，观察和描述时要表现得尽可能自然。

还有些人建议社会科学家应表现得像历史学家一样，倾听研究对象的说明及叙事，并在此基础上构建对事件的解释。

现在普遍的看法是，社会研究人员应该采取折中的方法，根据提出的研究问题类型去做相应的研究。

折中：以开阔的视野，采用多种方法，并择善而从；不拘一格；兼容并蓄。

社会科学家应该做实验？

社会科学家应该搜寻有关社会行为意义的线索？

思考社会世界的框架：范式

我谈到的科学家和间谍，虽然是作为不同思考和设计框架的简单隐喻，但难免过于简化。范式是专业术语，描述我们思考和研究世界的方式。在普通用语（有别于专业用语）中，范式有多种含义。例如，范式可能指"最优秀的典范"，如"梅西是前锋的典范"，也可能指一种特殊的思维方式。但是你应该忘记这个词的这些普通用法，因为在社会科学领域，范式专指获取知识的途径——我们如何寻求知识以及如何使用知识。在社会科学领域，我们应该关注两种途径（范式），即实证主义和阐释主义。稍后我会详细解释，但在此之前，多了解一些范式的含义对你是有帮助的。

paradigm（范式）一词源自希腊语 $\pi\alpha\rho\acute{\alpha}\delta\varepsilon\iota\gamma\mu\alpha$，广义上是指一种不变的模式。科学哲学家托马斯·库恩（Thomas Kuhn，见图5.1）曾用范式来指关于调查方式的一套固定假设。库恩研究的是物理学以及物理学家使用某些固定研究方法的方式（这些物理学家不愿意考虑改变这些研究方法），而社会科学家已欣然接受库恩的观点，他们认为范式的概念与自己的研究有明显关联。

范式的概念与社会科学家有特别的关联，因为库恩提出：人们熟悉的模式和研究方式等传统范式最终会让位于新范式，而新范式是思考研究世界的更好、更准确的框架。但是他认为，只有在珍视传统思维和工作方式的守旧派强烈抵制新范式之后，这种让位才得以实现。

图 5.1　托马斯·库恩——范式之父

简而言之，人们不喜欢变化，而科学家，即使是注重务实的物理学家，在面对新思想和新观念时，也会像大部分人一样失去理性。随着新的思维方式逐渐取得压倒性的成功，他们最终不得不接受并做出改变。库恩将这一过程称为范式转换。

> 备忘录　范式是调查特定群体的共同理念、研究人员的"思维习惯"、程序"规则"，当旧的范式被证实不再适用时，范式转换就应运而生。

在社会科学领域，一种叫作实证主义的思维范式多年来占主导地位（详见下文），而新起之秀——阐释主义的思维框架，对其发起了挑战。因此按照库恩模式，这似乎是一种范式正在让位于另一种范式。

事实上，自二十世纪二三十年代以来，这一过程已经持续了很长时间，以至于我们根本无法确定社会科学领域是否正在发生范式转换。现在看来，实证主义和阐释主义这两种范式相互依存，并在社会调查中各尽其用。你想要研究什么，就要对症下药。一种范式适用于某种问题，另一种范式则适用于另一种问题。从这个意义上说，范式模型在社会科学领域并不完全适用，但它确实为我们提供了一种有用的思考方式，让我们可以从实证主义和阐释主义这两个主要的思维框架出发，思考我们所面临的问题。

实证主义

在实证主义者看来，社会世界的知识可以通过客观的方式获得：我们所看到的与所听到的都可以直接感知和记录下来，不会有太多问题，社会世界和心理世界的事物都能以合乎科学的方式进行观察、测量和研究，就像物理学家研究杠杆、原子和滑轮一样。

法国哲学家奥古斯特·孔德（Auguste Comte，见图 5.2）在《实证主义通论》（*A General View of Positivism*）中指出，最先进的思维形式就是科学的思维形式，换句话说，应尽可能效仿自然科学家的科学。甚至在此之前，苏格兰哲学家大卫·休谟（David Hume）就提出了他所谓的验证原则（principle of verification）。休谟说，对于任何著作，我们都应提出两个问题：

它有没有任何有关数量或数字的抽象推理？没有。

图 5.2　奥古斯特·孔德——实证主义之父

那它有没有任何有关事实和存在的实验推理？也没有。

那就把它付之一炬吧，因为它只有诡辩和幻想。

> **备忘录**　实证主义作为一种范式：
> - 可以客观研究社会世界。
> - 自然科学的方法适用于社会科学。
> - 一般规律能够解释特殊情况。
> - 尝试研究时，研究者应抛开自身的价值立场。

在 18 世纪，这定会掀起轩然大波。因为当时的主流世界观很简单：上帝安排和赐予万事万物。简单一句（要用低沉的声音慢慢说）"这是上帝的旨意"便可回答这些问题。但有人和孔德一样，认为这样的回答不能令人满意。他们认为我们可以用科学家研究物理和化学的方式来研究社会问题，因为在这些领域科学方法已经取得了巨大成功。

因此我们应该尝试分离变量、测量它们的变化情况、研究它们之间的关系、对这些关系提出假设，或许还可以操纵变量进行实验来验证假设，并在这些研究的基础上得出结论。

遵循"科学方法"进行研究时，我们应尽量做到客观和中立。我们应是没有任何利益关系的局外观察者，尽量不以任何方式"污染"调查结果。支持这些观点的世界观有时称为现实主义（realism），即我们所感知的世界是直观的，它"就在那里"，没有太多需要解释的余地。

阐释主义

另一种观点已经形成。也就是说，社会世界作为我们社会科学家所感兴趣的世界并不可以被直接感知，因为它是由我们每个人以不同的方式建构的。它不是简单的"就在那里";它对我们每个人来说都不同,每个词和每个事件在不同的案例中都有不同的含义。因此用物理学和化学的方法通过变量和量化的方式来研究它还不够充分,我们需要用一种完全不同的思维方式和程序来探究这个难以捉摸的不断变化的领域。这种观点被称为"阐释主义"。阐释主义大致由美国社会学家乔治·赫伯特·米德(George Herbert Mead,见图5.3)提出。现在所谓的"阐释主义"有几个派别,但没有清晰的起始时间。阐释主义的主要支持者之一赫伯特·布鲁默(Herbert Blumer)这样阐述该社会学流派的"基本前提"和"方法论结果":

> **备忘录** 阐释主义作为一种范式:
> - 知识无处不在,具有社会建构性。
> - 各种信息都有价值,都可以称为"知识",甚至"心中所想"之事也是"知识"。
> - 具体的解释为彼此提供信息。
> - 尝试研究时,研究者应考虑到自身的价值立场。

  人类相互解释或"定义"彼此的行为,而不只是对彼此的行为做出反应。他们的"反应"并非直接针对彼此的行为,而是基于他们对这些行为所赋予的意义做出的反应。因此人类之间的互动是通过符号、阐释话语或弄清他人行为的意义完成的。

  所以我们每个人无时无刻不在创造或建构社会世界。每个人的做法都不尽相同,每个人、每种情况下都使用不同的符号,即带有不同含义的文字和事件。

  阐释主义主要关注人以及人之间的关系——人在想什么,人是如何形成对世界的看法的?人的世界是如何建构的?鉴于此,我们必须利用自身,利用自己作为人掌握的有关世界的知识,仔细观察人们在做什么。我们必须沉浸在自己感兴趣的研究环境中。例如,与人们深入交谈,关注他们行为的每一个细微差别,以及他们对某件事情赋予意义的每一个线索。

图 5.3 乔治·赫伯特·米德——互动主义与阐释主义

无私心:置身事外,不带偏见。学术研究本应追求真理,不偏袒任何一方,也不从某一特定视角出发。但这可能吗?极不可能,但希望你在调查时尽量不带任何私心。[注意,"无私心"(disinterested)并不意味着"不感兴趣"(uninterested)]

  因此,我们除了要听他们口中实际说出的话,还要留意他们眨眼、使眼色、哼哼哈哈、点头及擤鼻涕的动作。其中的关键是理解。与我们交谈的人对世界有着怎样的理解？我们又该如何理解他们所理解的世界？

你会意识到，这种关于理解的讨论与实证主义者的研究方法相悖。阐释主义没有变量的说法，因为将社会世界划分为不同类别被认为是人为的，而且不期望你在阐释研究中保持客观。事实恰恰相反，你应该基于自己的兴趣和理解来解释他人所表达的观点和行为。你应该是研究情境中的参与者（participant），以局内人的身份去理解研究情境。在此过程中你必须认识到自己的立场（position）——社会背景、喜恶、偏好和癖好、政治派别、阶级、性别和种族，以及这种立场 [有时称为"定位"（positionality）——见 156 页] 可能如何影响你的解释。所以你不应否认这种立场，相反你应该利用它。但在利用它时，你也应该充分意识到并承认这种立场有可能以特定的方式影响你的解释。

基于这些出发点，在这一传统下开展的研究有时被称为"自然主义"。换句话说，作为一名研究人员，你在社会世界中的行为要尽可能自然，以便尝试正确理解这个世界。你将自然地聆听和观察，在此过程中运用自己所掌握的有关世界的知识。你不一定要力求客观，相反你可以接受以主观性为中心。但这并不是次于客观性的最佳选择，只是采用了一种不同的"方法"进行研究。也就是说，你不会说"嗯，对于一定程度的主观性我无能为力，所以只能容忍"。反而你会承认，在这种获取启示的过程中，我们每个人的自我——观点、意图和喜恶——都是我们所见所闻的重要组成部分。所以你将从假设开始，假设不存在明确、公正的知识——假设人们有自己的感觉和理解，这些会影响他们感知和解释世界的方式。这些主观性不仅不可能被排除在外，相反，是进行解释所必须倚重的内容。

记住，保持客观并不等于要做到周密和均衡。在不假装保持客观的情况下，你也能做到周密和均衡。试想一下：你对儿童漫画展示残疾形象的方式很关注，并提出诸如"1950 年至 2000 年的儿童漫画是如何展示残疾形象的"问题。为了研究这个问题，你必须利用自己获取的关于世界的知识，正如之前讨论的那样，你需要去阅读，去解释，去置身于相关的情境中，等等。要做到这一点，就必须尽可能利用伟大的人类学家克利福德·格尔茨（Clifford Geertz）提出的深描（thick description）。所谓"深描"，是指根据情境理解一些行为，如一个点头、一句话、一个停顿等，并在描述时运用我们已掌握的"人类知识"对其进行解读。格尔茨强调，在阐释意义时，人不能只是"解码员"。换句话说，你不能不考虑特定的情境而"单薄"地报告事情。

格尔茨使用了哲学家吉尔伯特·赖尔（Gilbert Ryle）——他也是从赖尔那里借用了"深描"的概念——最初使用的一个例子，描述三个男孩如何运用眼部肌肉。一个男孩抽动眼部肌肉，另一个男孩眨眼，第三个男孩则模仿第二个男孩眨眼（有点搞笑）。是什么让抽动眼部肌肉变成了眨眼，又是怎么变成搞笑的眨眼模仿？正如格尔茨所说："这就是行为一隅，文化一粟，瞧啊！就是一个手势。"在你描述观察结果时，关键要弄清楚社交场合中正在发生的事，然后从抽动眼部肌肉变成眨眼再到搞笑的眨眼模仿。你怎么知道哪个是哪个？阐释主义的研究人员必须告诉读者与这些相关的具体背景。

但事实上就算你以我描述的方式去阅读、解读、置身于相关的情境中，你也不能忽视以公正、均衡的方式解答问题的重要性。事情可能是这样，例如，探讨儿童漫画中展示的残疾形象问题时，你可能对残疾人持有特定印象，认为残疾人在社会中处于边缘位置并遭受着社会压迫。这是否会对你构成影响，让你只挑漫画中以令人特别反感的方式展示出来的残疾人形象，而忽视漫画中展示出来的残疾人的正面形象？人们对此众说纷纭，有些人主张进行解放性的（emancipatory）研究。他们认为研究主要是提供充分的论据，换句话说，研究就是一场宣传活动。我不敢苟同这种观点。我认为，生活中有许多合法的活动，而研究作为其中的一种，应遵守包括确保均衡性、公正性和周密性等在内的一些基本规则。从这方面来讲研究工作不同于宣传活动。

詹姆斯·帕特里克（James Patrick）的《格拉斯哥帮派观察》（*A Glasgow Gang Observed*）就是一个很好的阐释研究案例。此案例中，作者作为年轻的社会学家，渗透进格拉斯哥（Glasgow）郡玛丽希尔（Maryhill）区的某个青少年帮派。帕特里克（化名，以防之后被追杀）通过参与黑帮活动，描绘了一幅关于黑帮运作方式、动机、意图和惯用伎俩等引人入胜的有趣画面，帮助我们去了解帮派，但该研究并没有假装这就是帮派的代表性画面，或者说所有帮派都是这样的。以这种方式进行研究时，帕特里克并没有假装自己是客观的，相反他凭借自我感觉帮助自己渗透、接触和了解青少年帮派中发生的事情。

对应用社会科学研究人员（我把实践研究人员也算在内）来说，阐释研究的魅力之一就在于保持谦卑，不对普遍性（generalisability）或因果关系提出任何宏大的主张。相反，阐释研究是从本地经验中汲取营养，启示并影响本地经验，这有助于促进实践研究人员自身的发展实践。

范式和研究途径

其实范式并非直截了当的"看待世界的观点"（正如我之前暗示的那样），相反，它们是以最佳方式去思考和研究我们作为社会科学家所感兴趣的社会世界的立场。表 5.1 说明了这些范式在如何开展研究方面的不同之处。

表 5.1 实证主义和阐释主义范式

	实证主义者	阐释主义者
研究目的	预测和解释，通常在精心挑选的样本中进行归纳	了解特殊性，促进建立"多元现实"框架
研究手段	调查、实验、结构化观察	非结构化观察、个案研究、非结构化访谈、参与式观察
研究者角色	独立的局外人	局内人，与参与者互动
研究对象	可量化、可计量的事物	在聆听或观察基础之上的感知、感受、想法、思想和行动
研究模式	变量在实地考察前已确定	浮现出来的模式
研究设计的特点	固定的	弹性的
其他描述	科学的、量化的、普遍规律的	自然的、质性的、特殊的

资料来源：粗略改编自欧克利（Oakley）（2000）。

你在哪个星球？

如何在自己的研究中运用这些范式知识？事实上，学术期刊论文或委托机构的研究报告中任何有关社会研究的部分都不会提及实证主义或阐释主义。人们观察和思考社会世界的方式不同是"理所当然的"，而这些不同方式将建构不同的研究结构。不过在大学研究项目的学位论文中，你必须证明自己了解指导从事社会研究的基本原则，即回答研究问题、收集和分析数据的方法。这并不代表你应该撰写一个专门的章节，说明你的研究是实证主义或阐释主义，但你确实应该解释清楚你开展研究的指导原则。

这表示什么意思？实证主义和阐释主义是两种不同的研究思维方式，可以把它们看作在不同的星球上。借用一个形象的比喻，实证主义者来自火星，阐释主义者来自金星。火星上的每个人都在计算一切，用数字说话，金星上的人却不知道数字是什么，没有人见过数字，他们只是不停地交谈，每个人总是在询问对方过得怎么样、感觉如何:"你好吗?""你指的是什么意思?""真的吗?""给我多讲讲。"

事实上,火星人中流传着一个关于金星人的笑话:"换一个灯泡需要多少金星人?"答案是19人,1人负责换灯泡,18人负责分享经验。(而金星人中流传的关于火星人的笑话是"换一个灯泡需要多少火星人?"答案是0.83人,正负差是0.4,这取决于火星人手掌的大小。这让金星人捧腹大笑。)

撰写范式

现在,假如你是一位正在撰写关于火星研究论文的实证主义者,你不会以"在火星上……"作为每句的开头,正如在地球上每篇报道都不会用"在地球上……"作为开头一样。这只是背景杂音中的一部分。我们知道我们生活在地球上,每天都有在地球上的经历。我们不需要说明这一点。同样你也无须特别说明自己是采用实证主义者或阐释主义者的传统在进行研究。你只需留意所做研究的特征,因为当你从事某种特定的研究时,它就成为其中不可或缺的一部分。

作为学生,你必须表露出这种意识。这就让学生研究者陷入两难的境地,他们确实意识到必须证明自己了解这些,但又不能在文章中引用足够的文献来证明,哪怕是笨拙地进行引用。(有些学生写了几页关于实证主义或阐释主义的内容,既没必要又分散了读者的注意力。)这有点像你在考驾照时的窘迫境地,你觉得应该通过夸张地摆头来表示你在看后视镜。虽然你想这样做,但一位优秀的考官会注意你的眼球运动,所以实际上你并不需要把脖子伸得像长颈鹿一样长,让考官相信你在看后视镜。同理,你也无须在论文中解释实证主义和阐释主义,但你必须留意他们清晰理解你研究结构的方式。

如何才能不"伸长脖子"来展示你对实证主义和阐释主义的了解?关键在于你为自己选择研究途径所做的论证,不过这种论证的必要性或多或少取决于你提出的问题。无论你是实证主义者还是阐释主义者,研究的关键都在于描述、解释和分析,你需要做的是说明为什么你认为最好以这种或那种方式进行描述、解释和分析。在进行论证时你可能参考实证主义或阐释主义的相关要点,还可能需要或多或少地加以扩展。因此在方法论这一章首先要说明为什么你的研究问题会让你决定采用这种途径来给出答案。在解释这些原因时,你可以先这样说:"我需要通过直接描述来回答问题,并通过研究政府统计数据和个人的结构性观察来提供答案。"或者,"我的问题源自我想了解沙奎尔数学成绩一直不及格且'不上不下'的原因。"

在以上两个例子中,你要接着说明:从出发点到你选择的研究途径和方法,你是如何推进的?在第一种情况下,可以从声明研究政府统计数据开始,推进到说明研究这些数据没有问题(没有必要说是按照实证主义范式收集数据)。不过,你可能需要花更多的时间来解释选择使用结构化观察而不是非结构化观察的原因(240～245页)。在第二种情况下,你需要解释你将如何了解沙奎尔的难题,通过问他计算时在做什么,观察他的行为,将他遇到的难题和你小时候学习数学时遇到的难题联系起来,或通过其他任何方式等。在此过程中,你会希望勾勒出采用这一研究途径的背景,这种途径会认可研究中涉及的想法、想象和同感都是有效的。因此你将借鉴讨论这种研究途径的方法论文献。你还可以列举以阐释主义者的研究方法来理解行为的示例,如奥利弗·萨克斯(Oliver Sacks)的《火星上的人类学家》(*An Anthropologist on Mars*),与火星的联系只是巧合。

现在再谈谈范式以及范式如何结构化我们的研究思维。我认为最好和最简单区分描述、解释和分析方法的方式是记住我之前引用的休谟的格言:它有没有任何有关数量或数字的抽象推理?……它有没有任何有关事实和存在事物的实验推理? 250年前,休谟提出了验证原则。该原则出现在实证主义之前,间接促成了孔德实证主义的产生并且现在依然对我们很有用,因为它造就了图5.4中的持续循环。我希望这样做能够避免陷入单一思维定式,即我们要么必须是实证主义者,要么必须是阐释主义者。相反,我们需要审时定势。

图5.4　实证主义或阐释主义

我不想把这个类比延伸得太远,当然地球介于火星和金星之间,而在现实世界中,我们会对收集到的证据进行各种推理,从而得出结论。这不是一个非此即彼的问题。

但这是科学吗?

关于实证主义和阐释主义的争论,很大程度上是围绕一项研究是否被认定为科学的这一议题而展开。事实上，很难界定什么是"科学的"研究。化学家的研究方式与生物学家不同，生物学家的研究方式与物理学家不同，物理学家的研究方式与医生不同，医生的研究方式与天文学家不同（你懂的），很少有人说他们不是科学家。

> 备忘录　科学的方法不是唯一的。对于解答研究问题的方法，你应该持开放态度。

古人类学家是试图了解人类祖先如何进化的科学家，想象一下古人类学家的研究。他们的研究方式是收集骨头碎片和其他材料，然后拼凑成故事，貌似合理地描述一种史前人类进化为另一种史前人类的方式。在此过程中，他们会利用所有的信息来源。

例如，岩石是信息来源，古人类学家利用地质学知识、碳年代测定法，甚至心理学和生理学知识来了解岩石的年龄。古人类学家路易斯·利基（Louis Leakey）讲述了他如何透过一个特别的史前人类的头骨标本，通过观察标本的牙根，发现该史前人类当时已经拥有相当先进的语言能力。

事实证明，下颌骨上有一个叫作犬窝的小凹陷，这一特殊的生理结构与言语的生成有关：这个小凹陷为肌肉提供生成言语的空间。这些依靠推理和直觉的研究都不是正式的实验，但很少有人会怀疑它不是科学。

同样，我们在社会研究中所做的大多数工作是采取混合式的调查：在这产生一个想法，在那产生一个直觉，寻找证据，然后将直觉、想法和证据放在一起，"尤里卡！"（意为"我找到了！"）没有一种规范性的方法可依循，引导你找到正确的答案，寻找正确的信息并开动脑筋才是关键。

任何地方都能成为出发点，需求、好奇心、偶然事件、惊喜都可以成为出发点。哲学家保罗·萨加德（Paul Thagard）提供了图5.5所示的图表，用以解释这些调查的开端与促成研究发现的质疑形式之间的关系。没有任何规范性的路径可以打上"科学方法"的烙印。正如爱因斯坦（Einstein）所说，科学方法不过是尝试"以任何合适的方式，找到一个简单清晰的世界图像……没有逻辑，只有直觉"（Holton，1995：168）。

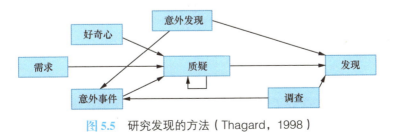

图5.5　研究发现的方法（Thagard，1998）

有时这需要我们转变对因果关系的看法。人们常认为科学方法就是寻找起因，当然这也是社会科学的一个合法途径。但正如塔加德的图表所示，有时情况十分复杂，即使在自然科学领域也是如此。这种复杂性在社会科学中同样存在。世界著名社会学家霍华德·贝克尔（Howard Becker）认为，社会研究的复杂性使得"起因"（cause）这一概念几乎名不副实（Becker, 1998: 60-61）。他认为我们应该追寻叙事而不是起因。

假设无论你想研究什么，它都有一段历史、一个故事、一种叙事，但没有起因，而是"先发生了这件事，接着发生了那件事，然后又发生了另一件事，最后就变成了这样"。根据这种观点，我们通过了解事件发生过程中的各个步骤，而不是了解事件存在的必要条件来了解事件。

杰罗姆·布鲁纳（Jerome Bruner）（1997：126）这样说：

科学建构的过程就是叙事……我们运用各种想法，试着去制造反差点，试着找到完整的拼图，并运用这些方法去解决棘手的问题，从而让这些问题转化为可以被解决的问题。

如果问题需要进行描述说明，就会有一条描述路径被指出来；如果需要进行解释，就另有一条解释的路径；如果需要进行推断，那又有一条推断的路径，在任何领域都是如此。调查布莱克医生（Dr Black）谋杀案的警察不仅会从简单的物理科学层面寻找证据（铅管上是否有血迹，是谁的血迹），还会寻找有关动机的证据——皮考克太太（Mrs Peacock）是否从布莱克医生的死亡中获得了某种利益？他们有多了解对方（夸张的眨眼）？她是他遗嘱的受益人吗？所以警方不仅需要把配偶带到实验室进行 DNA 分析，还需要巧妙地询问皮考克太太，观察她的言行举止，寻找她说谎的迹象。同样，速食公司的研究团队在开发新的气泡饮料 Speed 时，不仅需要人口统计数据，了解哪些群体的人口在增加或减少，还需要从小众群体——焦点小组——那里获得关于 Speed 原包装罐上所描绘的丰富形象的信息。

我们需要并使用各种证据，将它们拼凑在一起。用布鲁纳的话说，我们需要运用想法；用贝克尔的话说，我们需要洞察每个故事。当然总会有危险存在，我们将二加二，结果却变成了五。我们的"尤里卡！"可能是错的，在社会科学领域确实存在这种风险。这就是在声称自己有发现的时候保持谦虚的重要意义，也是必须进行反思和批判性思考的重要意义。

"Q"开头的词：质性的（qualitative）和量化的（quantitative）

量化研究（quantitative research）指使用数字的研究，质性研究（qualitative research）指不使用数字的研究。如果按照范式来粗略地描述这些研究"类型"，可以说实证主义适合量化，而阐释主义适合质性的文字、想法和图像。

在本书中，我尽量避免使用这两个以"Q"开头的词，因为我认为使用这些词会在不同类型的研究之间造成对立，这种对立没有必要，也不受欢迎。质性研究和量化研究完全不同，它们受不同的假设与基本规则的规范，但这两者并不是水火不容，社会和教育研究也不能纯粹地划分为这种类型或那种类型，因为许多数据分析都依赖朴素的描述性文字或数字——文字就是一种诠释的过程，而数字不过是计算而已。这种数据分析摆脱了"Q"开头的词和实证主义到阐释主义互为循环所强加的割裂感，既使用文字，也使用数字，在文字和数字之间游刃有余。

> **备忘录** 量化研究和质性研究并非对立的。相反，它们可以互补。

将质性和量化截然分开，有时会导致本末倒置的心态。有时，人们会先试着考虑研究的类型（量化或质性），再考虑进行这种研究的研究路径。这是完全错误的：研究途径应该为研究问题服务，而不是凌驾于研究问题之上，要始终以研究问题为出发点，并思考回答问题的方式。

这可能引导你使用数字的设计框架，也可能引导你使用文字的设计框架。图 5.6 展示了我们在上一章中讨论过的研究问题，并说明了这些问题可能如何引导我们去使用文字和数字进行各种形式的调查。

回答研究问题的关键不在于"做"量化调查或质性调查。而是要问问自己，这种或那种调查方式如何能最有效地解决问题。正如你所看到的，在所有研究中混合式调查极有可能是最合适的。也许你还能看出，给其中任何一种计算方法贴上"量化"的标签都是一种误导，因为"量化"一词意味着某种涉及使用统计数据的特殊研究方法。每项研究都可能涉及某种简单的统计数据，但这并不能使研究"量化"。

这就是为什么我认为划分量化与质性无益。这不仅意味着研究问题屈从于研究方法，还暗示存在一套神秘的、上帝赐予的规则，它规定一套方法不能与另一套方法混用。当然我们必须正确运用任何正在使用的研究方法——使用文字和数字的方法有好有坏。

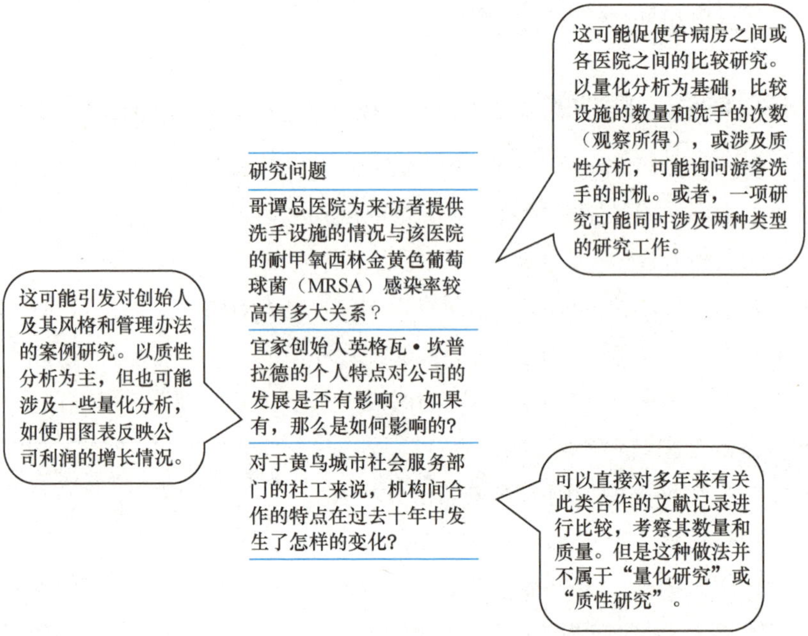
研究问题
哥谭总医院为来访者提供洗手设施的情况与该医院的耐甲氧西林金黄色葡萄球菌（MRSA）感染率较高有多大关系？
这可能促使各病房之间或各医院之间的比较研究。以量化分析为基础，比较设施的数量和洗手的次数（观察所得），或涉及质性分析，可能询问游客洗手的时机。或者，一项研究可能同时涉及两种类型的研究工作。
宜家创始人英格瓦·坎普拉德的个人特点对公司的发展是否有影响？ 如果有，那么是如何影响的？
这可能引发对创始人及其风格和管理办法的案例研究。以质性分析为主，但也可能涉及一些量化分析，如使用图表反映公司利润的增长情况。
对于黄鸟城市社会服务部门的社工来说，机构间合作的特点在过去十年中发生了怎样的变化？
可以直接对多年来有关此类合作的文献记录进行比较，考察其数量和质量。但是这种做法并不属于“量化研究”或“质性研究”。

图 5.6 不同问题带来不同的使用文字和数字的调查方法

不过这并不代表各种方法都不能在回答研究问题时发挥作用。（我将在第 198 页进一步讨论混合使用研究方法的问题）。重要的是，你要使用适合你研究问题的设计框架，这就是我把下一章设为设计框架（design frames）而不是对量化与质性进行区分的原因。

批判性思维：“学问”（ologies）如何提供帮助？

一个研究项目（或任何社会科学领域的一项任务）评分低，常见的一个原因就是学生没有表现出批判性思维（think critically）的能力。考虑到研究主题的复杂性，批判性思维指的是思考问题的能力，并始终对知识保持怀疑的态度。

我一直在不厌其烦地强调，教育和社会科学非常复杂：它们涉及一系列相互关联的议题，如果想根据这些不同的议题提出问题，我们就必须认真思考回答这些问题的最佳方法，方法会有很多，但没有唯一“正确”的方法。在这一切的背后有很多基本的问题，它们是进行调查的根源——包括我们应该研究什么、关于知识、知识是什么以及我们如何获得知识等问题。正是这些议题真正建构了我们的研究，甚至建构了决定我们研究方式的研究范式。深入思考这些问题有助于你理解知识的来之不易，以及理解为什么我们必须对知识的见解——无论是对他人的知识见解还是对我们自己的知识见解——持批判态度。"学问"源自对这一切的思考：本体论（ontology）和认识论（epistemology）。

什么是"学问"？

很多学生对"学问"的本体论和认识论感到恐惧，但思考它们非常有用，因为它们可以帮助你决定要做什么样的研究。对本体论和认识论的思考有助于你更深入地思考要提出的研究问题，更重要的是，你将如何回答这个问题。或许最重要的是，这种思考能帮助你认识到知识是脆弱的，基于自己或他人的调查结果总结出来的知识始终要经过严格的检验。

有人会说，我们在本体论和认识论上花了太多时间。他们会说，只是因为社会科学家对自己的地位太不自信，才会花那么多时间天马行空地讨论他们是如何获得知识，并用各种听起来华丽而晦涩的词语（如认识论和本体论）来装点门面。

社会科学领域及其行话的使用有一部分是这样，但也只是一部分。我们需要充满想象或钻牛角尖，因为作为社会科学家，我们所面临的问题确实很棘手。

"棘手"，也就是说，社会科学难以确定的关键问题，正是"学问"要解决的问题，也是它可以发挥作用的领域。它们关乎根本议题和基本问题。有什么值得研究？我们如何才能知道？我们怎样才能找到我们要找的东西？

不可否认的是，我们很难理解本体论和认识论的含义、它们之间有何不同，以及在我们思考研究问题时为什么它们非常重要。作为导师，我与学生可能进行了如下经典对话。

学生：本体论和认识论有什么区别？

导师：本体论回答"有什么"，认识论涉及如何研究"有什么"。

学生：什么？［露出近乎绝望的困惑表情］您说的"有什么"是什么意思？

导师：呃，我们在做研究的时候，经常会对我们的研究重点也就是要去研究什么，做一些无法言明、未经认证的假设。

学生："未经认证的假设"重要吗？

导师：它们很重要，因为人们思考社会世界的方式不同。A 是一位坚定的"现实主义者"，认为你只是看到了世界的本来面目。所见即所得。你看到一件 T 恤衫，计算要花的钱，购买该 T 恤衫并分析是否物有所值。B 则认为这太简单了，社会世界由人与人之间建构的意义组成，这些意义不确定、不稳定且不断变化。你无法计量这些意义。因此 A 和 B 的本体论，也就是他们对社会世界中需要研究的东西的假设是不同的。

学生：嗯，那认识论从何而来呢？

导师：认识论是关于我们如何去认识，也就是关于我们如何去学习和研究。它源于你的本体论。你是以 A 为代表的坚定的现实主义者吗？你的本体论与他的本体论一致吗？如果是这样，你也许会通过计算、测试、测量变量来着手研究。如果你是 B，为了了解社会世界，你就会试图把自己融入你感兴趣的人的生活中，以自己的"人格"来了解发生的事情。因此认识论，即我们如何去发现，会随着本体论的变化而变化。这样理解了吗？

学生：没有。

学生回答"没有"是典型的现象，所以如果你也对这些解释感到困惑，不要太难过。让我们更深入地了解它们，以便更好地理解本体论和认识论。

本体论

人们对社会研究中应该使用什么方法的困惑，很大程度上来自对世界本质的困惑。我们正在研究的是什么？这个问题对物理学家来说并不难，因为很明显，他们研究的是电子、中子和希格斯玻色子，这一点毫无疑问。生物学家也是如此，他们研究生物的生命过程。但对于社会科学家来说，这就存在一个问题，因为我们研究的是人，无论是独立的人还是聚集在一起的人。人会做出奇怪的、难以预测的事情，会以奇怪的方式聚集在一起，会做出非理性的行为，会学习，也会改变。我们研究的重点是观察他们身上可以被观察的行为，还是他们聚集在一起的方式，抑或是其他？作为社会科学家，我们会特别关注本体论，因为我们并非全然了解我们应该研究一个什么样的世界。

麻烦的是，当你开始观察人们和他们所做的事情时，你面临的一个主要问题是如何让我们察觉到他们所做的这些事情，即这些事情如何"苏醒"以及我们应该如何看待它们。例如，当人们处于任意一种关系中时，无论是师生、伴侣、朋友、同事还是其他任何关系，不可否认的是，他们或多或少都会产生某种"化学反应"，这种化学反应源自他们之间的理解和看法（而缺乏这些理解和看法会产生爆炸性的化学反应）。现在我们如何理解这种"化学反应"可能指什么？"化学反应"蕴含的丰富意义是什么？"相互理解"又可能指什么？换句话说，我们正在探究的是什么？

本体论是关于我们正在研究什么的问题。我们借用哲学中的概念，本体论者提出了诸如"什么是存在"和"什么是物理对象"等问题。这些问题显然不是社会科学家日常关注的重点。但从广泛的意义上讲，它们确实具有核心意义，因为我们可以说社会科学所关注的"存在"和"对象"（或现象）是多种多样的。

例如，对本体论问题的认识使我们对有时所谓知识的符合论保持警惕。这种符合论是指一种假设，即你的所见所闻与现实"存在"的事实相符合。普通人或多或少都会持有这样的观点：你看到的就是现实中存在的东西，你脑袋里想的事情多少会与"现实世界"里的事情相吻合。事实上，这个问题比你想象的要复杂得多，即使非常简单的问题也是如此，然而一旦谈及与人类行为和相互交流相关的事情时，这个问题又会变得非常复杂。

因此"本体论"一词所包含的问题涉及我们假定存在于世界中的各种事物，以及应如何看待、最终应如何研究这些事物。我们最感兴趣的社会世界是由简单的变量组成，还是由人之间的互动等要素组成？我们应该从社会行为理论开始研究，还是在研究过程中发展自己的理论？

比如，如果一个男孩在咬班上其他孩子，我们应该如何看待这个问题？我们是否应该像自然科学家那样解决问题，即关注我们看到的咬人行为和我们可以操纵的变量（也许是奖励或惩罚），以影响他的行为？或者我们应该把这个问题看作是复杂的社会互动，其意义由教室这一人为环境中产生的期望、联系和互动构成？抑或是我们可以从这两个角度来看待咬人事件？

这就是思考本体论有助于建构研究的地方。它帮助我们理解可以使用不同的方式来看待这个世界——观察这个世界有什么可供研究。换句话说，事情可能并不像最初看起来的那么简单，人们看待和理解难题或议题的方式也不尽相同。如果你读过前面的范式部分，便会理解，正是不同的本体论立场引出了不同的范式立场。

> **备忘录** 本体论涉及你看到什么——存在社会世界中的事件。认识论涉及你如何看待和发现这些问题。

认识论

如果说本体论是研究社会世界中存在的东西，那么认识论就是研究我们对世界的认识。我们如何认识从本体论视角定义的世界？认识论者提出的问题包括：

- 什么是知识？我们如何认识事物？
- 有不同种类型的知识吗？

• 有好的探索知识的步骤吗？

如果说你需要从本体论和认识论的整个辩论中理解一件事的话，那就是知识是脆弱的，你无法确定任何事情。这对你的研究项目以及如何撰写论文的主要影响在于，你应该始终清楚表明，你明白为什么想知道一些事情如此艰难，也就是你明白为什么在得出结论时要秉持试探性的态度，而不能过于自信。

让我们来探讨一下这种脆弱性，讨论一下为什么我们想知道一些事情如此艰难或者至少很难确定我们了解它。换句话说，主张某事为真时我们为什么要持谨慎态度？我在第 3 章中提到，你应避免使用"证明"（proves）和"表明"（shows）等短语，而应使用"意味着"（indicates）或"证据使人想到"（the evidence suggests）或"指向"（points towards）或"暗含"（implies）等词语。你应使用"趋于"（tends to）或"有人可能得出这样的结论"（one might conclude that）等短语，而不是使用那些更大胆的不恰当的短语。请再次牢记伟大的生物学家约翰·伯顿·桑德森·霍尔丹的格言："怀疑是职责所在。"霍尔丹在他著名的论文《可能的世界》（*Possible Worlds*）（Haldane, 1928: 224）的结尾处写道："科学的巨大进步在很大程度上归功于对所有理论保持怀疑的习惯。"

保持怀疑和试探性的习惯都很好，但社会科学家又如何对认识论者解释他们了解世界的方式？

在社会科学中我们如何才能了解某些事情

我们了解事情是因为我们亲身经历过：我们看见、听见、触碰过。经验主义（empiricism）是对"知识来源于经验"这一观点的表述。以实证的方法（empirically）了解事情就是基于经验了解事情。

我们如何从视觉、听觉和触觉这些经验中获得对事物的认识呢？我们必须运用这样或那样的分析策略，换句话说，我们必须运用推理（reasoning）。主要可采用两种推理方式获取知识。

第一种是归纳（inductive）推理。根据收集到的许多观察结果，我们利用归纳推理得出一般原则。因此，如果你看到很多天鹅，它们都是白色的，你可能归纳出的一般原则是"所有天鹅都是白色的"。

今天早上你看到太阳升起，并且从前都是如此，你可以推断太阳每天早上都会升起。

观察得越多越好。显然观察得越多，就越能证明你得出的一般原则是正确的。归纳推理的核心是可以从许多相似的经验中总结出一般原则。

这种归纳推理能够为你带来自信，但其中存在的最大问题是只因为你的观察结果总表明某件事情就是这样，并不能自动认定它会持续这样。

例如，欧洲人第一次来到澳大利亚，他们发现天鹅既有黑色的也有白色的。虽然太阳每天早上都会升起，但我们现在已知道各种可怕的天文异象可能导致明天的太阳没有升起。因此我们从归纳中获得的知识并不完备，而且永远不可能尽善尽美。在社会科学领域更是如此，即使有，我们也很少能找到明确的相关证据。

第二种是演绎（deductive）推理。演绎推理与论证有关。论证建立在一个被假定为真的陈述或前提下，如果前提为真，则结论必然为真。当然正如以下讨论所揭示的：假定前提为真，但事实并非如此，或者推理的各个方面看似有联系，实际上并无关联，这时便会出现问题。

爱了会痛苦。为了不再痛苦，就不要去爱。然而不爱也会痛苦。所以爱了会痛苦，不爱也会痛苦。为了痛苦而痛苦。为了幸福而去爱。那么为了幸福就要痛苦。然而痛苦会让人不幸福。所以，人要想不幸福就必须去爱，或者爱上痛苦，或者因为太幸福而痛苦。我希望你能明白其中存在的推理问题。（伍迪·艾伦）

同地球一样，火星基本在相同的轨道上……火星离太阳的距离与地球离太阳的距离基本相同，这一点非常重要。我们曾看到图片里面有运河，我们相信那里有水。如果有水，就意味着有氧气。如果有氧气，就意味着我们可以呼吸。（州长乔治·布什，1994年11月8日）

如上述例子所示，这些推理可能并不完美，尽管如此，归纳法和演绎法仍是推理的形式。我们之所以了解事物，是因为我们对它们进行了思考和推理。理性主义（Rationalism）是对"知识源自推理"这一观点的表述。这种推理在于运用归纳和演绎策略。

希望我清楚解释了这一点：这些推理过程并不完美。科学家，无论是自然科学家还是社会科学家，都致力于通过有条不紊地寻求和获取经验或证据，以改进推理过程。自然科学家、物理学家和化学家能通过巧妙设计的实验，有条不紊地操纵变量，以控制他们通过实验获取的经验（即实验结果）。然而在社会科学中，要实现这一点就困难得多。实际上正如我在本体论章节中指出的，关于存在什么事物要去进行验证会引发各种各样的问题。这里所说的知识是暂时性的（provisional）知识。我们所说的暂时性的意思是：现有条件下这一知识是最好的，但如果有其他信息被获得或其他见解被洞悉，原有的知识随时会被取代。

与范式一样，你无须在论文中专门设置认识论和本体论的章节。在讨论研究方法时，你可能提及它们，但就像不在文中讨论范式一样（详见第 119～120 页），只需巧妙地展现你对其重要性的认识。认识论和本体论毕竟不是你调查研究的核心；关注它们，只是希望你认识到它们对于调查研究定性的意义，也就是它们对于定义你研究性质的重要性。你必须证明，你并不是迷迷糊糊地套用学到的第一套研究方法。相反，你需要明白知识能以不同的方式被建构，获取知识的途径也多种多样。

因此你可以这样说，"我意识到这些彼此矛盾的世界观，而这些世界观构成了社会调查研究的框架，基于这样的认识，我选择了……"或者，如果你想说得更清楚——也许是为了硕士研究，当然也适用于博士研究——你可以更详细地进行阐述。在开始讨论时，你可以这样说：

就探讨护士压力这一主题而言，我的研究性质面临两种选择。我假设面前的世界可以划分为可量化的因素，而我可以测量和操纵这些因素。或者，摒弃根据本体论假设效度进行的划分，我可以把我感兴趣的社会世界看作是流动的，是由个人以无数方式建构的，是无法量化的……

这将引出对压力的讨论，由于本体论、认识论和范式的立场不同，其对压力的研究方式也大相径庭。相较于研究主题，对本体论、认识论和范式的讨论始终是次要的。注意，以上三句话中，只有一句话顺带提到了"本体论假设"。研究主题最为重要，而你要展示的是你有不同的方法来审视和研究它。

批判性意识（再次强调）

我在第 74～76 页讨论了批判性意识的重要性。你已经看到了思考并试图了解某件事情时你可能掉入的所有"兔子洞"（"爱丽丝梦游仙境的入口"，这里指"调查研究神秘之旅的起点"），因此需要重申批判性意识和怀疑精神的重要性。但是对知识的不确定性不应使我们因焦虑而踌躇不前。

开展研究是为了发现事物并尝试以可能的最佳方式了解事物。有关调查要记住的重要事情是，知识具有不确定性和暂时性，我们应该对此保持乐观。记住三个"要"：

要保持怀疑的态度。

要保持质疑的精神。

要保持批判的精神。

不要忘了第四个"要":要记住,怀疑本身并不具有任何意义。怀疑是前奏,是行动的动力。

研究目的→研究问题→研究途径→数据收集

了解了研究途径、范式以及思维和认知方式之后,让我们回到本章的开头,再次思考研究设计的问题。

在项目研究中,你应始终考虑如何将研究目的与研究问题、文献综述、研究途径等各个要素结合在一起,进而引导我们去确定设计框架、研究方法和数据分析。

各个部分都应为其他部分提供信息(见图5.7)。研究目的(如为了评估、改进实践工作或进行描述)如何引导你提出研究问题?研究问题如何让你决定采用一种或多种特定的研究方法?随着调查结果的出现,你可能想进一步追问相关的问题,或者你可能想返回到文献综述,对照已有研究看看自己的调查结果中是否会有意想不到的发现。

图 5.7 相互结合

在社会和教育研究中,总是在一个因素和另一个因素之间来来回回。你会不断地审视和修改你的想法,这既是完全正确的,也是意料之中的,因为这意味着你研究项目的建构过程是循序推进的,而且具有逻辑性。这种逻辑应该让读者一目了然,所以你必须有能力去展示其中的逻辑是如何生成的。

这一切对你以及你推进设计框架、研究方法和数据分析意味着什么?意味着你必须思考这些议题与你研究项目之间的相互关系。图5.8总结了这一点,如果我们看这个图表,从研究问题到研究方法的过程也许可以用一些示例来说明。在第1章我谈到了不同类型的研究问题,试图说明不同类型的研究问题可能将研究带入不同的轨迹。这些研究问题需要我们去描述、解释、演绎或推理。随着本书内容的推进,你会发现事情并不是如此的简单。看似只需要描述答案的研究问题可能要更为复杂,因为描述的形式多种多样。你可以用文字或数字描述。你也可

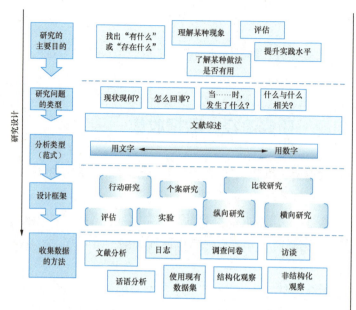

图 5.8 研究设计过程

以描述一种或多种情况。假设你对慢性病儿童的医院教育服务感兴趣。你可以提出以下问题:

(1) 英国有多少儿童在医院接受教育？战后趋势有何变化？这可能是什么原因呢？

(2) 如今在医院接受教育的儿童有着怎样的体验？

(3) 在医院接受过教育的儿童重返校园时，人们对他们持怎样的态度？

(4) 在医院上课时，如果上午安排课间休息，对孩子们的午餐行为会产生什么影响？

问题（1）将你引入一个明确涉及描述和描述性统计的项目。你可以从官方统计数据中寻找答案，并将这些统计数据与社会运动、事件和政策变化联系起来。

问题（2）引导你研究儿童的体验。你可以选择不同的方法来获取儿童的这种体验，也可以选择如何解释这种体验，其中肯定会涉及解释儿童的行为。

你可以选择自己深入医院教育环境中通过观察获取儿童的体验，也可以询问儿童本人或儿童的父母或医护人员。

问题（3）引起你思考普通学校的学生对长期住院的返校儿童的态度。可以对儿童进行单独访谈或对焦点小组中的儿童进行群体访谈，也可以向儿童发放问卷进行调查，甚至观察一个班级来进行研究。无论如何，研究人员都需要对他们的态度做出某种判断，进行必要的解释。

问题（4）涉及某种结果评估："当……时，发生了什么？"

虽然可以用文字叙述的方式来回答这类问题，但常见的做法是说"这似乎（或似乎不）与此有关联"，其实它们不仅有关联，而且 x 似乎会导致 y。为此，对 y 进行某种测量可能有所帮助。

所以特定的研究问题会引出特定的研究。然而这绝不是一对一的关系：你不能把某种研究途径或方法与某种研究问题相联系，尽管有时某些类型的问题会比别的研究问题更明显指向某种研究路径。在每个阶段，你都需要做出选择，而且很不便的是，研究设计没有对错之分。你需要明智思考这个问题，然后解释和说明你所做的选择。

下面我们以图5.8为背景，举一个详细的例子来说明一项研究项目，从而展示：从研究开始到结束会采用图中的哪条研究路径？其间可能做出什么样的选择？

设计一项研究：具体的实例

安加拉德（Angharad）是北威尔士一所乡村小学的新晋教师，学校里的大多数孩子会说英语和威尔士语。有少数孩子只能流利地使用英语，但其他孩子能够熟练地进行所谓"双语转换"，换句话说，他们习惯性地、不假思索地在两种语言之间流利地切换。尽管学校并未阻止使用双语，但安加拉德从她阅读的相关资料中了解到，在实际教学中允许孩子使用双语的做法，通常在教育界中会引起争议——有人认为，为避免语言产生混淆，不同的语言应分开使用。

安加拉德注意到在她三年级的班级中，五名只说英语的学生正逐渐被孤立，他们越来越多地在一起玩耍，有迹象表明：他们无法融入集体中，甚至开始受到一些双语儿童的霸凌。安加拉德此时的观察引起了她的好奇心和兴趣，她对孩子们的行为产生了好奇，她的行动是为了弄清楚她的直觉：①她的直觉是否准确反映了实际发生的事情？（换句话说，这是她想象出来的，还是她有更多的证据显示这不只是她的直觉？）②在她的学校，以及本地或全国的其他学校，甚至是国际上的其他学校，这种情况是否普遍存在？③如果情况确实如她发现的那样，那么她是否可以为此做些什么？

研究目的 安加拉德的研究有两个简单的目的。第一个目的与①和②有关，出自好奇心（又源于对被孤立儿童的关心），这种好奇心让她想知道自己的直觉是否准确。第二个目的③出自一种愿望，她想改善自己的教学实践。如果单语儿童在学校变得更加孤立，就会脱离主流活动。

初始问题 由此产生了两个初始问题。第一个目的引出了"情况如何"的问题，第二个目的则引出"发生了什么"的问题。

文献综述 安加拉德的文献综述将不仅聚焦威尔士的还聚焦美国的双语现象和语言转换，美国有大量关于墨西哥裔和波多黎各裔在其社区的双语转换情况的相关文献，以及西班牙的西班牙-巴斯克双语者的双语转换情况的相关文献。这些社区学校的教职员工是怎么做的？他们有特殊的工作程序和政策吗？这是否与英国学校的做法类似？

在文献综述的启发下修正思路 文献综述让安加拉德更好地了解双语转换这个议题。她还认识到，积极的行动有助于解决她班上孩子身上出现的一些问题。不过在此之前，她首先需要正确评估问题的严重程度以及涉及的范围，其次要了解这一问题对单语儿童可能造成的后果。对于如何看待第二个问题，必须结合学校和地方政府的双语转换政策，以及是否可以采取任何切实可行的措施来干预双语转换或双语转换的结果。

修正研究问题 第一个问题需要简单收集一些事情发生的数据，因为研究问题就是要对某些事情进行描述，即陈述当前的情况。如果安加拉德认为她可以通过课堂观察验证（或否定）她的非正式观察，这就可能涉及结构化观察和非结构化观察。结构化观察假定她可以对一些事情用数字进行统计，非结构化观察则更多依靠印象，且要系统地记录在日志里。第二个问题更加复杂，涉及两项：一是从学校和地方政府收集记录的文献数据，二是从儿童身上收集他们是如何被影响的信息。

设计框架和数据收集 最后她决定了自己的设计框架（详见第6章）——将是一个个案研究，也决定了在这个框架中采用什么方法来收集数据（详见第7章）。

对照以上研究轨道，安加拉德的研究过程可以绘制为图 5.9 上粗线条所示的一连串路线。

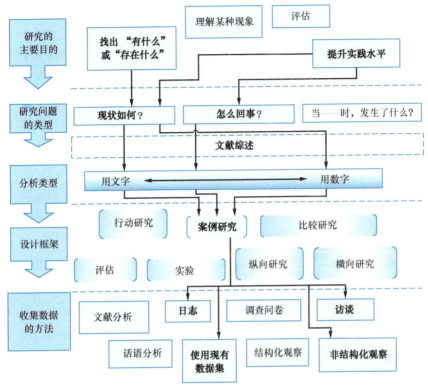

图 5.9　安加拉德的研究设计路线

总结

在本章，我想说明社会研究领域的许多激烈讨论都集中在研究目的以及研究能做什么和不能做什么，具体回答以下问题：我们要研究什么？什么才算知识？社会研究能否解释事物？还是社会研究只有助于我们理解事物？解释与理解有何不同？没有数据的描述性研究有价值吗？

自然科学家（如化学家和物理学家）的研究方法在多大程度上适用于社会科学领域？到底谁能定义什么是科学？

除其他问题外，以上这些问题都是社会科学中的重大问题，人们就这些问题写的文章已有数百万字，但没有人得出

> 在方法论章节的第一部分，你的导师有什么要求？你的导师希望你对研究中拟采取的研究方法进行论证，并建议你在方法论章节中要写多少相关内容。

明确的结论。在阅读有关社会科学研究方法的文章时，你会接触到"认识论""实证主义""结构主义""阐释主义""后现代主义""量化"和"质性"等词语，它们分别描述了研究这些议题的不同框架。

不用担心这些吓人的字眼。重要的是，人们越来越清楚地认识到需要用不同的途径来回答应用社会科学的问题，特别是回答研究问题时要聚焦实践工作者的时候。对你来说，这样做的积极意义在于你完全可以接受大范围的研究活动。最重要的是，你要确保使用的研究方法适合于你提出的研究问题。

考虑好研究问题的性质以及你想要发现什么之后，你需要确定研究途径。尽管可以采用不同的研究途径，但重要的是要记住，你选择的研究途径从根本上说是在用不同方式认识世界和用不同方法发现知识之间做出的一个选择。在研究发现上"采用"不同方式并不意味着对立：这些不同可以互补。不同的谜题需要不同的思维策略。问题需要正式描述的答案，或问题事关存在什么因果关系，或问题事关存在什么相关性，通常需要采用一种研究途径来分离变量并量化其变化。而其他问题——可能关于特定系统、机构或人员，就需要洞察力、同理心和理解能力。这些问题需要一种更加自然的研究途径，要考虑到研究人员的理解认知。

再次强调：从中选择的研究途径并不是非此即彼，而是可以兼容并蓄。确定调查研究途径的关键在于研究目的和研究问题的性质：你最终想要得到什么样的知识？或者你是否想要不同类型的知识，且每种知识都与不同类型的数据相关联，可以用于不同的研究领域？正是这些议题决定了你的研究设计。

拓展阅读

Feminist approaches to social science: Epistemological and methodological tenets. American Journal of Community Psychology, 28, 773-91. 一篇有价值的论文，对研究方法进行了总结，这些方法事关如何认可女性的生活经验是知识的合法来源。

Cohen, M. (2015) Critical Thinking Skills for Dummies. Chichester: Wiley。内容非常全面，涵盖了各种思维技巧问题。

Cresswell, J.W. and Creswell, J.D. (2018) Research Design: Qualitative, Quantitative, and Mixed Methods Approaches (5th edn). Thousand Oaks: Sage. 一本经典著作，对混合研究方法的探讨很精彩。

Etherington, S. (2004) Becoming a Reflexive Researcher: Using

Ourselves in Research. London: Jessica Kingsley. 聚焦在实际研究中如何让自己（即你，你的个性和经验）融入研究，其中包含启发式研究、撰写研究反思日志、自传等章节。

Fuller, S. (2007) The Knowledge Book: Key Concepts in Philosophy, Science and Culture. London: Acumen. 一本关键概念大全，折射出富勒令人耳目一新的非凡思维。

Harding, S. (1988) Feminism and Methodology: Social Science Issues. Bloomington: Indiana University Press. 一本有趣的经典文章编著，提供了社会科学中广泛的女性主义研究内容。

Liu, K. (2020) Critical Reflection for Transformative Learning. Cham, Switzerland: Springer Nature. 专门针对师范教育，特别讨论了在批判性反思中使用电子档案的问题。

Luker, K. (2008) Salsa Dancing into the Social Sciences: Research in an Age of Info-Glut. Boston: Harvard University Press. 作者卢克精于确定主题和思考有用（且有趣）的研究问题，还精于质性研究中抽样和归纳的研究方法。

MacIntyre, A. (1985) After Virtue: A Study in Moral Theory. London: Duckworth. 建议阅读该著作的第 8 章，了解作者对社会科学所做的严厉批判。

Mukherji, P. and Albon, D. (2018) Research Methods in Early Childhood: An Introductory Guide (3rd edn). London: Sage. 虽然书名上写的是"早期"，但书中提供了大量通用的关于研究设计和研究方法的好建议。

Oakley, A. (2000) Experiments in Knowing: Gender and Method in the Social Sciences. Cambridge: Polity. 作者安·奥克利（Ann Oakley）是一位女权主义学者，书中介绍了她对社会科学中性别偏见的看法。她研究了社会科学和自然科学方法论的历史发展，认为这些方法论经历了一个"性别化"的过程。

Peim, N. (2018) Thinking in Education Research: Applying Philosophy and Theory. London: Bloomsbury Academic. 如果你想获得真正激进的研究方法，请阅读这本书。作者佩姆主张扔掉其他有关研究方法的手册，虽然我不太赞同这点，但这本书读起来确实有趣。

Pring, R. (2015) Philosophy of Educational Research (3rd edn). London: Continuum. 一本十分精彩的著作，对研究中量化与质性划分失效的探讨尤其精彩。

Sacks, O. (1996) An Anthropologist on Mars. London: Picador. 一本精

美的散文集。作者萨克斯实际上是神经学家而非人类学家。对于研究特殊人群的研究者而言,萨克斯与之交流和观察的人群(如孤独症患者和多动症患者)尤受关注。

Schön, D. (1983) The Reflective Practitioner: How Professionals Think in Action. London: Temple. 一本关于反思性思维与实践的重要著作。此乃经典之作,历久弥新,永不过时。

Seale, C. (2003) Social Research Methods: A Reader. London: Routledge. 一部方法论经典论文精选集,收录了赖特·米尔斯、杜尔克海姆、弗兰德斯、费耶阿本德、库恩、格尔茨等人的论文。

Thomson, A. (2005) Critical Reasoning: A Practical Introduction. London: Routledge. 具有专业性的批判性思维,内容清晰。如果你能理解和运用其中的批判性思维,你就能跻身一流批判性思维者的行列。

Wei, L. and Moyer, M. (2008) The Blackwell Guide to Research Methods in Bilingualism and Multilingualism. Oxford: Blackwell. 如果你对安加拉德(见第133～135页)在做的研究感兴趣,不妨看看这本书。

Whiffin, C. (2021) Choose Your Methodology: Little Quick Fix. London: Sage. 很好地阐述了构思研究设计时必须做出的选择,简短易读。

	第 5 章　自评表	
复印此表并填写答案,这可能对你有帮助。		
	记笔记	
1. 你是否想过你的研究问题可能引出某种特定的研究?		✓
2. 你是否列出了一份清单,说明为完成某种特定研究,你需要做什么,实际又需要做什么?		✓

6

设计研究框架

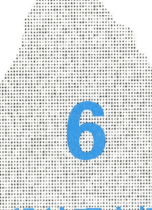

- 找准研究切入点，提出一个好问题
- 撰写文献综述，优化研究问题
- **决定研究方法** ← 你在这里
- 开展调查研究，收集数据
- 分析数据，展开讨论
- 得出结论，撰写论文

一旦决定了回答研究问题的总体途径，你就可以考虑研究的"脚手架"（scaffold）或"设计框架"，并据此来规划和开展研究。

本章具体讨论以下内容：

- 在设计一项研究中会碰到的普遍性问题。
- 指导你开展研究的主要"框架"，这些研究包括：
  - 行动研究
  - 个案研究
  - 比较研究
  - 民族志
  - 评估研究
  - 实验研究
  - 纵向研究
  - 横向研究与调查
  - 无设计框架研究

什么是研究设计？

研究设计关乎研究的计划和结构，正如第 5 章图 5.8 所示，从研究目的到研究实施的整个研究计划就是研究设计。研究设计不是与研究目的和研究问题相分离的，相反它们紧密关联。如果你还记得第 1 章的内容，我曾指出有四类主要问题可以成为研究的出发点：

- 情况如何？
- 怎么回事？
- 什么与什么相关？
- 当……时，发生了什么？

这些研究问题涉及不同的"发现"：

- 发现存在着什么，并进行描述；
- 人与人之间的理解和意义；
- 找到变量之间的关系；
- 发现变化产生时会发生什么。

如何基于这些不同的出发点进行设计？如表 6.1 所示，可以用几种不同的方式设计研究，如我们常常基于比对、变化、时间等视角"获取"如何回答研究问题的"抓手"。我们可以利用这些"抓手"找到研究问题的突破口，并着手研究设计。以这些"抓手"为起点可能有所帮助。但是它们只能帮你到这里。除此以外，你还需要审视现有的设计系统，这些系统经历了数年甚至数十年的设计和使用，可以帮助你有效地构建你的社会研究。和你一样，社会科学家做研究时也会思考回答不同研究问题的最佳方法。他们根据不同的研究问题，并靠着要以最佳方式开展社会研究的信念，得到了不同的答案。这些现有的设计形式，我称之为设计框架（design frames）。

表 6.1 启动项目：一些可以帮助开展设计的"抓手"

涉及比较	在设计中将一种情况与另一种情况进行比较，探索不同情况特征下可能产生的影响。例如，不同国家的组织方式不同，会产生什么影响？
涉及变化（自然的或强制性的）	变化可能是自然环境带来的，也可能是强制性的。研究设计可以围绕这些变化进行，并尝试了解其带来的后果

续表

涉及时间	时间往往是组织和设计研究的重要因素。研究可能是快照式的，考察某种情况在某一时间点的特征和动态变化。也可能是纵向研究，观察两个及两个以上时间点的变化情况。还可能是回顾性研究，回顾过往事件以获得相关的洞察和理解

设计框架

每个设计框架都不同，其引出的研究类型也会与其他设计框架引出的研究类型截然不同。每个设计框架都为研究项目提供了一个上层建筑，通过收集数据的方式将研究目的与研究问题联系在一起，但是研究框架并不硬性规定如何收集数据。

在此，我将集中介绍七种类型的设计框架。虽然还有其他框架，但这七种设计框架是小型研究项目中常用的框架。具体如下：

- 行动研究
- 个案研究
  - 解释现象学分析（IPA）
- 比较研究
- 民族志
  - 民族学方法学
  - 拟剧论和叙事研究
  - 自我民族志
- 评估研究
- 实验研究
- 纵向、横向研究与调查

我也将关注那些没有按照任何一种"框架"开展的非结构化研究，当然这些研究也经过了设计。

需要重申的是，这些框架并不是研究设计。设计就是项目开始时所采用的研究计划。我之所以称其为设计框架，是因为它们提供了设计中的定义结构。选择其中一个或多个框架，可以为你基于研究目的、研究类型和期望成果所做的决定提供坚实的基础。

我用了"设计框架"这个术语，但"脚手架"也许是一个更形象的比喻。这些组织结构就像脚手架一样，能让你站稳脚跟，防止你摔倒，并帮助你有序完成工作。

固定的设计和浮现出来的设计

不过我们可以退一步，从更广的角度思考设计。研究设计本就是指从一开始就规划研究，并按照绘制的蓝图进行研究，直到研究结束的整体想法。这种概念本就是一种自然科学的遗物，当社会研究进行的方式被期待与自然科学研究尽可能相似的时候就产生了。

因此研究设计大多是实验性的，必须附有研究程序、研究方法和研究设备的具体说明，在此指导下完成实验。做这一切的背后，关键是让实验具有可复制性（replicability），也就是说，别人能够依照你的程序重复完成与你所做相同的实验。在多次重复你的实验后，如果许多研究人员按照同样的设计和程序得出了与你相同的实验结果，这对自然科学界而言就可以确信实验结果是可靠的。

> **备忘录** 设计框架就像一个脚手架，可以稳定研究形态，促进研究结构化。设计（或"脚手架"）可以有很多种，而你选择的设计框架应该是最能帮助你回答研究问题的框架。

如今，在教育、医疗保健、社会工作或刑事司法等应用领域工作的社会科学家都清楚认识到，我们的研究很难达到这些期望效果。现在人们已经认识到，用像设计化学实验的方式一样去控制社会环境很难，甚至有时无法实现。同样，更无法确定是否存在一种组织研究的最佳方式。正如我在第 5 章提到的，如果要研究社会世界中的某一事物，我们不一定需要采取中立、公正的观察者立场。相反，我们可以保持开放的态度，参与其中并进行解释，在新的信息出现时能够做出回应和改变。

就"研究设计"而言，保持开放的态度尤其重要，因为这代表这种设计远没有以往所期待的那样僵化。这与我在第 1 章中提到的递归计划（而非线性计划）的预期相符。这意味着设计不应像顽石一样仅让下一位研究者完全照搬。鉴于此，有些人提出了"浮现出来的设计"（emergent design）。换句话说，你发现了更多你感兴趣的社会情况的资讯，研究设计随之产生。浮现出来的设计这样的想法对阐释传统的社会研究而言是一个重要的概念，尽管仍在使用"设计"这个词汇，但它已经颠覆了"设计"的内涵，因为"浮现"出来的事物无法被设计。或许我们应该找一个新的词汇来解释这一过程。

不过，我现在不打算这么做，因为"设计"这个词仍在被使用，每个人都知道其意思，或者至少他们认为自己知道其含义。使用"设计"一词的问题在于，它意味着具有我提到的实验设计的所有传统特征（如样本规格、设备等），而这些特征又包含其他期望。例如，对样本量（越大越好）的期望，对信度（如果再次进行同样的实验，你必须确保得到同样的结果）和效度（你必须确保你的发现就是你最初想要发现的）的期望。但这些并不是阐释研究的基本规则。

没错，我说不是。千万别期待你能从阐释研究中归纳结论：你的"样本"给你的是洞见而非推论。所以你的"样本"很小，甚至只有一个样本，对此你应该感到高兴。事实上，样本的概念对阐释研究而言是一种误用，因为你的信息提供者（即向你提供信息的人）并不是从广泛的人群中抽取的样本。他们有诚实表达自己想法的权利。我们并不指望别人的研究结果会与你的完全相同。

恰恰相反，别人几乎肯定有与你不同的发现，这都在意料之中。因为他们将结合自己的经历、兴趣、偏好和特质对研究进行解释，而你研究的解释也带有自己的特性。

在社会研究中应谨慎解释"设计"一词。因为在某些类型的研究中，"设计"比较固定，在其他类型的研究中则不然。对一种研究的期望并不总是适用另一种研究。

稍后我将详细介绍上述设计框架。但在此之前，有必要了解社会研究设计中存在的一些普遍议题。

研究设计中的一些普遍议题

抽样

抽样的概念本属于实验、调查、探求变量间关系的研究。假设你从一个可控的样本中抽取一组或多组作为研究对象，而这个样本代表着更大的总体。实验设计中的"总体"（population）不只是我们日常所说的"人口"（如"美国人口为3.3亿人"）的含义。它表示与特定主题相关的所有可能个体的总数，如果我们有足够资金和资源，便可以将其纳入研究。因此这个总体可以是警察、护士、学龄儿童、接受救济的人、囚犯等。假设样本能够真正代表更大的总体，那么你精心设计的研究结果就可以推广到总体中。

当然样本可能不具有代表性：可能存在这样或那样的选择性偏倚（selection bias）。有多种方法可以确保样本能够代表更大的总体。一种是随机样本（random sample）。就像包装盒上写的那样：它是随机抽取的样本，就和从帽子里抽取名字一样。然而，仅随机抽样还不够。如果你把周三晚上进入酒吧的前十几个人作为大学生的随机样本，你的样本就很容易受到各种因素的影响而失真，你怎么知道酒吧里的人就能代表一般的学生总体呢？可能这些去酒吧的学生不太可能去图书馆，或者这些人可能更能代表某个种族或宗教群体。这就是为什么这种样本（前十几个进入酒吧的人）会被称作便利样本（convenience sample），也是为什么如果你希望在便利抽样中进行归纳总结会遇到很多问题。要进行真正的随机抽样，就必须确保在足够大的总体子集里抽取样本，这样才能将样本失真的概率降到最低。

选择性偏倚：数据收集方式导致的证据失真。它通常指样本中对人的选择产生偏差，但也可以指其他类型数据的选择方式上产生的偏差。

你可能已经注意到，市场调研机构的民意调查人员在调查投票意向时，会抽取大约 1000 人作为样本。因为他们计算过，只有抽取这么多人才有可能获得令人满意的样本。

对样本进行分层是提高样本代表性的一种方法。分层（stratified）抽样时，你要确保抽取的样本在某些重要方面反映了实际总体的特征。因此假设你对供热工程师感兴趣，你可以将样本与国内供热工程师的总体进行全面匹配，确保对收集的样本进行了简单分层。你可以确保你的样本反映了总体的已知特征，例如，样本的最高学历。你可以从图 6.1 中看到供热工程师的最高学历概况，然后试着与你的样本进行匹配。你还可以根据年龄和性别对样本进行分层。

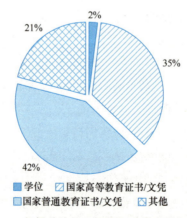

图 6.1　根据总体的已知特征对样本进行分层

样本概念有什么问题

专业研究人员已将样本的概念延伸到所有类型的研究中，不只是实验研究和从个体中收集数据的研究。有时人们会将个案研究中唯一被探讨的个案称为"样本"。这是对"样本"概念不必要的延伸，显然很荒谬。因为即使是非正式的定义，人们也期望样本在某种程度上具有代表性。《钱伯斯英语词典》(*The Chambers Dictionary*) 对"样本"的定义如下。

> 样本（säm'pl），名词，样品，显示整体品质的一小部分。

因此，即使在日常使用中，"样本"也具有在某种程度上反映整体状况的意思。但在社会研究中使用的"样本"一词常不含"反映整体"的意思。因此，滚雪球（snowball）样本，即由受访者告诉研究人员下一个受访者可能是谁，再由下一个受访者告诉研究人员下下个受访者是谁，以此类推，这种样本并不是想要呈现任何的代表性。同样，目的性（purposive）样本，单纯就是选取那些研究者感兴趣的人群，并不具有代表性。因此这类样本有时被称为非概率（non-probabilistic）样本，因为它们不适合使用概率估计的推论统计设计。就我而言，如果不把它们称为"样本"，会更简单些。

如上所述，将实验研究和调查研究中的"样本"含义套用到其他类型的研究会带来风险，因为它假定实验研究的所有工具都为之所用，但事实并非如此。

可惜的是，将信条和基本规则混为一谈有时不是偶然现象，也可能是故意为之。当然作为学生的你会感到困惑，不知道如何应对。只有像我一样经验老到的人才知道发生了什么。五六十年前，为确立阐释研究作为真正的"社会科学"研究的资格，研究人员不遗余力地模仿传统实验和关系研究来研究语言。他们这样做是为了提高阐释研究的地位。

因此格拉塞（Glaser）和施特劳斯（Strauss）(1967) 对所谓的理论样本（theoretical sample）和统计样本（statistical sample）进行了区分。他们所谓的"理论样本"，指的是样本选取的数量是直到研究者确认已没有更多的资料类别可供汲取为止。他们说："研究人员多次看到类似的案例后，就会根据实证经验确信某个类别的取样已经饱和。"（Glaser and Strauss, 1967: 61）

如果这听起来有点模糊不清，是因为"实证性"一词本来就没有任何作用，只是让事情听起来更科学。你什么时候会想到"啊！现在我有实证的信心了！"什么时候你会感受到实证的自信带来的温暖和光辉。如果你有兴趣，我在其他的书中（Thomas and James, 2006）探讨过为什么阐释研究者有时认为需要

> **备忘录** 在实验研究中，"样本"指的是能代表更大总体的某个子集。但在阐释研究中就没有这样的含义。

模仿实验主义者来研究语言。我感觉这样做不仅没有必要（特别是在抽样方面），还会对阐释研究的性质产生误解。遗憾的是，在人们觉得阐释研究还不够好的时期，必须使用实验主义者的研究语言和研究方法做研究的概念就先入为主了。更可惜的是，这会导致缺乏经验的研究人员采用不恰当的研究设计。

图6.2概括了我们刚才讨论的内容，考虑到我在本节中所讲的有关样本概念的漏洞和歧义，要谨慎对待取样。

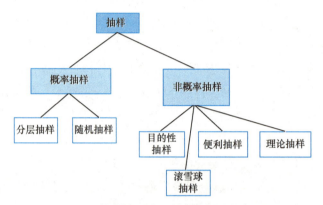

图6.2 抽样类型分为概率型和非概率型

变量

在社会世界中，我们想要测量的事物多种多样。（如果它们总是相同的、没有变化，那么测量它们就没有任何意义！）因此，变量（variables）是事物变化的可测量属性。年龄会变化，所以年龄是一个变量。考试成绩会变化，因此考试成绩也是变量。任何可计量的事物都可以是变量，如年龄、班级大小、坐下的时间、头发长度、阅读年龄、交通事故、压力指数、写在一页纸上的字数等。我们也可以把所谓的"开/关"等可在两者中变换的事物当作变量。因此，性别通常呈现出来的只有两种变化，也可以是一个变量。变量的数量被称为变量值。性别是有多重性质的复杂话题，这个例子恰好表明，测量事物的方式必须经过深思熟虑。

信度

信度（reliability）是指研究工具（如测试）在不同情况下得出相同结果的程度。实际上信度的概念是从心理测量学引入到应用社会研究中的。心理测量学是一门测试人的能力、学识和个性等个人特征的"科学"。我认为信度概念的归宿应是心理测量学。如果要在社会研究中使用这样的概念，会产生沉重的工作负荷，特别是社会研究领域的学生，他们花了太多的时间来思考这个问题，并将其写入报告。因为信度在方法论这个难度很大的领域中相当具体（统计完成后用符号点标注出来的子变量），所以学生有时会如释重负，"哇，这下我可以大干一场了！"然后用上两三页纸，以完全不相关的方式写下信度这个子变量。

当然，如果你正在收集数据，你会希望测量工具在不同时间保持一致。换句话说，如果你对一组儿童进行测试，并在测试后不久再次进行测试，你会期望每次测试都能得出大致相同的结果，这就是所谓的重测信度（test‐retest reliability）。或者说，如果两个人对同一组儿童进行相同的测试，你会发现每次测试的结果都非常相似，那么此测试应具有良好的评分者间信度（inter-rater reliability）。或者你也可以设计一些衡量课堂活动的标准，如"专心"（见第183～185页 Karen 的例子）。如果是这种情况，你需要知道你使用的测量工具是否能准确评估你关注的特征或活动。

当然我们也要意识到，使用任何工具时都可能出现偏差（bias）。例如，教师认定一项测试"有效"，是因为他们喜欢即将被测试的新教学计划。但是，如果教师巧妙或无意识地在这种测试中置入偏差，这就不是测试技巧而可能是揣测评估目的的问题。我们应警惕此类问题（如"有效"测试），并尽量将偏差的影响降到最低。将诸如观察者误差、观察者偏差、主体误差、主体偏差等误差和偏差类型编入测试技术分类法，以转移我们对真正的研究主题的关注，意味着任何类型的个人或社会评估问题都可以通过技术得到"修正"。但在事实上这是不可能的。更糟糕的是，认为可以对评估问题进行"修正"甚至会扭曲测试工具的建构，以至于它们可能被认为是"可信的"，事实上却是无用的。

你可以使用一些公式来帮助确定不同时间和/或不同观察者进行测量而获得一致性结果的系数，该系数是以一个数据来呈现你所使用测量工具的信度。不过根据我的经验，本科生和研究生进行的应用社会研究很少使用这些公式，大多数情况下是不需要使用的。更重要的是，你要注意研究工具是否在测量你想让它测量的内容，而不是测量出一些不相关的或容易被测量出来的结果。例如，将"离开座位"作为"学习不专心"的标志，但学生离开座位时一定是"学习不专心"吗？在两种情况下，如果同一测量工具所获得的结果大相径庭，这真的重要吗？当然重要。同理，虽然氮元素是组成人类生命的重要元素，但人的本质还是有别于氮的本质的。

如果假定信度适用于所有类型的研究，不同类型的研究之间有时也会有混淆，这与抽样调查一样。事实上信度并不适用于所有类型的研究。在阐释研究中，你的解释是基于你自己，访谈那些身为他者的受访者。你是谁，也就是你的"立场"（稍后将详细讨论）会影响你做出的解释。你不应期望别人做的访谈记录与你的完全相同。因此在我看来，阐释研究与信度并无关系。

效度

社会科学研究中的效度有两种含义，但在给出这两种含义之前，我想先阐明一点，我在信度问题上的观点也适用于效度：效度是从心理测量学和实验设计中引入的一个概念，我们讨论任何一种阐释研究时，效度问题都会变得非常突出。稍后我会讨论阐释研究中的效度。

> **备忘录** 信度和效度只对某些类型的研究具有重要意义。不要因为考虑它们而影响你的研究进度。

效度的两种含义是什么？我之所以把这两种含义分开，是因为就如信度一样，有些学生似乎总是抓住效度这个概念不放。除此之外，他们还不理解各效度类型的基本区别（部分原因是在建构测验时，一些细微的区别都需要被列举出来）。

在这里我列举两种效度类型：工具效度（instrument-based validity）和实验效度（experimental validity）。不幸的是，这两种类型的效度已经被混合在一起，而且已经被混淆，以至于现在几乎无法真正理解效度的含义。以下是我简化的版本。

工具效度

对于一种测量工具而言，如一项测验，效度是指测量工具应该在多大程度上测量出它所测的事物。结构效度（construct validity）是工具效度的起源，所有工具效度都以结构效度为中心。结构效度是指测验（或其他工具）的结果与建构理论（建构测量工具时所假定的理论）之间的相关程度，而理论建构正是所要评估的。那么针对 x 获取的测试结果与实际的 x 相关吗？举例来说，如果有人设计了一项有关外向性的测试，那么其测试分数应该与精神科医生对外向性的判断基本一致，在此，精神科医生的判断被认为是对这一人格特质的标准评估（当然这本身是有问题的，但我们不会纠结于此）。你会发现，所有其他形式的效度其实都是结构效度的分支。例如，内容效度（content validity）（它是否涵盖了所有必要的内容）、预测效度（predictive validity）（如智力测验能否测试出聪明人应有的表现）、表面效度（face validity）（它是否看起来正在对受试者进行它应该进行的测量，换句话说，它所进行的测量是否得到一般人的认同）和生态效度（ecological validity），它们实际上都是结构效度的不同方面，除非你正在建构一个心理测验，否则没有必要在脑海里把它们拆分开来。

同样，这里的类型分类法的示例证明了社会科学家对方法论的兴趣多于研究对象。在我看来，存在如此复杂的类型分类法，减少了基于揣测测量目的的一案一评的评估工具的使用。例如，我们可以设计一种智商测试，它的结构效度很高，但可能隐瞒了一般读者一些内容，那就是智商的概念本身是受到质疑的——它是一种被建构出来的概念。将对测量技术的考量凌驾于其他因素之上，乃是一种危险。

实验效度

在心理和社会生活中，有许多可能扰乱实验的因素。实验设计考虑并消除这些影响因素的程度，体现了实验的内在效度（internal validity）。［为什么是"内在的"？别问我，问问坎贝尔（Campbell）和斯坦利（Stanley）（1963）吧，是他们提出的这个词。］化学家们很幸运，他们把一些氮气加压到钟罩里，观察氮气的收缩程度，从而证明波义耳定律。他们不用担心氮气会变老，或者经历过测试，或者因为家庭原因决定退出实验，又或者变成一种不适用于钟罩的特殊氮气等。社会研究人员就没这么幸运了。如果我们要建构一个实验，就必须将以上事情（甚至更多）谨记在心。如果一项实验的建构（设计）方式能够消除所有影响因素，使结论被认真对待，我们就可以说它具有良好的内在效度。

此外，还有外在效度（external validity）。外在效度是指研究结果可以从研究样本推广到整个人群的程度。（精明的读者可能已经注意到，内在效度也必然影响推广，因为一项研究若设计不当，会或多或少影响我们将研究结果推广到整个人群。但使用"外在效度"的人认为，这个词特指我们将研究结果推广到其他人、地点或时间的程度。）在不同的地点和时间，不同的人很可能得出完全不同的研究结果。正如我提到的，在阐释研究中这种不同被认为是其中的一部分，因此在这种类型的研究中提及外在效度不怎么合理。

其中一个特别重要的威胁是误判因果关系的方向。风是树摇动叶子引起的吗？鸡蛋刚好能被放入蛋杯，其大小是母鸡计划好的吗？就如何解释阅读困难的原因时，我在其他地方探讨过第二个问题的因果关系（见Thomas, 2002），当然一定要考虑因果关系的方向。是什么造成了什么的发生？对你我来说，如果有人认为树叶猛烈摇动产生了风，这是多么不可思议的想法。然而对于一位来自另一星球的访客来说，若他从未经历过风，甚至是微风也没有经历过，他就可能被这样的命题打动。然而要发现事物之间的关联性就更困难了，正如发现听觉记忆技巧和早期阅读成功之间的联系一样。我们很容易认为，记忆力是影响阅读能力的因素。但事实上可能是阅读"训练"了听觉记忆，因此实际上阅读效率更高是记忆变得更好的原因。

然而问题往往不是出现在技术层面上。问题通常不在于没有人考虑过是 y 导致 x 而不是 x 导致 y 的可能性，而在于他们基于各种原因中的一个原因，不想去考虑这种可能性。[这样的隐忧在杰拉尔德·科尔斯（Gerald Coles，2000）出版的《错误的阅读：伤害儿童的错误科学》（Misreading Reading: The Bad Science that Hurts Children）一书中进行了精彩的探讨。]

阐释研究的效度

许多从事质性研究（即阐释研究）的研究人员对效度概念提出了质疑：如果样本的充分性等问题是建立在普遍性的假设之上的，而这些假设与阐释研究无关，那么如何恰当地强调这些问题呢？方法论者马丁·哈默斯利（Martyn Hammersley）也认为，对传统质性研究的效度问题进行质疑很重要，应该认真对待。不过他指出，仍然应该有一些方法来评判一项质性研究，确定它是否符合我们评判研究的标准。换句话说，我们应该努力确定它是否真的在发现新知识，是否做到了周密、均衡和公正。他在表 6.2 中列出了具体的评估要点。

表6.2　评估调查结果效度的考虑因素（摘自哈默斯利，2005）

1	主要主张和证据： （1）主要主张合理的程度是否足以让人信以为真？ （2）如果不是，是否提供了证据？ （3）如果是，那么证据是否充分？即既能有力地说明主要知识主张的效度，又足够合理或可信到被接受？ （4）如果不是，是否提供了进一步的证据？ （5）如果是，证据是否充分？等等。
2	研究案例的调查结果与得出的结论之间的关系： （1）如果根据所提供的任意证据，这些都是对某些有限人群的经验性概括，那么这些概括是否合理或可信到足以被接受？ （2）根据所提供的证据，如果它们是有条件因果类的理论陈述，那么它们是否合理或可信到足以被接受？

哈默斯利列出的要点取决于提供的证据质量，以及这些证据在多大程度上支持研究人员提出的所有主张。当然一项证据往往不够充分（因为它可能不是非常有力的证据。例如，法庭上不会将"传言"作为证据），因此我们需要以不同的方式收集其他类型的证据来证实主张。

哈默斯利说，在判断证据时，我们需要确定它是否合理（即它是否与我们已知的知识相符合），或者是否可信，即它是"一种不太可能产生重大错误的生产方式……"（第4页）。因此，对于支持知识主张所需的证据质量，哈默斯利首先考虑的是合理性和可信度。

但是（这里的"但是"很重要），把判断一项质性研究效度的主要标准放在合理性和可信度上，会给评估读者群体带来很大的压力。我们必须判断什么是合理的、什么是可信的，可我们对合理性或可信度的看法取决于研究主题的主流世界观。这种基于流行学术、文化和科学正统观念的观点很可能是错误的。我们要以谨慎的态度来判断什么是可信的。我在其他研究中进一步讨论过这些问题（Thomas，2002）。

实验者效应

始终要谨慎对待引入实验者效应（experimenter effects）的可能性。这些都是你作为研究人员所造成的影响。人们对实验者效应的叫法有多种，主要的两种为霍桑效应和实验者期望效应。重要的是要记住，你在进行研究时可能会出现此类效应，你在计划研究和讨论调查结果时应注意到这些效应的影响。它们在不同类型的研究中表现出不同的形式，这里我只简要介绍两种特别重要的形式。

霍桑效应

霍桑效应（Hawthorne effect）指的是人们因受到关注而改变自己的行为。这种关注似乎能激发热情，同时给研究的情境注入额外的活力，从而可能产生各种积极的效果。这种效应的命名来自霍桑工厂（the Hawthorne Works）——芝加哥附近一家生产电话电子部件的工厂。1924年，美国国家研究委员会派出两名工程师前往该厂进行实验，希望了解改善车间的照明对工人生产率的影响。

他们发现，改善光照度确实可以提高生产率。不仅如此，保持工作台整洁、移动工作台、清理地面，甚至降低光照度等任何改变，都会产生同样的效果。勒特利斯贝格尔（Roethlisberger）和迪克松（Dickson）将这项标志性研究写入研究文献中。对霍桑工厂进行的研究中，后期的讨论集中在为什么生产率会提高，是因为改变了工作安排（这里指的是光照度、长凳的摆放等），还是因为工人得到了关注？答案似乎是工人得到了关注。

设想一个与最初的霍桑工厂截然不同的场景，此处研究人员提到的变化更加明显：当地政府对改善通风和调节空气系统以提高养老院居民的注意力和清醒度的想法很感兴趣。当地政府安排在一家养老院对这一想法进行小规模评估，计划在那里安装新的通风设备，同时安排人对居民的行为进行监测。

想象如下场景：两名年轻的机修工高兴地来到养老院安装通风设备。他们与老先生们开着玩笑，与老太太们调笑，吹着口哨、唱着歌、相互打着招呼，内容大多是打趣新设备将给居住者带来很大的好处。在安装通风设备前期、中期、后期的整个过程，都会有一位随和的研究助理在场，仔细观察老人，并询问他们的感受。答案自然是：我感觉更清醒、反应更敏捷了。难道你没有这样的感觉？研究人员是如何知道通风设备能提高老人的机敏度的？答案是：他们无从知道。研究人员必须设计实验来消除实验者效应，但说起来容易做起来难。至少他们必须察觉到这种效应，并承认这种效应可能影响他们的调查结果。

实验者效应是一种迷人的现象，我们在建构自己的研究和阅读他人的研究成果时，都应时刻牢记这一点。

实验者期望效应

实验者期望效应（expectancy effects）则截然不同，事实上，实验者期望效应几乎与霍桑效应相反，是研究人员的期望带来了这些效应。

你可能用手势、语气、实际问题或言语向研究参与者传达你对调查结果的期望，研究参与者会自觉或不自觉地顺应你给出的引导。社会科学家必须始终对这种引导参与者的行为保持警惕。

推论和普遍性

在日常生活中，当我们对未来做出判断，也就是预测时，通常是基于对过去经验的推论。你会对某些情况下反复发生的事件进行推论——对你来说，这些事件将来还会在同样的情况下发生。你发现，天空没有云就不会下雨，所以你做出了一个合理的推论，即天空中没有云的时候，降水的可能性很小。虽然对事情进行推论在大多数时候能很好地为我们所用，但其并不符合科学在追寻定律和理论时所抱持的期望——这些定律和理论是建立在推论的基础上的，也可以说是推论的加强版。科学家们不能简单地根据普通的推论进行研究。正如伟大的哲学家伯特兰·罗素（Bertrand Russell, 1956: 91）所言，有人认为无支撑的物体在空中会坠落"只是泛泛而论，这种推论很容易被气球、蝴蝶和飞机驳倒"。

罗素在这里要表达的是，尽管推论很重要，但它不能只是基于对生活模式的日常观察而得出的经验法则。科学的推论必须更有力。严谨的推论——能够提供准确预测的推论，是科学进步的基石。只是我们必须找到做推论的方法，推论不只是罗素所说的"简单"推论。

与物理或化学相比，在社会科学中做出合理、准确的推论更加困难。你可能已经注意到，社会现象的特征是人的参与，而问题在于人并不像滑轮那样机械滑动。我们作为社会科学家，关注的事物中人是焦点，而人实际上也与研究的现象分不开。人们有自己的兴趣和热忱，他们会预测事件、会感到无聊、会有竞争和友谊，滑轮却不会这样。因此人的这些变化无常和特立独行实际上影响着社会研究的结果。例如，实验的积极结果可能归功于参与试验者的热情，而不是非凡的创新推动了实验。如果我们在此实验结果的基础上进行推论，就会陷入困境。

最近人们对使用综合拼读法教授儿童拼读产生了浓厚的兴趣，这就是很好的例证。苏格兰的一些小规模研究（见 Johnston and Watson, 2003）表明，学习综合拼读法课程的儿童在阅读和拼写方面取得了显著进步，媒体和政府随即对此表示出很大的关注。当人们对综合拼读法的关注达到顶峰时，教育大臣露丝·凯利（Ruth Kelly）评论道："我很清楚，综合拼读法应是教授所有儿童阅读的首要策略。"

问题在于（现在也是如此，因为政府仍对"策略"情有独钟），人们在证据不足的情况下一概而论。由于创新时通常要投入热情和精力，因此有限的样本很容易出现各种问题。事实上，一项对证据进行更广泛、更系统梳理的综述研究（Torgerson et al., 2006）表明，综合拼读法与分析拼读法的教学效果在统计学上没有明显差异。

如果我们暂时撇开证据不足以偏概全的问题不谈（虽然这是一个不能撇开的大问题），样本的代表性会是更直接的问题：你的样本能在多大程度上代表总体？正如我在上文讨论抽样时指出的，抽样就是更广泛的总体的样本，如果你的抽样不能代表更广泛的总体，那么你能做的推论就非常有限。

要记住，普遍性只有在你想要推论时才重要。如果只对一个研究对象进行个案研究，担心以偏概全就没有太大意义（不过我可以保证，人们确实会担心这个问题）。你不能基于个案进行推论。德国人有一句话"einmal ist keinmal"，大概意思是"只发生一次的事就像压根没有发生过"。虽然我并不完全认同这句话，不过我认同类似的概念，即我们不能从只发生一次的事情中吸取任何普遍的经验。但是我们还需要研究多少个实例才能说我们可以进行推论呢？这取决于很多因素，尤其是你的样本足以作为一个具有代表性的样本。

与社会科学领域的其他事物一样，推论本身并没有硬性规定。毫无疑问，许多人会赞同短篇小说家达蒙·雷恩在《一个可敬的人》（*A Very Honourable Guy*）中的评论："捷足未必先登，强者未必得胜。但就是要赌一把。"换句话说，作为预测未来的方法，我们做出的推论可能远未达到完美，但我们可以在不同程度上利用它们，把它们当作安排生活或诠释研究结果的经验法则。

立场

在阐释研究中有这样一种假设，即知识存在于人与人之间的关系中，有时这被称为情境化知识（situated knowledge）。在这一假设的前提下，从事研究的人在发现和解释这种情境化知识中发挥着核心作用。在这个过程中没有任何人假装冷静客观。相反，假定研究人员，包括他们的信念和由他们的背景和生平历程所形成的态度，都是研究中不可分割的一部分。假定研究人员有自己的立场，而这一立场会影响观察的性质和他们做出的解释。因此研究人员的好恶、背景、娱乐、既得利益和期望，都在研究过程中发挥着核心作用。

研究人员是主动（而非被动）了解研究过程、历史、事件、语言和人物传记等知识的主体。研究人员与研究参与者之间的关系非常重要，因此需要明确说明研究人员的背景，包括阶级、性别、种族、性取向、年龄、想法以及承诺等。

立场是来自传记的一个术语，这类传记特别关注你的身份背景，因为你的身份将影响你看待社会世界的方式。尽管"立场"一词最早是在性别认同的背景下，由琳达·阿尔科夫（Linda Alcoff）于1988年提出，但在现在有关研究的讨论中，立场指的是影响研究人员身份的更广泛的背景因素。这些因素影响着我们对世界的认识和看法。

在介绍阐释研究时，你应该接受自己的主观性，而不是为此感到羞愧或害怕。鉴于其核心地位，你在撰写学位论文时，应充分了解指导开展此类研究的基本原则。因此阐释研究的写作方式与实验研究完全不同。你应该在一开始的引言中就充分讨论你的立场：你自己，你为什么对这个主题感兴趣，你的个人情况如何等。你在写作时应始终使用第一人称，比如说"我认为"，而不是"研究人员认为"。

这一点看似显而易见，但对于开展阐释研究（要求学生将自己置于分析中心的研究）的学生而言，一个常见的错误就是他们撰写研究报告就像刚做完实验一样省略任何有关自己的信息。如果你做的是阐释研究，读者就需要知道：你是谁，你持什么立场——无论是字面意思还是比喻的意思。

有时你研究的主题可能明显受到自身背景的影响，那么可能需要在文章中单独列出明确的立场声明。例如，一位已婚的中年女性持的是异性恋的婚恋观，如果要研究老年同性伴侣的婚姻，那么她的背景、立场的影响就会显现出来，因此在研究中加入明确的立场声明会很有帮助［正如亨布尔（Humble, 2013）所说，我也是从他那里借鉴了这个示例］。

三角测量法

三角测量法是从测量学和几何学中借用的术语，指的是使用三角形组织的固定参考点来进行位置的测量。只要知道三角形的一个角和两条边的长度，就能准确计算出第三条边的长度，并能校验和交叉校验距离。

在社会科学中，三角测量法只是以一种隐喻的方式被使用，它起源于地理学和测量学。然而并无限制在研究中一定要使用三角测量法，或是事情必须以三角测量的形式完成。相反，这个词用来表示从多个角度看事物比从一个角度看事物要好。本能的不确质性——批判意识——应该是优秀社会科学研究者的标志，另一种观点或另一种分析方法可能让你决定推翻你在第一次分析调查结果时做出的解释，或者它可以鼓励你对第一次分析做出的解释更加自信。因此用多种研究方法或从多个角度看待问题，有时在研究的一开始就被嵌入了研究中。

例如，假设你对文科生和理科生喜欢的流行音乐类型感兴趣，并假设文科生比理科生更喜欢"轻"音乐。为了验证这一点，你可以选择 20 个摇滚乐队，将他们分为（喜欢）轻音乐和重音乐两类，如拱廊之火（Arcade Fire）属于"轻"音乐类型，滋滋托普（ZZ Top）属于"重"音乐类型。文科生和理科生对这两类音乐的反应有什么不同吗？三角测量法就是用不同的方法来观察他们的反应，你可以这样做：

- 发放调查问卷，让学生评价自己的喜好。
- 给他们播放各种音乐的片段，观察他们的肢体语言。
- 从问卷调查群体中抽取一个样本进行访谈，进一步了解从问卷调查中收集到的想法。

这就是方法论研究专家诺曼·丹津（Norman Denzin）所说的三角验证（methodological triangulation）的示例，即使用一种以上的方法来收集数据。不过丹津概述了几种三角测量类型，包括调查者三角测量法，即不止一个人进行解释和分析，以及理论三角测量法，即可能利用不止一个理论框架进行解释。

关于使用三角测量法的必要性，众说纷纭。一些阐释研究者认为，一项阐释研究本身就具有价值和完整性。它不需要其他类型的研究来验证。作为一种单一的研究，其本身就具有完整性。对单独完成的单一个案的完整性进行论证，本身就颇具说服力。但在我看来，证实"互证"需要有其他类型的证据且每种证据相互证明，这种论证更有说服力。而三角测量法实际上就事关互证。我已在第21页讨论了互证的重要性。

立场：说出"你是谁"以及"你从哪里来"。

三角测量法：从不同角度以及使用不同的方法看待事物。

设计框架

探讨了研究设计中的一些普遍议题后，现在我们将研究重点放在利于计划、建构以及组织研究的设计框架上。

行动研究

行动研究（action research）指由从业人员（如教师、社会工作者、记者、律师、图书管理员、护士、医生等）开展的研究，旨在推进其所在领域的工作实践。通常行动研究在工作实践中进行，其核心目标在于改变，强调以最恰当的方式解决问题。

行动研究的设计非常灵活。最初，你有明确的假设，随着研究的深入，你将重新审视自己的研究目标、假设、信念和实践，进行批判性思考，然后进行相应的修正。

行动研究可以由个人或团体来完成，也可以通过咨询合作完成，如咨询大学教师。因此行动研究有时被称为"参与式行动研究"。换句话说，其假设是行动研究的方式与传统认为的社会研究方式不同，即也作为研究对象的研究者完成了研究。研究主要由"研究对象"或从业人员加上他人的帮助完成。

行动研究的想法源自伟大的社会心理学家库尔特·勒温（Kurt Lewin）。他在论文《行动研究与民族问题》(*Action Research and Minority Problems*)(Lewin, 1946)中对社会研究进行了批判。他认为"研究除了出书,毫无贡献,这远远不够"。他将行动研究描述为"研究引导社会行动",采用"螺旋式流程",其中每个流程由"计划、行动以及从行动结果中发现事实"构成一个周期(如图 6.3 所示)。

图 6.3　行动研究的基础

行动研究的基本思想是基于对问题和解决问题方法的反思,不断完善你的思维(这个过程如图 6.4 所示)。因此,行动研究有点像线圈或弹簧,你通过反思自己的行动和做出改变,在线圈上(即在螺旋循环中)不断前进。

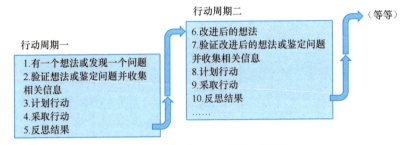

图 6.4　行动研究:螺旋式流程

过去这些年有许多与行动研究相关的著作,关于行动研究应采取何种方式,也有许多不同的观点。我个人认为,行动研究具有四个基本的核心理念,具体如下。

- 研究应该由从业人员在自愿的情况下完成,而不是遵从别人的意愿去完成。
- 研究主要是为了推进工作实践和提高从业人员的能力。
- 研究需在反思的基础上做出改变和采取行动。
- 研究是基于自己的研究发现,利用计划、反思和再计划不断向前推进的过程。

除此之外,你还可以采取任何你想采取的方式进行行动研究。事实上,麦克尼夫(Jean McNiff, 2017)认为,行动研究是一种强调"对话形式"多过某种技巧的研究,是从业人员的自我思考和自我选择,询问自己应该做什么,并接受自己的行动后果。

我认为,麦尼克夫总结了行动研究的精神。此外,行动研究几乎可以采取任何形式。例如,你可能希望在某个行动研究框架中做一项小型研究,开展的行动研究也可以是个案研究,或者其中包含某种评估。

例 6.1
行动研究

艾米莉（Emily）是一名刚获得历史教师资格证的教师，在市内一所中学任教。她教的一名九年级学生拉希德（Rashid）脾气暴躁、性格孤僻、沉默寡言，一遇到挑战，就变得有攻击性，甚至对老师和同学实施暴力。上学期期末，他拒绝在课程结束时上交钢笔，劝阻的过程中，他推开艾米莉离开教室，因此被学校暂时停课。

为了取得硕士学位，艾米莉同时在当地的大学就读，她决定针对拉希德和其他有挑衅行为的学生进行一项行动研究，该项目研究框架的设计旨在改进教学实践，减少学生对抗性事件发生的频率，行动研究计划详见表6.3。

表 6.3　周期流程

	行动研究流程	问题/议题/行动（简要说明）
1	明确问题	来自学生的，特别是来自某一位学生的对抗性行为发生的频率
2	验证想法或鉴定问题并收集相关信息	这只是在艾米莉身上发生的问题吗？在多大程度上问题是由她造成的？是学校的问题还是学生的问题？阅读关于挑衅行为的相关文献；询问同事在类似情况下，对拉希德和其他学生采取了什么措施？
3	计划行动	明确你所说的"挑衅行为"是什么。对挑衅行为的发生频率进行记录，并撰写相关日志。挑衅行为何时发生？在什么情况下发生？ 计划增进与学生之间感情的方式（包含有挑衅行为的学生和无挑衅行为的学生）。列举出挑衅行为发生时需采取的行动
4	采取行动	采取步骤3中计划的行动
5	反思结果	检查记录和日记。思考采取行动后产生的影响。什么行动有效？什么行动无效？与同事、督导、顾问或导师讨论。进入下一个行动周期

在行动研究过程中，艾米莉遇到了很多问题。例如，关于第2点，有必要重新考虑挑衅行为的本质和产生原因。在落实第3点的过程中，她分别与年级主任和大学导师进行了讨论，之后产生了一些新想法，大学导师建议她尝试以某种方式与拉希德建立起一种特殊的关系。拉希德对一堂关于第二次世界大战中疏散人群的课感兴趣，艾米莉利用这个难得的机会，询问拉希德的叔叔是否愿意给她发邮件，讲述他曾作为疏散工作人员的经历，拉希德的叔叔很乐意这样做，从而促成了一段不太可能的网络友谊。同样对于第3点，艾

米莉的年级主任帮助她制定了一份清单，列出了一套面对儿童肢体挑衅行为时可采取的恰当和不恰当的行为。

完成这个"周期流程"，在最后反思行动结果、了解了前一周期流程中哪些行动有效和哪些行动无效后，艾米莉才能进入下一个周期流程。对艾米莉为他所做的努力，拉希德当然给予了回应，并开始付诸行动，即使没有热情，但也多了一些礼貌和尊重，人也开始变得温和。完成第一个周期流程之后，艾米莉考虑了很多可行的行动。

例如，艾米莉想知道对拉希德采取的行动在多大程度上与班级内其他学生相关并能进行推广。因此她决定开展小型焦点小组研究，涉及几个小组，每组三到四名学生，并提供各种焦点材料，包括报纸和杂志等以供讨论。基于此，她试着像对待拉希德一样对待其他学生，找到他们的兴趣所在，并利用这一点增进与学生之间的感情。

一些反思让艾米莉意识到，作为研究的一部分，她与拉希德建立的特殊关系格外特别，甚至在她随后计划的焦点小组研究也是如此。考虑到这种特殊关系可能给班级里其他学生造成额外的困扰，所以，在进入下一个周期流程前，艾米莉也和班级里其他同学一起开展了一些特别活动。例如，学期末她带着班上一些能够保持安静的学生去了当地博物馆。

个案研究

个案（case study）研究是指对一个个案或少数的几个个案进行深入研究。这个个案可能是一名儿童、一间医院病房、某个时期、一件事、一家企业、一个社会服务部门，诸如此类。个案研究的目的在于通过详细审查个案的各个方面，获得对个案丰富且详细的理解。你所收集的数据可以来自研究问题的不同方面，这些数据——可能来自统计资料、访谈或非正式的观察——可以组合起来讲述你最后完成的个案故事。在个案研究中，混合研究方法通常很重要：它包括各种必要的方法和程序，以此来了解特定情况下发生的事情。因此个案研究如同一把伞，涵盖了整个调查活动。

个案研究并没有暗示你这个个案可以推广到其他个案。你怎么可以这样做？这只是一个个案。换句话说，你研究这个个案并不是为了了解其他个案，而仅仅是为了弄清楚此个案本身。研究方法学家马丁·哈默斯利（Martyn Hammersley，1992）认为，选择一个个案（或少数个案）需要权衡利弊。为了获得更多细节，你选择了一个非常有限的样本，却牺牲了广泛推广到更大总体的机会。

重要的是，要注意你不能为了研究某个特殊个案而开展研究。个案不只是一个故事，它必须阐明某些理论点，它必须是某些事物的个案。从某种程度上说，它（个案）解释了"某些事物"。维耶维科（Wieviorka）（1992：160）认为：

> 要使"个案"存在，我们必须确定一个特征单元……必须对这个单元进行观察，但它本身没有意义，只有当观察者将它归入一个分析类别或理论时才有意义。仅观察一种社会现象、历史事件或一系列行为是不足以将其称为"个案"的。如果你想要谈论"个案"，你也需要运用一些方法解释其行为或将其置于特定的背景下。

例如，作为一名政治学学生，假设你对"正义战争"（认为某些战争在道德上是合理的）的概念感兴趣。在此背景下，第二次世界大战是经常被援引的一次战争，一些著名的和平主义者如伯特兰·罗素（Bertrand Russell）基于这场战争以及战争所战胜的邪恶势力，改变了他们对和平主义的看法。

现在我们可以把第二次世界大战作为正义战争的个案研究。然而，"第二次世界大战——个案研究"本身并不是真正的社会科学个案研究，"第二次世界大战——正义战争个案研究"才是。在后者的个案研究中，你可以借助第二次世界大战研究和阐明正义战争的概念，可以研究让这场战争成为"正义战争"的特征。

> **备忘录** 个案研究主要包括两个部分：① 研究对象；② 一个分析框架或研究目标。

在其他部分（见本章"拓展阅读"部分），我运用维耶维科的区分方法，指出了个案研究的两个必要部分：研究对象和研究目的。研究对象指研究个案本身（我所列举的示例是第二次世界大战），而研究目的是分析框架（正义战争的概念），即研究对象从某些方面举例论证和阐述——研究第二次世界大战，使分析"正义战争"成为可能。表6.4列举了更多示例。

表6.4 研究对象和研究目的

研究对象	个案研究
·史密斯夫人的地理课	·一堂好课
·自3月15日起，每周六天的《环球日报》社论	·报社老板对社论内容的影响
·位于市中心的儿童医院迪尔比病房	·高效运作的儿童病房
·猫鼬亚历山大	·广告中运用个性和故事情节的典范

> 右栏为个案研究目的，这正是研究对象（左栏）需要阐述的内容。

因此，个案研究就像胶囊的两半——每一半、每一种成分都是另一半发挥作用的必要条件，正如图 6.5 所示。

图 6.5　个案研究的两部分

选择一个个案研究的对象

个案研究需要一个研究对象和一个研究目的。你如何确定研究对象呢？选择一个特定对象进行个案研究有三个主要原因。第一，你之所以选它，是因为你非常了解这个正在考虑中的个案，你想要了解研究对象的特征。第二，你之所以选择它，是因为它是一个特别好的例子——它可能不是你的亲身经历，但具有代表性，或众所周知，可以提供大量相关信息。第三，你选择的个案可能揭示一些有趣的事情，因为它有别于其他常规个案。

我将个案研究分为三类：地方知识个案研究、主要个案研究和离群个案研究。不论你选择哪种个案研究，你选择的原因都是其研究对象能帮助你清晰地审视自己的研究目的。记住，研究目的指你为什么要做这项研究。研究对象从某种意义上说只是帮助你"获取""拆解"和阐述研究目的的工具。表 6.5 举例说明了如何形成不同类型的个案研究课题。

表 6.5　不同类型的研究对象以及这些对象如何产生不同类型的研究目的

研究对象类型	研究对象	原因	研究目的
地方知识（个案研究）	你所在班级	你很了解自己所在的班级	国家考试制度对课程的扭曲影响
主要（个案研究）	纽约霍斯托斯-林肯学院	这是一个众所周知的成功个案	低收入家庭学生取得优异成绩
离群（个案研究）	位于印度的喀拉拉邦	它与其他低收入州和国家不同，婴儿死亡率低	印度经济学家阿马蒂亚·库马尔·森（Amartya Sen）提出以"扶持型"方法来改善社会条件

采用哪种类型的个案研究

我不愿把问题说得太复杂，只要你明白研究对象和研究目的之间的区别。换句话说，你要意识到个案必须以某件事为例，如此才可以进行个案研究。不过，如果你想进一步思考潜在的研究类型，你可以考虑多种选择。

单一或多元个案研究

个案研究的对象可能包含一个以上的要素，如此——也就是说，如果有两个（或几个）个案——那么每个个案便不那么重要，重要的是每个个案与其他个案之间的比较。例如，研究两所学校利用来访教育支助服务的能力差异。通过对比两所学校的"履历"——如学校历史、服务范围、教职员工关系和其他特点——可以了解影响接受和利用教育支助服务的相关动态原理。研究重点不是某所学校的人际关系性质和形式，而是这所学校和另一所学校之间的差异，以及与这种差异相关的重要动态原理。

边界和形式

单一或多元研究对象的选择决定了个案研究的形式。单一研究对象的个案研究不涉及比较，基本上有三种形式，其中研究对象的特征会受某种形式的限制。个案研究者注意到变化的发生并寻找其前因后果。我们必须找到贝克尔（1992：209）所说的"步骤序列"，结合时间来了解原因，"从时间来看，每一步都被理解为随后一步的铺垫"。在此过程中，我们不仅要推测一件事与另一件事之间的关系，还要推测因果关系如何随着时间的推移而变化，因为其他因素在此情况下也会发生变化。

利用时间的方法有很多种，基于此，我认为（借鉴其他评论家的观点）可将个案研究分为三类：回顾性个案研究、快照式个案研究、历时性个案研究。

- 回顾性个案研究最为简单，涉及收集与过去任何一种现象相关的数据。研究者需回顾某一现象、情况、人物、事件等，或研究它们的完整性。
- 快照式个案研究是在一个确定的时间段内对一个个案进行调查，如当前发生的一件事，一个人一天的生活，一段婚姻一个月的日记。不论是一个月、一周、一天，甚至一个小时的时间，对这些事件发生的时间进行记录将有助于个案分析。随着镜头的推进，画面在一个确定的时间范围内呈现为一个整体。
- 历时性个案研究展示了随着时间流逝而发生的变化，揭示了变化产生的过程以及原因。

对于涉及多元研究对象的个案研究，研究人员还要考虑其他特点。如何对不同的研究对象进行比较？主要有两种方法。第一，对明显不同的个案进行直接比较，即简单比较（simple comparative）研究。第二，比较一个个案中的多个要素，换句话说，比较嵌套的要素。嵌套研究是在更大的分析单位内进行细分，例如，医院（更大的单位）内的病房（嵌套元素）。嵌套研究有别于简单的比较研究，因为它是从涉及面更广的个案中获取完整性和整体性。例如，一家医院有三间病房，但如果这家医院除了有这三间病房外没有其他要素带来的重要性，那么对这三间病房进行个案研究就不会被视为嵌套研究。要素之所以嵌套，是因为它们构成了更广泛视角的不可或缺的部分。

多元研究可以进一步细分为平行（parallel）研究和连续性（sequential）研究。在平行研究中，所有个案都是同时发生的，研究也同时进行；而在连续性研究中，个案是连续发生的（一个接一个），并且假设上一段时间或一个间隔期内发生的事情以某种方式影响下一段时间或一个间隔期内发生的事情。图 6.6 总结了进行单一或多元研究时所做的选择。

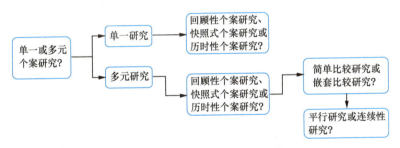

图 6.6　选择单一或多元个案研究

我在《如何进行个案研究》（*How to Do Your Case Study*）（Thomas，2021b）中详细探讨了这些个案研究的类型以及进行个案研究时所做的选择。

例 6.2
个案研究

罗宾（Robin）在一所小学教六年级的学生，今年是他任教的第二年。去年在美国学术能力评估考试（SATs）（即小学升初中考试）之前，他注意到学生有些焦虑不安，学生缺席和生病的情况增多，面对这种普遍焦躁状况，他说不出问题之所在。他决定在下一轮 SATs 期间对自己的班级进行个案研究，详细了解学生和教师对这些评估的态度和反应，并将这个研究项目作为大学课程的一部分。研究始于一个念头，即这些行为变化与此项全国性考试之间的关联性，他知道他的个案研究要将以上两者联系起来。

由于政府考试制度对六年级学生的影响最为直接（因为此时正是参加 SATs 的年龄段），罗宾知道，在学校所有教师中，他自己对评估影响的看法最为重要。罗宾特别担心学生的情绪受到影响，因此在 SATs 之前的 6 个星期内，他一直在写日记，记录他对学生行为的印象以及他自己在这段时间的感受。罗宾决定每天下班后花 15 分钟写日记，这样就能写出 30 篇日记（6 周×5 天），供后续分析使用。罗宾还决定重点关注班上的 5 名学生，并在同一时期对他们的学习和行为举止进行密切、非正式的监督。罗宾会记录学生的学习、出勤和守时情况，每周至少与每位学生简短交谈一次，询问他们的学业和感受。然后罗宾会在录音日记中记录与学生交谈时的印象和他们的感受。

虽然 SATs 对他所在班级的影响最直接，但是罗宾怀疑这种考试文化会对整个年龄段的学生产生影响，因此他决定采访学校里所有教师，了解他们如何看待 SATs 对自己工作、对学生学习态度的影响，哪怕是非正式的影响。

罗宾的分析侧重于从数据中获取主题，例如，孩子们的焦虑以及他本人和其他教师的规范化教学风格。他将这些主题与政府部门及其机构向教师传达期待获得 SATs 成功的方式关联起来，也将这些主题与期待考试成功所隐含或明示的信息联系起来。

根据我对上述个案研究的分析，可以说罗宾的个案研究是一项关于地方知识的个案研究，是一项单一个案研究，是一项快照式个案研究。

个案研究的经典范例有斯蒂芬·波尔（Stephen Ball，1981）的《海滨综合学校》（*Beachside Comprehensive*）和科林·莱西（Colin Lacey，1970）的《海特镇文法学校》（*Hightown Grammar*），分别详细分析了一所学校在一段时间内发生的事情，詹姆斯·帕特里克的《格拉斯哥帮派观察》（*A Glasgow Gang Ovserved*）则基于一位渗透进某个帮派的年轻人的视角详细叙述了帮派中发生的事情（我在本书 117 页详细讨论了帕特克里所做的研究）。这些都是博士生的论文研究，虽然大多数学位论文研究不要求像上述作者研究得那么详细，但阅读他们的著作还是大有裨益的——波尔和莱西的著作为我们提供了可以学习的数据收集范例，以及将个案研究工作与国家政策巧妙联系起来的方法；帕特里克使用的参与研究及报告的话语风格很独特，让研究论文读起来像一部小说。

阐释现象学分析（IPA）

阐释现象学分析（IPA）侧重于对特定个案进行详细分析，与个案研究类似。事实上，IPA被视为个案研究的一个分支。IPA与个案研究的主要区别在于IPA的支持者主要将IPA作为一种心理学研究方法来介绍，即IPA是以人为本，研究人员试图详细研究人们生活中的关键经历。个案研究的对象可以是一个人、某件政治事件、一种组织形式或其他任何东西，而IPA的侧重点一定是人和他们的经历。

IPA的目的是深入研究经历，或如史密斯等人所说（2009：1），是去研究"当日常生活的体验流（flow）对人们具有特殊意义时会发生什么"。这通常出现在我们生活中发生了重要事情的时刻。里德等人（Reid et al., 2005）指出："例如，幻听或慢性疼痛是一种什么样的体验？"我们如何才能更好地理解人们在安全性行为、基因检测、药物使用或进行危险运动等问题上做出的决定？里德和她的同事们说，诸如此类经历如心理学上的面包和黄油（即对心理学来说不可或缺），IPA则有助于回答此类问题。

在个案研究中，数据收集和分析的重点是折中主义——最好把个案研究设计框架视作一把伞，涵盖不同的技巧和工具。但是在IPA中，数据收集侧重于研究者的解释，即IPA研究者对研究参与者的想法及其解释进行解读。在这一点上，可以说他们在进行"双重解释"，解读研究参与者的想法并对其解释进行解读——用自己对世界的理解来理解他人的想法和思考。IPA研究者之所以能进行理解和分析，是因为研究者拥有作为人类的巨大优势——与其他人分享各种形式的经验，因此能够感同身受、理解和感悟他人的体验。IPA研究者与所有优秀定性研究者一样，不会否认自己的人性，也不会假装客观性。相反，他们基于自己的人性和主观性进行研究。因此在研究中讨论他们的立场尤为重要。

不过IPA并没有特定的数据分析和收集方法。IPA研究者运用定性数据收集和分析的标准步骤（如本书第8章所述），侧重于一位或数量有限的研究参与者（最多15位）的经历。

因为强调语言、思想、感受和解释，所以访谈是数据收集的常用手段，用于"倾听"以及尝试理解参与者在反思重大事件时的想法。

然后，对此进行的分析就被"转化"为一个故事——一种说明性引用叙述，包含参与者在访谈中的言语。

如果强调解释，那么我们就要重视参与者的言语和思想，并试图理解、说明且进一步阐释他们的言语和思想。如果参与者不止一位，就需要对不同的经历进行对比或综合。

例6.3包括拉金（Larkin）和格里菲斯（Griffiths）关于娱乐性药物使用的论文摘录，其中既引用了研究参与者的言语，又包含了研究人员对参与者言语的阐述。

例 6.3
阐释现象学分析

我曾经坐在那里想："哦，天呐！他们把我遗忘在这，其他人都被这件事冲昏了头脑，我……我只是……我并不想成为他们中的任何一个——但是，我不认为这是影响我尝试的真正原因。呃……我认为，这只是我对吸毒的看法发生了变化……而且吸毒越久……嗯，第一次和我一起吸毒的人与一直不让我吸毒的人是完全不同的一群人。"（艾莉森，毒品吸食者）

前面的摘录说明，参与的意义不仅是摄入某种物质，还是对某种身份的认同，也给予吸毒者在特定文化框架内发声的机会。在这段陈述（以及其他陈述）中，我们清楚地认识到，纯粹为了顺从他人或融入其他人群而行事在某种程度上会给自己带来不利。因此艾莉森在这里谨慎地表示，与之前吸毒相比，她现在多了一些主动权（"我认为这只是我改变了对吸毒的看法"）。因此，身份认同和融入问题与开始吸毒和持续吸毒密不可分。

来自拉金和格里菲斯的研究（2004：222）

以上部分节选自拉金和格里菲斯的 IPA 研究，从中我们可以清晰地看到对引文的巧妙应用（我说的"巧妙"，是指不能只有引用而缺少评论或解释，相反，引文之后要有具体的相关解释）。艾莉森说："其他人都这样做，你知道，见鬼，你知道吗？"这些话表明她正试图摆脱之前的自己。早些时候她一直表达要依靠他人的帮助、对他人有依赖，现在她似乎正从中走出来，表示自己有一些自主权，或正如拉金和格里菲斯所说的"主动权"。

民族志

如果你进行民族志（ethnography）研究，那么你正处于阐释研究的中间位置（114页），采用的是最纯正的阐释研究方法。令人困惑的是，其设计框架可涉及"个案研究方法"，但正如我们所见，个案研究涵盖的研究方法远不止这一种。

术语"民族志"源于社会研究领域，于20世纪早期作为人类学（人类学旨在研究人类及其文化）的分支而出现。民族志的演变可视为对以不当方式研究其他文化和社区的回应，而

> **备忘录** 民族志学者在情境中进行研究。他们尝试将自己变成所研究情境中的一部分，使自己能像情境中的其他"参与者"一样理解情境。

在20世纪20年代以前，这些文化和社区几乎被人类学家视为科学的研究对象，撰写的文章往往是一种判断，带着西方读者的道德视角。如果你对此感兴趣，可以阅读斯蒂芬·杰伊·古尔德（Stephen Jay Gould，1996）的著作《人类的误测》（*The Mismeasure of Man*），了解一些人类学"科学家"是如何通过比较不同种族间头骨的大小和形状来完成他们的研究的。后来新的民族志取代了这种研究方式，旨在通过与人们一起进行实地考察来深入了解他们如何理解生活，而不是对他们进行所谓的客观研究。20世纪中叶，民族志代表人物詹姆斯·斯普拉德利（James P. Spradley）认为：

> 实地考察……涉及的是一种经过严格训练的研究，旨在了解：对于学会以不同方式看、听、说、思考和行动的人而言，世界是什么样子。民族志不是研究人，而是向人学习。民族志学者也不是在收集关于人的"数据"，而是在寻求……被人教导。（詹姆斯·斯普拉德利，1979：3；原文中的要点）

斯普拉德利引用了美国年轻的民族志学家伊丽莎白·马歇尔（Elizabath Marshall）的例子。马歇尔对卡拉哈里沙漠的布须曼人（Kalahari Bushmen）的文化感兴趣，并于20世纪50年代与家人一起前往卡拉哈里（Kalahari）。她描述了自己与一位年轻女士的见面过程，具体如下。

> 这时，她笑了笑，把手放在胸前说："Tsetchwe。"这是她的名字。
> "伊丽莎白。"我指着我自己说。
> "Nisabe，"她跟在我后面念道，并优雅地点了下头。她仔细地打量我，但并没有盯着我看，因为这在卡拉哈里沙漠的布须曼人看来是粗鲁的行为。为了确定我是女性，她庄重地将手放在我的胸前，确认我是女性后，她又庄重地摸了摸自

己的胸……"Tsau si"（女性），她说。（引自詹姆斯·斯普拉德利，1979：3-4）

你可以从马歇尔记录的这个简单例子看出，民族志学者的目的是从研究中理解、尊重与她一起工作的人，虽然彼此不同，但平等对待。詹姆斯·斯普拉德利（1979：3）将民族志学者的实地考察（fieldwork）描述为"提出问题、吃奇怪的食物、学习新的语言、观看仪式、做实地考察笔记、洗衣服、写家书、追溯家谱、观察游戏、访谈合作者等，还有数以百计的其他事情"。（不过请注意，现在"实地考察"的含义要宽泛得多，包含任何实质性的实证研究。）

他接着指出，要让 Tsetchwe 去威斯康星州（Wisconsin）的一个小镇尝试了解当地文化，她就必须做伊丽莎白所做的一切，这意味着首先（也是最重要的）要放弃现实主义中的一个天真信念，即"爱情、雨水、婚姻、崇拜、树木、死亡、食物以及数以百计的其他事物本质上对所有人类都有相同的意义"。（Spradley，1979：4；原文中的要点）

为了理解这些现象在另一种文化中的意义，民族志学者必须努力忘却这些现象在自己文化中的意义。当然这很难，而且这通常意味着他们要长期沉浸在自己所研究的文化之中——学习新的语言、不熟悉的习俗和做法——努力理解在该文化背景下意义是如何产生的，又是如何被赋予的。为了弄清楚这一点，民族志学者必须利用自己作为人的资源，诚如伯吉斯（Burgess）（1982：1）所说："社会调查的主要工具是研究人员。"作为一名民族志学者，我们不会试图否认自己的个人知识或将其搁置在一边，尽管我们可能期望你以全新的视角来看待你所面对的场景。

研究者本人是研究过程中的核心（并且你根本不需要尝试让自己变得"客观"），你必须使用你所掌握的有关人类、社会系统、结构以及它们如何彼此关联的知识，而不是排斥这些知识，并以"跳出自我看问题"的方式运用这些知识。比如，你可以通过人类学家克利弗德·格尔茨（Geertz）的深描（265页）来做到这一点。换句话说，看看是什么把抽动眼角解读成了眨眼或者模仿眨眼。用你对人类的理解来了解你聚焦的研究情境，并告诉读者你是如何做到这一点的。

再者，把自己定位为调查工具，这意味着你将参与到你正在观察和研究的情境中，这就是为什么参与式观察（participant observation）经常与这类研究联系在一起。换句话说，你并不是要脱离研究或隐身，相反，你的目标是参与其中、全身心投入并从中获得启示。但是，参与式观察并不局限于纯粹、简单的观察。

参与式观察当然包括观察，但也包括访谈、倾听对话、写日记、做笔记等任何有助于记录和了解情况的举措。

关于民族志的写作体裁有一个有趣而简短的例子，可参阅克利福德·格尔茨的论文《深度游戏：关于巴厘岛斗鸡的叙述》（*Deep play: Note on the Balinese cockgflight*），可以通过你喜爱的搜索引擎在线查阅（或参考本章的"拓展阅读"部分）。

现在民族志在一些特定类型的应用社会研究中备受推崇。事实上，应用社会研究中最有影响力的研究都具有民族志特征。然而，开展小型民族志项目研究与我所列举的经典研究例子存在很大差异。首先，你不太可能像这里提及的专业人类学家一样，进入一个不熟悉的文化中进行研究。相反，你可能进入一个非常熟悉的情境。事实上，你感兴趣的情境可能与你息息相关，在其中你可能是一名雇员或常客。其次，你没有时间像专业人类学家那样沉浸其中，但由于你已经非常熟悉其中的情境，也没必要那样沉浸其中。这样的话有优势，也有不足：你可能熟悉这个"舞台"，并且是这个"舞台"上公认的"演员"，但这意味着你必须付出更多的努力，以全新的视角看待这个"舞台"。尽管你沉浸于自己的研究世界，与"传统的"人类学沉浸式研究有所不同，但除此之外，二者的背后，即民族志研究的理论依据是相同的，都与参与、投入、深描和理解有关。

例 6.4
民族志

三年前艾米（Amy）获得了教师资格证，现在她是市内一所大型综合学校的数学教学主任，但她希望能调到学习协助中心。艾米决定对学校的学习协助工作方式进行研究，并将其作为她教育硕士学位论文研究的一部分。艾米希望了解学生如何看待学校提供的学习协助服务，了解学习协助中心能为学生提供什么协助服务。她特意询问了学校的学习协助中心是否有一些方法可以提高学习协助服务的质量。

艾米将自己的研究项目定为研究学习协助工作的民族志：学习协助工作如何起作用？学生和教职员如何看待和理解学习协助服务？她与学习协调中心的主任协商，利用部分日常非上课时间在该中心担任助理。艾米要求在这些时间里被当作助教，并保证只在与她的数学教学没有交集的班级内进行这项学习协助工作。她参与学习协助中心的工作还包括参加部门会议，以及每周在两节课中担任参与观察员，一节是科学课，一节是语言课。

艾米为此做了充分的准备，她认真计划以便观察她所进入的每一个场景。她决定在观察时不做笔记，以免在上课过程中影响学生和教职员工回应她的方式。不过她会在每节课后立即（尽快地）写日记。她还将对学习协助员工中的教师以及工作与学习协助服务有关的两名助教进行非结构化访谈，让这些工作人员自由地表达他们对学习协助工作的看法。此外，她还将采访四名学生，从她担任参与观察员的两门课中选两名学生。她也会在学校四处走动，倾听任何可能提供线索的评论，留意任何可能提供线索的行为，以了解学校师生对学习协助服务的看法。学习协助服务真的被视为包容所有学生的一种方式，还是被视为只处理"特殊需要"学生问题的一种方式？

以下是艾米日记中的一段摘录。

我又去了香特尔的班级，因为之前一直和学习协助中心的主任在交谈，所以去得有点晚。关于开展团队教学的想法，我还没跟香特尔详说。在上周的会面中她太紧张了，以至于没有谈到这个话题。这周我来的时候，情况似乎也差不多。香特尔正在上课，孩子们像上周一样一边上课一边打闹。

香特尔举起一个装有漏斗的小玻璃缸，漏斗倒置过来罩着某样东西（我认为是一棵小植物），并将它与另一组类似的物体进行比较。学生需要对比这两组物体并说出它们的不同。

学生：那个里面水更多。

学生：有一个全是灰尘——呃呦。

这节课是为了呈现植物会吸收二氧化碳。

学生：那些灰尘就是二氧化碳！

解释的过程中又出现了一些无关紧要的插曲。

学生：谁有橡皮？

这句话对课堂造成了较大的干扰，以至于香特尔最终失去了耐心，她提高了音量。这对学生产生了一些影响，他们暂时安静下来。她趁此机会告诉学生：好的，我们要保持安静两分钟——谁也不许说话。

学生对此的反应是：他们现在清楚了规则和对他们的期望。我再次感到自己多余——不仅多余，更糟糕的是，我的存在让情况变得更加复杂，也许助教宝琳（Pauline）也处于类似的处境。要做一些事情解决遇到的各种问题，对此她一定觉得有些拘谨。同样，我觉得我没办法在不让事情变得更糟糕的情况下对突发的情况进行干预……

艾米运用多种方法分析她的研究结果（其中一些方法在本书第8章进行

了介绍）。她进行分析主要是为了了解学校师生如何看待和理解学习协助服务，因此她认真尝试从信息员的视角来获取学校师生对学习协助的看法，而日记中她的反思也会中和并影响着这些看法。虽然其中的每一个要素都是独立的，但每一个要素都为其他要素提供了信息，她在讨论中对每一个要素的分析进行了整合和归纳。

艾米进行民族志研究时可能遇到的问题：当日记中有暗示同事持批评态度的评论时，她将如何使用所记的日记？

民族志实地考察记录

对于研究新手来说，民族志最难的地方在于缺乏结构性，这种结构性似乎能够包罗万象。在写民族志实地考察记录时，你可能面临"白纸综合征"——我该从哪里开始？我到底能写什么？——或者反过来——要写的东西太多了，而且都无关紧要！

斯普拉德利（Spradley，1980）建议将实地考察记录的重点放在描述性观察的九个方面，以此作为解决此类问题的有效指南，具体如下。

（1）空间：实体场景是什么——房间、房子、会面地点等？

（2）参与者：有哪些人参与其中？

（3）活动：参与者有哪些行为、举止和"表现"？

（4）物体：空间中有哪些实物？参与者使用了哪些实物？

（5）行为：参与者产生了哪些行为？

（6）事件：活动和行为（如会议）发生的背景是什么？

（7）时间：事件发生是否有先后顺序？

（8）目标：参与者是否有想要实现的目标、追求或目的？

（9）情绪：参与者表达了什么情绪？

你不必公式化地使用这份清单，也不必总是涉及所有的维度。相反，把它当作一种工具、一份备忘录，用于帮助你聚焦研究。例如，在"时间"上——也许可以看看某种特定事件是否总遵循同一个顺序；也许当那位自诩为办公室小丑的人大声讲出一个"笑话"时，办公室里其他人员总是发出抱怨声，随之而来的是某种躁动不安，这几乎会把你对这一特殊场景可能发生事情的分析引到其他所有维度。

斯普拉德利提出的这九个维度非常有用，但在实践中可能不方便，对场景进行记录时也很难记在脑子里。因此人们开发了更便于使用的改编工具，库尔马和惠特尼（Kumar and Whitney）（2023）开发的POEMS工具就是其中之一。POEMS工具中，观察人员重点关注P——人（people），O——物体（objects），E——环境（environments），M——信息（messages），S——服务（service）。或考虑使用索蒂林（Sotirin）（1999）的TSPT工具：T——领域（territory），S——物品（stuff），P——人（people），T——讨论（talk）。

基于索蒂林给出的优秀建议，我进行了调整，在这些标题下面列出了需要进一步探寻的具体内容。

1. 领地
- 工作区是如何布置的？
- 如何指定非工作区？
- 人们如何保护"自己"的空间？
- 如何安排空间？谁的空间更大或更小？

2. 物品
- 谁拥有什么？
- 哪些是私人财产？哪些是公共财产？
- 家具：有哪些种类？如何摆放？
- 视觉符号：用于描述任何图形——是什么？在哪里？谁看？谁放？
- 技术：谁出于什么目的使用什么技术？如何控制访问和使用技术？由谁来控制？

3. 人
- 你观察哪一类人？
- 你观察哪些人？
- 服装：有哪些一致性和变化？
- 你观察到哪些模式？
- 身体：不同的身体是如何适应，或如何不适应的？
- 观察到哪些非语言行为？
- 权威：谁有权威？谁会受权威的影响？何时/又为何？哪些互动显示了权威的差异性？是否挑战了权威（暗地里或明面上）？
- 感情：如何表达？在哪里表达？在谁与谁之间表达？频率和强度如何？

4. 讨论
- 都说了些什么？运用了哪些词汇？

- 交谈：谁与谁进行交谈？交谈了什么？
- 在何时、何地与何人进行何种谈话？
- 正式讨论还是非正式讨论？
- 词汇：讨论中本组用到了哪些独特的专业或口语词汇？
- 频繁地使用哪些词汇和名称？

一旦观察完毕，你就会开始分析和思考观察所揭示的意义（如想获取更多有关分析和深描的信息，参见第8章）。

民族志方法学

阐述完民族志之后，在这里我冒昧地将几种不同形式的研究归于民族志方法学的旗下，尽管我的一些同事可能因此冲我大喊大叫。正因为如此，我要对此进行解释。我把它们放在一起有两个原因：第一，我在本书中没有时间或余地分别论述它们；第二，在我看来，它们是同一块根茎的分支，即上面提到的民族志方法论，相应也源于阐释学的深厚根基（我在本书第5章讨论过）。

如果你还记得阐释主义的基本思想是：人是人，不是土豆（与土豆不同），人会根据他人行为来改变和调整自己的行为。我们对他人正在做什么以及他们的行为意味着什么的判断，决定了我们的行为，而阐释论研究人员的假设是：我们的研究方法必须考虑并使用这些判断。

基于这些前提，各种不同的设计形式（我想我必须称这些形式为"设计形式"，而不是"设计框架"，因为后者意味着太多的结构方式）应运而生。每种设计形式都在某种程度上进行假设，为了理解他人的行为，我们必须把他们看作有欲望、有目标、有抱负、有竞争、有朋友、有爱恨情仇的人。人们基于这些建构来解释社会世界，我们基于对他人的了解来创建自己的社会世界。在这种情况下，观察者秉持公正的立场毫无意义。相反，我们必须用自己的人性、主观性——对欲望、目标、抱负等的自我认识——来理解社会世界。在此我将向你介绍基于这类假设的设计形式，首先是拟剧论和叙事研究，其次是自我民族志。

拟剧论和叙事研究

拟剧论

伟大的社会学家欧文·戈夫曼（Erving Goffman）将他的社会生活观称为"拟剧论"（dramaturgy）。"拟剧论"在词典中的含义是一门创作和制作戏剧的艺术。而戈夫曼认为，生活就是一系列戏剧性的表演，人们在其中扮演各种角色，并根据与其他"演员"的互动来改变自己的行为方式。戈夫曼区分了需要进行表演的情境类型，指出有一个"前台"，在这里"表演"总是被用来做"印象管理"。例如，保全面子或受到威胁时努力保持镇静。但也有一个"后台"，在这里人们更能"做自己"。

我认为将阐释研究比作戏剧说是有用的，因为它强调了研究的叙事性。戏剧讲述的是一个故事，有开头、主体和结尾。各种争论和关联在故事（即情节）中基于疑问、假设、阴谋和诡计等交织在一起。在处理基于情节需要而设置的障碍时，人物也因此变得栩栩如生。阐释研究——带有戏剧性或叙事性——可能与之非常相似，如果你尝试将戏剧性或叙事性作为设计形式，你的任务就是理解人物、理解他们的动机以及所涉及的情节。

如何做到这一点？很重要的一点是让研究变得生动。这些人物在做什么？他们是什么出身？是什么赋予了他们存在的意义和目的？其中的特殊人物如何应对挑战或解决困难？你讲述的正是在你面前展开的鲜活故事：原材料由故事的情境提供，但你是目睹所有事情如何融合在一起的人。因此你要解释情节并串联起整个故事。在这个过程中你的责任不只是成为伟大人类学家克里福德·格尔茨（1975：9）所说的"密码员"。换句话说，你需要根据原材料尽可能运用你的想象力，培养深描（thick description）能力（见第 265 页）。

叙事研究

将我们假设的特定变量分离开来可能很有趣，社会科学的很多方法论都试图忽略—有意忽略—将社会现象联系在一起的连接线和纤维。阐释研究与此形成鲜明对比，它尽力保留那些将我们感兴趣的社会图景联系在一起的"纤维"。这些"纤维"涉及时间、地点、意义、意图以及更多的其他要素，所有要素都相互关联。

这与叙事研究有什么关联？好吧，这种关联就像一个故事一样有意义。我们无法通过一页内容就读懂整个故事。我们也不能通过提取和分析包含人物姓名的句子推测出人物的性格——如果这样做，我们获得的可能是对该人物非常失真的描述。相反，只有结合整个故事才能理解每个角色。

叙事研究（narrative research）就是利用人们的天性偏好——不，应该说是他们的倾向或本能——来讲述自己的生活故事，以及目睹或参与的事件。这一研究方法与人们在想法和事件之间，以及他们在其中感知或注入的连续性之间建立的联系有关。因此在传记或自传研究（指研究一生的经历）中，叙事研究尤为有用。在这里，讲述者可能寻找两件事之间的联系并探明其中关联的原因，这些就构成了叙事分析。研究者感兴趣的不一定是生活中的事实，而是讲述者在构建叙事时的视角和理解。这是叙事研究的出发点。故事中会有一些假设，如对动机、意图、嫉妒和善意等进行的假设。我们从日常经历和对生活的理解中了解到这些经验，并将这些经验用于叙事研究。

心理学家、教育家和哲学家杰罗姆·布鲁纳（Jerome Bruner）（1997：126）甚至说，叙事是所有意义构建的核心，即使科学的意义构建也是如此。"科学构建的过程就是叙事……我们与各种想法做游戏，试图制造反常现象，试图找到齐整的拼图形式，用它们来解决棘手的问题，从而将这些问题转化为可解决的问题。"他在《批评探索》（*Critical Inquiry*）杂志上发表了一篇著名的文章，题目是《现实的叙事构建》（*The Narrative Construction of Reality*）（Bruner，1991：1）。杰罗姆·布鲁纳在文章中给出了一些使用叙事的关键要素，我在此进行转述。

- 制造惊喜。叙事过程中你会有"发现"。准备好利用这些——意外事件和偶然事件。
- 利用时间。采用叙事研究的研究人员会敏锐地意识到时间带来的变化。他（她）注意到变化的发生，并寻找其前因后果。我们必须找到贝克尔（1992：209）所说的"步骤序列"，结合时间来了解原因，"从时间来看，每一步都被理解为随后一步的铺垫"。在此过程中我们不仅要推测一件事与另一件事之间的关系，还要推测因果关系如何随着时间的推移而变化，因为其他因素在此情况下也会发生变化。
- 对他人进行深入观察。布鲁纳指出，我们不仅要观察人们的行为，还要注意到他们的想法和感受。他们的信仰、意图、希望、愿望和价值观都很重要。

在讨论叙事的重要性时，艾伯特（Abbott，1992）认为，我们应始终寻求他所说的"因果叙事性"，但我个人倾向于在社会科学中建立联系，而不是试图寻找原因。贝克尔（1998：60-61）对此的看法恰到好处。他认为社会研究具有复杂性，使用"原因"一词会误导研究，因此我们应该寻找叙事而非原因，应该寻找一个想法演变成另一个想法的桥梁和通道。

科恩（2018）等人认为，叙事研究可以围绕关键决策点、关键事件、主题、行为、决定、人物、关键地点、关键经历，或者围绕任何能提供聚焦点的事物展开。例如，在讨论一篇文章时，我借鉴了自己40多年来在特殊教育领域作为教师、教育心理学家和学者的经验（Thomas and Loxley，2022：163-168），利用了自身在立法和政府监管影响方面的经验，因为我接触过不同的人群，对政治管理有所了解。在此基础上我反驳说，不断完善和发展与特殊教育和全纳教育相关的法律，实际上对改善困难儿童的困境几乎没有任何作用，这不过是掩盖投资不足的烟幕弹而已——就全纳教育而言，这一直是"土拨鼠之日效应"（即日常重复性工作效应）。

自我民族志

自我民族志是一种以研究人员为行动中心的民族志，因此有时也被称为"局内人民族志"。这有点像自传和传记的关系：自传是关于写书人的传记，而自我民族志是关于研究者的民族志。因此研究者会写下自己以及舞台上其他演员的想法和感受，毫不掩饰地通过自我观察、自我反思和写作来探索研究的情景。

在新闻学中，自我民族志有着光荣而重要的历史。例如，查尔斯·狄更斯（Charles Dickens）的《博兹札记》（*Sketches by Boz*）"描绘了日常生活和普通人"，不过狄更斯的作品游离于自我民族志和叙事之间，这或许凸显了两者在研究方法上的相似性。狄更斯的《博兹札记》以及他纯粹虚构的作品对19世纪的政治和社会舆论有着重要影响，凸显了叙事和新闻在最佳状态下与研究的相互作用和重叠。新闻调查从何处结束，研究从何处开始，这是一个悬而未决的问题。

评估

评估研究（evaluation research）可能是社会科学专业人员最常用的一种研究，目的在于评估活动计划的有效性。专业人员进行此类研究时，通常以"合同研究"的形式进行，即研究人员与研究机构签订合同，对某些新举措进行独立评估，从而获得报酬。

例如，一个政府部门可能付钱给某个大学的研究小组，让他们研究聘用更多助教政策的执行效果。鲍森提供的模式与图 6.7 大致相同。

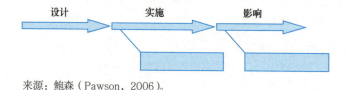

来源：鲍森（Pawson, 2006）。

图 6.7　评估研究

正如图6.7所示，评估研究不同于行动研究。在常用的评估形式中，我们并不会假设研究的内容以任何系统性的方式反馈到评估的活动、干预或倡议之中。（记住，行动研究有这样一个假设，即对研究过程中的发现进行主动反馈并促进研究计划的改变。）只有完成评估之后，负责评估的人员才能根据评估结果决定是继续实施该计划，还是对该计划进行某种程度的修改或完全"终止"该项创新。最后可能出现的情况是在不同地方和不同环境下，不同团队对此进行了足量的评估，从而形成了一个关于特定创新或计划的研究体系。然而以系统评价的方式对这些研究进行汇总和审查，可为今后的实践发展提供参考。

虽然我刚才描述的此类评估研究通常规模较大，但本科生或研究生完全有可能为自己的研究项目创建小规模的评估。在这种情况下，你需要评估新引入计划的影响、有效性或其他结果。这些计划通常处于一个机构的政策框架内，或处于你或你同事提出的一些个人倡议的框架内。简而言之，引入变化，并评估审查其结果。

理想情况下，评估应考虑创新引入之前、期间以及之后所发生的情况，我们应该尽可能对这三个阶段中的每一个阶段进行长期评估。在实践中（学生的项目研究工作也是如此），评估可能只在实施期间甚至实施之后才开始，当然这并不是理想状态。

鉴于评估的重点是评估前期、后期的情况，我们很容易认为评估必须收集与预先指定变量有关的数据，即可以计算的数据，这样才有可能知道干预措施是否带来了数据的明显增加或减少。当然也可能出现以下情况。例如，引进一种全新的集体阅读制度时，可以考虑阅读者的年龄因素，如果评估持续的时间足够长，就可能就新制度的有效性得出一些结论。然而评估几乎可以收集任何类型的数据，只要参与实施评估的人员认为这些数据可以作为衡量成效的指标。换言之，评估研究可以运用我在本书第7章和第8章介绍的任何一种数据收集和分析方法，它并不挑剔。

虽然评估研究不挑剔使用的数据收集和分析方法，但许多评估研究采取了实验的形式（详见下一小节"实验"），使用高度形式化的方法引入变化并衡量其效果。鲍森和蒂利（Pawson and Tilley）(1997)在一系列著名的论文和著作中对此做了批判性回应，他们提出了一种被称为"现实评估"的评估模式。他们认为采用实验方式进行评估是伪科学，因为它总是忽略研究课题的重要方面。他们说这类评估也无法解释为什么相同的干预措施在不同的情况下会产生不同的效果。相反，现实评估会寻找导致干预有效（或无效）的关键状况，采用个案研究的原则而不是实验的原则。现实评估会对情景进行全面考量,而不是遵循某种以变量为导向的前后对比。

鉴于此,鲍森和蒂利总结了评估干预措施的影响时需要关注的三个方面。我对这三个方面的转述如下。

- 机制:一项干预措施在特定情况下产生特定结果的原因是什么?
- 背景:干预措施需要什么条件才能触发机制,产生特定的结果模式?
- 结果模式:在特定情况下触发的因果机制产生了哪些实际效果?

深入调查是个案研究的特有特征。以上所有方面都需要进行深入调查,要对背景进行详细研究。例如,审视负责具体实施干预措施的研究人员的观点。利用该模式,研究人员能够理解"在什么情况下什么措施对谁有效"。

例 6.5
评估

吉玛(Gemma)正在攻读教育和英语学士学位,目前她在一所小学实习,吉玛就读的大学希望通过这次实习为她的双模块研究项目提供资讯。得知学校正在执行一项新的操场监管政策,吉玛决定将该政策的执行情况作为自己的研究课题。为了吉玛能够顺利开展研究,该小学正在完善政策并准备进入实施阶段。

经过与班主任和校长协商,吉玛决定开展三个阶段的评估。第一阶段,在学期初她会收集一些关于操场行为的数据,然后执行这项政策。第二阶段,她将审视政策的执行情况。第三阶段,在正式的政策执行结束后,她将在学期末再次收集有关操场行为的数据。

"现实世界"里的一些限制因素可能影响吉玛的数据收集,但她考虑到了这一事实,在政策执行之前就及时收集了"之前"的数据。

吉玛设计了一份在操场上进行观察研究的检查表,并在第一和第三阶段(换句话说,前期和后期)使用。在为期两周的观察活动之前和之后,她会在固定时间内完成检查表,包括记录观察到的儿童之间的身体攻击事件、辱骂事件和其他戏弄或攻击事件,她会记录这些事件发生时的情况。与此同时,她还会记录下与这些事件有关的情况,并在每次干预期间对值班人员进行简短访谈,同时询问他们对政策如何影响相关情况的看法。她会汇入有关"重大事件"的数据,这些数据来自员工的知情意见,可以起辅证(或"三角互证")作用。

为了评估政策的实施情况（即第二阶段），吉玛采访了3名教师、3名助教和3名午间助教等工作人员，了解他们对政策的看法、他们如何参与政策的制定、在实践中执行政策的难易度以及他们对学生改变操场行为的乐观程度。她采访了6名学生，每个年级1名，询问了一些关于政策的基本问题（了解他们对政策的了解程度），以及他们是否觉得执行新政策改变了学生的操场行为。

她分析的重点是汇总三个阶段中每个阶段的不同数据，然后试图理解在整个评估过程中政策是如何执行的。换句话说，（汇总数据后得知）刁难和霸凌行为事件在游戏时间而不是晚餐时间有下降，要了解此类事件是如何下降的，以及下降的原因。她的结论是——对数据的局限性做出适当说明——教师和助教执行这项政策时的效果比没有参与政策制定的午间助教要好。

评估之后，吉玛可能需要回答以下问题。

是否有足够多的参与者参与到研究中来，以便了解发生了什么？

如何在观察中区分打闹和攻击行为？

是否有足够的"数据点"来确保评估的可靠性？是否应该在执行政策前后进行更长时间的评估？

实验

正如本书第1章提到的，研究的一个重要分支是探究一件事是否或在多大程度上导致另一件事的发生。事实上，这往往是社会研究的目的。换句话说，就是想知道 x 是否会导致 y。但不同的设计框架适用于回答不同类型的研究问题。

一些人认为，实验是确定这种因果关系最可靠的方法。

在日常用语中"做实验"可能只是指尝试某些事情，而"实验"可能只是一种调查。在自然科学中，"实验"的含义更为精确：它是指通常在受控条件下，为证明或证伪某个观点或猜想而进行的测试。然而在社会研究中，实验的含义更加具体。

- 实验即证明因果关系。
- 这涉及我们必须在多大程度上控制相关情况中的条件以证明因果关系。

在社会研究中很难说 x 导致了 y，因为在任何社会情况下都有大量的因素和问题在起作用。如果你改变了其中一个因素，并声称你所做的改变导致了另一个因素的改善（或恶化），那么你很可能受到质疑："你怎么知道不是 a、b 或 c（而不是 x）导致 y 的改变？"用我前面列举的一个示例，如果一位教师引入新阅读计划，而她又能证明在引入新计划之后，班上学生的阅读能力有所提高，那么她怎么知道是这项阅读计划促使了学生阅读能力的提高？难道学生们无论如何——甚至在旧阅读计划下——都不会进步吗？如果提高很明显，以至于老师说："这种显著的提高只能归功于新计划"，那么这种提高难道不能归功于新计划激发了教师的兴趣，使教师在教学中注入了新的活力吗？

实验试图排除造成这种变化的因素（以及许多其他因素）的可能性。最简单的形式是尝试将两个变量——一个是你认为可能引起变化的变量（如阅读计划），另一个是你认为可能对其产生影响的变量（在我们使用的示例中是阅读年龄）——与在一种情景中可能起作用的无数变量分离开来。在物理或化学等领域，实验者要保持其他一切变量即所有其他变量不变，以便能够说明第一个变量所做出的任何改变都会导致第二个变量发生明显的改变。

但在社会科学中我们无法确定 x 是否导致 y，因为我们想要测量的事物（如阅读年龄）有一个恼人的惯性，就是不论对它做什么，它都会发生变化。这就是为什么在社会科学实验中我们必须做一些事情。例如，多带一组人，这组人尽可能与第一组人相似，给这组人提供与第一组人一样的条件，如此，除了我们有意改变的变量，我们还可以剔除变异源——每一个变异源。因此社会科学领域的实验通常指以完全相同的方式处理两组或多组实验对象，只有一组除外（操纵第一个变量）。

有时将实验对象随机分配到每个实验组，这样可以最大限度地减少不同实验组的分配偏差，这种设计称为随机对照试验（randomized controlled trial）。有些人将其视为研究设计的"黄金标准"，但也有同样多的人（如果不是更多的人）反对这一说法，他们认为对研究设计类型进行等级划分是不恰当的，也是错误的。（参见 Cartwright, 2007; Hammersley, 2015; Morrison, 2020; Scriven, 2008; Tomas, 2016, 2021a）

实验人员开始实验之后，实验组和对照组之间的任何差异都可以被认为是实验处理后的结果。表 6.6 为经典的实验形式。

> **备忘录** 对照组是一项研究的比较基础。对照组不进行任何实验操作。

了解一些与实验有关的术语非常重要，我一直在尽力避免使用这些术语，但如果做实验，你就需要进一步阅读实验的设计框架，便会用到这些术语，如表 6.7 所示。

表 6.6　经典实验

	前测	实验处理	后测
实验组	进行第一次测量	✓ 处理	进行第二次测量
对照组	进行第一次测量	✗ 不处理	进行第二次测量

表 6.7　实验术语

自变量	意为你可以改变的变量（如阅读计划）
因变量	意为你要研究的变量（如阅读年龄），以此评估改变自变量带来的影响
实验误差	意为实验中出现的不可控变异源

图 6.8 极大简化了展示实验的过程。实验人员必须非常仔细地设置实验（例如，确保实验组与对照组尽可能相同），最大限度地提高"x 导致 y"为正确结论的概率。无论是在实验的设置上，还是对实验结果的统计解释上，出错的概率都很大。出错可能意味着你认为自己的假设是正确的，但事实并非如此；也可能意味着你认为自己的假设是错误的，事实上却是正确的。这些错误用行话来说，可以归为以下两类。

- 错误类型一：你认为你的假设为真，事实上它为假。
- 错误类型二：你认为你的假设为假，事实上它为真。

图 6.8　实验内容

我们将在第 8 章探讨一些分析和解释实验结果的方法。实验的设计框架有许多不同的子框架（以至于有一方法论分支被称为"实验设计"），它们不在本书的探讨范围之内。值得区分的是"真"实验和准实验（quasi-experiments）。前者包括将研究参与者随机分配到各组，后者则不这样做——可能使用"自然"分组，如当地政府提供的教育分组。如果你想了解更多，可参见本章末尾的"拓展阅读"部分。

例 6.6

实验

凯伦（Karen）去年完成了第一学位心理学的学习，获得了 PGCE 证书

（英国教师教育证书），目前正在攻读教学与学习硕士学位，完成一项研究项目并撰写一篇 2 万字的学位论文是该学位课程的重要组成部分。她的研究主题聚焦于她所在五年级的成人辅助教学组织工作。每天早上有一名固定助教和两名家长志愿者辅助她进行教学。管理和组织此类协助教学工作并非她 PGCE 课程的一部分，因此凯伦阅读了相关文献，发现有很多思考安排此类额外辅助教学的方法。有一种组织方法被称为"房间管理"（见 Cremin et al., 2005），涉及给每位成年人分配一系列具体的任务（如主要帮助学生个人或学生群体），这些任务构成了一个指定的角色。角色可以在不同的时间段发生改变。最重要的是每个人都知道自己应该扮演什么角色。

  凯伦对这种新的组织方法持乐观态度，并希望该方法能为她与其他成人在教学合作上提供一些框架。她没有直接进行尝试，也没有凭直觉判断新的组织方法是否有效，而是做了一个小实验。这涉及一种特殊的实验设计，即不使用两组实验对象（实验组和对照组），而是在两种情况或条件下对一组（凯伦所在班级）进行调查，唯一的变化是她所在班级的组织方法。这种特殊的实验设计被称为重复测量设计，特别适合小规模研究。在第一种情况下，她和其他家长正常工作；在第二种情况下，唯一变化的是他们使用了"房间管理"组织方法。为评估这一变化的效果，凯伦决定利用学生们的任务参与度，换句话说，就是看他们是否在做自己该做的事情。某些行为，如坐着写字会算作"专心"，而其他行为，如在课堂上走来走去会算作"分心"。凯伦列出了"专心"和"分心"的行为清单，并对这些行为进行系统观察，这样她就能统计出两种情况下班级里所发生的事情。

  实验要求组织方式能够考虑具体情况下的许多特征。首先，凯伦要计划何时在两种情况下进行观察。因为除了组织方法有变化外，这两种情况必须保持相同，所以她必须确保在两个观察期内，学生们在做同样的功课，班级里的人员也相同。观察期必须在一天内的同一时间段，甚至如果可能的话，在一周内的同一天，因为这些时间安排也是变异源，可能造成一定的影响。然后她必须对助理和家长进行"房间管理"方法培训，并安排教学课程。她还必须安排人员进行观察，以测试该方法对因变量（学生的参与度或"任务完成度"）的影响：她请另一位经常在课堂上提供帮助的家长全程录像，然后观看录像，用检查表依次检查每个学生在既定时间内的录像表现，然后绘制出每个学生在两种情况下的总体参与度（或"任务完成度"），最终结果如图 6.9 所示。利用一些简单的统计方法，凯伦证明了这两种情况之间的差异具有统计上的显著性（这将在第 8 章中进一步讨论）。对图表进行简单的"目测"（即理性地浏览）会发现一些有趣的现象。凯伦在第一种情况下将学生的参与度按照从低到高进行了排序，所以她可以看到那些参与度较低的学生，也就是那些参与活动最不积极的学生是如何受到"房间管理"介入影响的。图 6.9 清楚地显示，在两种情况下大多数人的参与度有了明显提高。

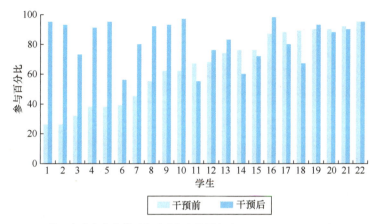

注：本个案大致基于克雷明等人的研究（Cremin et al., 2005）

图 6.9　学生的整体参与度

下一个实验个案（例 6.7）揭示了一种更为简单的创新效果评估方法。这种方法很有启发性。在应用社会科学还未被真正视为一个独立的研究领域，甚至在社会科学还未被构想出来之前，这种评估方法尤其具有启发性。该方法认为可以在不考虑范式和认识论的情况下开展开创性研究（见第 196 页"无设计框架"）。

──────────── 例 6.7
实验

玛格雷特·麦克米兰（Margaret McMilan）是 19 世纪末的一位社会改革家，她在英格兰北部工业区和伦敦开展了大量研究工作。她在布拉德福德（Bradford）工作了数年，布拉德福德是"黑暗的撒旦工厂"的工业重镇，发展速度惊人。在那里让孩子经常从事各种繁重和危险的工作已是公认的做法：孩子们得不到良好的照顾，营养不良。

麦克米兰说，19 世纪 90 年代学校里孩子的状况"比任何描述或描绘出来的都要糟糕……孩子们在身体状况糟糕的情况下，还要去学校"。斯蒂曼德（Steedman）（1990：108）决定为此做点什么，于是她和布拉德福德的校医院合作开展了一项研究，以证明改善儿童饮食的必要性和益处。她做了一个实验，让一组儿童上学时每天在学校吃早餐和午餐，而对照组的儿童不在学校吃早餐和午餐，结果如图6.10所示。结果如此明显，以至于无须进行额外的解释。

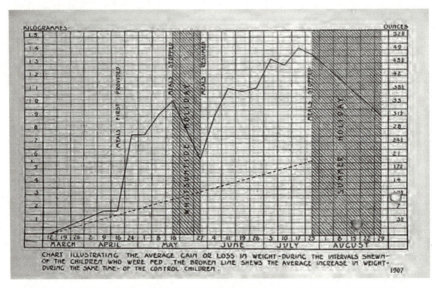

图 6.10　玛格丽特·麦克米兰的实验结果图（经过国家档案馆许可转载）

尽管该研究不可能参考20世纪关于方法论和范式的所有讨论（更不用说伦理学——这样的实验在今天是不会被认可的），但这个小型实验是一项简单却非常有效的研究。它最大的作用也许不是作为一个简单实验的个案（尽管在这方面它管用），而是作为一个经过深思熟虑的研究个案：它发现了一个重要问题——儿童营养不良，然后提出了一个简单的解决方案，并对其进行测试。因此从想法到实施，到收集数据再到分析，最终的成果有力证明了学校为儿童提供免费早餐的好处，带来的结果就是1906年英格兰和威尔士提出了《教育（提高膳食）法》。

纵向和横向研究以及调查

纵向（longitudinal）研究和横向（cross-sectional）研究都利用了大量与个体或群体有关的数据。不同于研究人员开展的实验，（个案）研究的研究人员并不试图操控任何变量。他们只是在"快照式研究"中收集与变量有关的数据——纵向研究是在不同的时间点对同一组人进行研究，横向研究则是在同一时间对样本总量中的不同群体进行研究。然后对收集到的数据进行研究，以确定与一个或多个变量相关的趋势或差异，或许还可以研究观察到的变量之间关系形成的原因。

> **备忘录** 纵向研究和横向研究需利用大量与个人或群体有关的数据，纵向研究和横向研究中使用的重要研究方法是调查。

调查对纵向和横向设计框架来说是一种重要的方法，因此我在本节会进行特别的讨论。事实上，调查不仅是一种方法，更是一种设计。调查并不是一个设计框架，但有明确界定的方法，如应用在调查中的问卷或访谈。稍后将探讨这些议题。

纵向研究

纵向研究是在一个较长时期内对一组个体或个案进行研究，定期审视时间对相关变量的影响。因为时间是关键因素，所以在本科生毕业论文这类短期研究项目中不太可能使用这类方法——你根本没有足够的时间在足够长的时间间隔内收集数据，以检测出任何有意义的差异。不过对于某些课题，如硕士论文，你有足够的时间对足够多的时间点进行采样并获得有效数据，而博士论文肯定也可以。

纵向研究需要做出的决定之一是数据收集点之间应间隔多久。如果研究的事物变化和发展很快，你需要经常收集数据。

在纵向研究中，你可能遇到队列研究（cohort study）和小组研究（panel study）这两个术语。"队列"指具有共同特征或经历的一群人，并且可以在固定时间对这些人进行追踪调查。小组研究与队列研究类似，这两个术语有时候会互换，但小组研究通常指一个较小的群体，必要时可以从中挑选个体进行进一步的询问。

从定义上看，纵向研究是在很长一段时间内进行的，所以与之相关的一个问题是人员流失，即研究对象的流失。这种人员流失在某些情况下很重要，因为那些退出的人，例如，搬走或失去联系的人，可能具有与研究相关的特定特征，可能导致数据出现偏差。

> **偏差**：当通过样本收集的数据与总体中实际存在的数据有明显差异时就会出现偏差。这种情况出现的可能原因是你只询问了容易被质疑的人。这些人可能构成一个特殊的亚群体，他们的观点与普通人截然不同。

千禧队列研究是纵向研究中一个重要示例，该研究对英国 2000 年至 2001 年出生的 2 万名儿童进行调查，基于大量的社会经济数据背景，审视儿童及其父母的健康和福祉，定期对儿童及其家庭进行观察，揭示人类发展中不同方面之间的联系。

例 6.8
纵向研究

格雷姆（Graeme）是一名社会工作者，专门负责为患有先天性遗传疾病的儿童或残疾儿童提供咨询和帮助。为了深入研究这一领域，过去三年他一直在有条不紊地收集自己和身处英国各地同事的工作数据。现在他成了一名非全日制硕士研究生，修读为期两年的"遗传医疗的社会心理"课程。他向导师解释说，自己打算在毕业论文中使用已收集到的 127 个家庭的相关数据，并在两年的学习过程中对这些数据进行补充，最终进行分析。这 127 个家庭将构成小组研究：孩子们年龄不同，遗传病也不同，但他们都具有遗传病特征。随着数据的收集和研究主题的形成，可以向其中的小群体提问补充的问题（由于小组人数较少）。

格雷姆通过专业机构为这项研究争取到一笔小额资金，用于支付帮助他收集研究数据同事的工资。他承诺让他们参与研究分析，并在数据收集结束后举办特邀研讨会，再进行数据分析。他认为研讨会将让他更深入地了解应该如何分析数据。

格雷姆和同事请这些家庭填写调查问卷，最终他将得到关于儿童遗传状况、残疾、疾病和上学情况的数据，并对这 127 个家庭的情况进行记录，不过他预计随着时间的推移会有一些人退出调查。

格雷姆决定将研究重点放在遗传疾病造成的家庭压力上。因为这属于纵向研究，而不是快照式研究，所以他的重点是研究这些压力随着时间推移所发生的变化和发展——家庭压力是变大了还是变小了？或是他们的性格是否发生了变化？因此在设计数据收集工具时，必须对压力以及压力随着时间推移可能发生的变化保持敏感。他们还应该设法收集有关信息，了解随着时间推移压力如何减少或增加，以及是什么导致家庭压力的减少或增加。

格雷姆利用调查问卷，试着调查了他相熟的 3 个家庭，询问了家庭压力（自我评价）及其原因，还询问了收入、职业对家庭的支持，是否有来自朋友、家人和社区的帮助，是否有兄弟姐妹以及年龄等类似问题。正如预期的那样，从数据上看最明显的一点是压力水平似乎与遗传病的严重程度存在显著相关。但在格雷姆选取的样本中，随着时间的推移，压力并没有显示出明显可见的增加或减少趋势，这是因为数据是在诊断后在不同阶段针对个体收集的。因为数据收集的时间点相同（2008 年、2009 年和 2010 年 9 月至 10

月），所以针对儿童的数据收集工作在诊断后不久或诊断后的数据收集时间点进行，而其他人（格雷姆和他的同事与这些人的接触时间较长）的数据收集工作在他们与调查家庭接触后，或诊断后的一段时间内开始。

为辨别趋势，我们有必要对数据进行"分类"——将其"拆分"——根据诊断后的时间可以将样本分为四个不同的组别。通过分组，格雷姆发现，在高度支持服务介入的最初阶段压力很高，随后迅速下降，但在支持服务介入后数月和数年中，随着支持者兴趣的减少压力又逐渐上升。从整个小组的情况看，压力的持续性和严重性似乎在很大程度上得益于强有力的家庭支持，而不是专业的支持。这让格雷姆和他的同事在项目结束之际举行的研讨会上有了很多思考讨论的素材。

鉴于这项纵向研究并不是一项实验，而且很多变量并未固定在恒定不变的状态，只有一个变量受到操控（情形如同实验中的一样），因此纵向研究无法说明什么因果关系可能涉及或不涉及所观察到的任何一种关系。格雷姆能做的就是对他观察到的这些关系存在的意义做出合理的推测，这也是完全合乎研究规范的做法。

格雷姆需要回答以下问题：这类研究中会出现哪些伦理问题？（格雷姆想知道，经常向压力十分大的家庭提问会不会增加他们的压力，这在伦理上是否合理？他从试点研究中得出的结论是大多数家庭可能很重视对他们的关注。尽管如此，他还是极力避免施加额外的压力，并确保每个家庭都有选择参与研究的权利，如果他们愿意，可以随时选择退出。）是否有足够的数据点来收集数据？

进行试点：指进行较小规模的研究（试点研究），为更大规模的研究做准备。这样做是为了完善或修改研究方法，或对研究技术进行测试。

横向研究

横向研究是一组或多组研究对象被同时研究——就像快照一样。可以只研究一个变量来提供描述性信息，也可以研究两个或多个变量来提供研究它们之间关系的可能性。另外，你也可以在某个时刻研究多个同等的群体，如不同年龄段的儿童。关键是，所有观察在同一时刻进行，观察对象是一个（或多个）具有共同特征的群体。

教育标准制定办公室（Ofsted）的报告《早期教育：引领卓越》（*Early Years: Leading to Excellence*）是一个典型的横向研究示例。这项研究调查了 8.4 万家早教和托儿机构，考察了各个地方政府辖区内儿童的保育质量。调查发现，在 30 个最贫困的地方政府辖区中，53% 的托儿所提供了良好或优秀的儿童保育服务，而英格兰其他地方有 60% 的托儿所提供了良好或优秀的儿童保育服务，其中最好和最差的托儿所之家形成了鲜明对比：在哈克尼（东伦敦），29% 的托儿所被评为良好或优秀，而在沃金汉姆（伯克郡），有 81% 的托儿所被评为良好或优秀。我们能从中了解到什么？当然地方政府不是造成这些差异的原因（尽管有些政客想极力说明这一点）。不过可能的情况是，在较贫困的地区从事托儿工作且受过良好教育的人才储备可能少于较发达地区。在此情况下，地方政府提供的分组可能产生误导，因为这意味着托儿质量与行政机构之间存在联系，而不是与无序的所在区域之间存在联系。

> 例 6.9
> 横向研究

桑吉塔（Sangheeta）是一名护士，也是一名非全日制医疗保健硕士研究生。她对吸烟给年轻在校女性带来的影响很感兴趣。她上班的医院在哥谭市，作为工作的一部分，她决定对洛杉矶单一地方政府辖区（即哥谭市）内学校初三年级的所有女生进行横向研究。征得哥谭市当地政府的同意后，桑吉塔与该市的学校进行接洽，几乎所有中学都愿意参与她的研究。之后她走访了所有学校，对初三年级的女生进行调查，询问她们的吸烟习惯与她们的健康状况和行为特征。例如，在她设计的调查问卷中，她要求女孩们对自己的身体状况进行自我评估，包括呼吸和咳嗽问题，以及她们认为自己与同年级的学生相比学习成绩如何。她还询问她们对女性通常何时生第一个孩子的看法。

这项调查为桑吉塔提供了描述性数据（例如，每个女孩每天的吸烟量、在满分为 7 分的体能自评中的得分，以及针对咳嗽的自我评分等）。

桑吉塔能够以图表的形式展示这 860 名接受问卷调查女孩的数据。咳嗽和呼吸困难自我评分以及体能和学业成绩自我评分数据如图 6.11 所示。

桑吉塔发现，在吸烟女孩中，她们希望生第一个孩子的平均年龄是 25 岁，而不吸烟女孩希望生第一个孩子的平均年龄是 27 岁。因为没必要使用表格或图表，所以桑吉塔以描述的形式来呈现这一发现。

"我们研究的对象是哥谭市所有初三年级的女生，但是有两所学校没有参与研究，而有一些女生在问卷调查实施当天缺席。即使这样，不论从哪个角度看，研究目标都已实现。"桑吉塔认为，这些人可能代表了更多的全国人口，从这个意义上说，她认为自己的结论适用于这些样本所代表的广泛人口。她也认为，任何被发现的关系可能在更广泛的人口中存在不同程度的变异，但这不可能只出现在哥谭市的样本中。

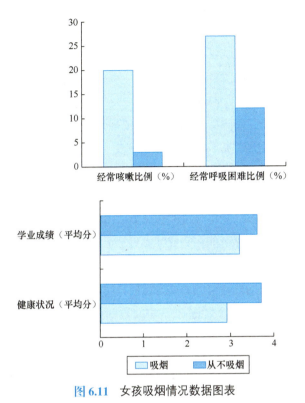

图 6.11　女孩吸烟情况数据图表

一些简单的统计数据（第 8 章将进一步讨论）显示，吸烟组和非吸烟组之间存在显著差异。不过在汇报这些内容时桑吉塔必须确保自己的分析不好高骛远。仅根据横向研究中发现的关联或任何关联来推断因果关系是不可能的。换句话说，不可能说吸烟导致了更严重的呼吸困难、更弱的感知能力等。横向研究发现的关联也可能是由完全不同的因素造成的。例如，吸烟群体和非吸烟群体之间可能存在个性差异，这种差异既表现为吸烟倾向（或者只是说她们可能吸烟），也表现为问卷中"大胆"地回答调查问题的倾向。或者吸烟青少年父母和不吸烟青少年父母的收入水平可能存在差异，与此相关的还有住房条件、家庭规模、父母管教程度等方面的差异。这些因素和其他干扰因素的任何组合都有可能是桑吉塔发现差异的原因。

不过桑吉塔能做的是对她发现的差异进行合理的推测。报告中关于咳嗽和呼吸困难方面的巨大差异几乎可以肯定是吸烟造成的（即使这种情况也可能有混合因素，例如，吸烟青少年的父母更可能也吸烟，而他们咳嗽可能是在吸烟家庭长大的结果）。再者，女孩们对女性生育第一个孩子的期望年龄以及对学业成绩看法的差异，也许更能反映出与吸烟女孩密切相关的阶层和社会条件。桑吉塔对这些可能性进行了讨论，并在此基础上开展下一步工作，即对个别女孩进行深入的个案研究。

调查

正如我在本章一开始所说，调查并不能被视为一种设计框架，因为它存在于不同的设计形式中（主要是纵向研究和横向研究），但它又包含了各种不同的数据收集方法（如访谈和问卷调查）。所以调查虽然是一种方法，但仍然不是一种设计框架，那么它的特征是什么呢？

在调查中你要收集不同受访者（即对调查做出回应的人）的数据。他们可能在问卷或访谈中做出回答，也可能在完成某类日记记录（我们将在第7章讨论这些内容）。数据可以多种多样。正如我在讨论纵向和横向设计框架时指出的，收集这些数据是为了描述它们所处的社会情境的某些特征，而这些情境特征并不像在实验中那样可以被操控。一旦收集到描述性数据，就可以研究它们之间是否存在关系。

例 6.10
调查

与设计框架一样，调查中收集数据的方法也会影响调查结果。对电视节目《加冕街》（*Coronation Street*）观众人数多少的争论就是以不同方法收集调查数据的一个很好例证。英国广播受众研究委员会（BARB）有一个小组负责了解人们收看的电视节目。BARB使用的调查方法是把"个人收视记录仪"这一设备发给小组调查的5300个家庭，按下记录仪上的按键就能告诉BARB他们在看什么电视节目。小组调查的5300台电视是英国2000多万台电视机中的代表性样本，基于按键情况，BARB能够估算出有多少人观看了一个特定的节目。2002年1月25日，BARB估计当天有1120万人观看了一集《加冕街》。不过，另一家机构卡瑞特（Carat）对观众进行电话抽样调查后，估计同一集的观众人数有1450万人。

针对调查数据存在的差异及其成因，人们可能提出许多问题，包括Carat媒体受谁委托来进行这项调查？BARB收集的数据有没有可能排除了之后播放的录制节目？

本次调查研究小组既提供了快照式的数据，也提供了一段时间内观众持续观看电视的图片，所以可以将其称为横向研究（调查某一特定时间的情况，如《加冕街》个案中观众在某一特定时间观看电视的情况），或者称为纵向研究，因为提供了电视观众在一段时间内观看电视的动态图片。

比较研究

通常"比较研究"是指将一个国家的社会状况与另一个国家的社会状况进行比较。在广义的社会科学中，比较研究可以指任何类型的比较，但在应用社会科学和教育中，比较研究总是指国际比较，这也是我在此探讨的比较方式。作为一种设计框架，比较研究特别值得一提，因为它面临着特别的挑战。应对这些挑战时比较研究采取了一系列特殊的方法，并且考虑周全。

就应用社会研究的目的而言，比较研究是有关跨国家、跨社会和/或跨文化的比较。显然，由于语言、习俗、价值体系、生活方式和制度等方面的差异，在进行此类比较研究时会产生一系列问题。在某种程度上我们需要特别关注这些问题，进行特殊的分组设计。

比较研究将探讨以下问题。

- 不同社会发展模式的对比。
- 不同社会间的社会和制度结构形式具有怎样的特殊性或共通性——它们之间有何相同点和不同点。
- 决定不同社会存在差异的文化因素。

这类研究往往规模非常大，需要国家之间展开合作，使用大型研究团队，需要高度协调，并结合使用包括调查、国家数据集二级分析、访谈和专业知识等各种研究方法。

但我们也可以开展小规模的比较研究，比如在你的研究项目中，特别是在研究人员对两种相关文化都有深入了解的情况下，可以开展此类研究。小规模比较研究中出现的问题是：研究往往涉及两个国家或两种文化的情况，研究人员采用参与式观察法且依靠对两

> **备忘录** 在社会研究中，比较研究指的是国家之间比较，旨在从比较中获得启示。

种情况的了解——实际上只对其中一种文化有内部了解。如果是这种情况，研究比较就没有预期的丰富，因为研究比较取决于对每种情况的深入了解，研究人员

可能深入了解某一种情况却对另一种情况缺乏了解。

事实上，尽管我注意到这个潜在的问题，但有时小规模比较研究面临的问题比大规模比较研究要少得多。例如，当一项大型研究试图对不同国家的学生成绩水平进行比较时，确保可比性的唯一可靠办法就是在不同地方使用相同的测量工具。但要做到这一点就必须将这些工具（测试或其他）从一种语言翻译成另一种语言，并在某种程度上对其中的文化因素进行翻译。这些翻译常常伴随着一些问题，之后测试管理部门必须对两个及两个以上国家进行协调，当然这是一项成本高昂的工作。如果没有使用完全相同的测量方法，那么用于比较的测量方法将是根据不同的目的因地制宜、采用不同编码和标准化的程序，无法实现数据的系统化收集。这些问题会让国家数据集之间的所有比较失去意义，甚至让不同评估工具同时提供的比较数据失去意义。

无论是大规模还是小规模研究，比较研究应该注意什么？

- 比较情境的等效性。例如，在全纳教育方面，将鲁里坦尼亚王国（Ruritania）和利立浦特王国（Liliput）进行有效比较的可能性有多大？一项研究可能试图关注这两国之间的差异，但也许不同社会之间的差异已经达到一定程度而使这种比较变得毫无意义。鲁里坦尼亚王国可能在稳步推进全纳教育系统，已经把所有特殊学校都变成了全纳服务机构，而利立浦特王国从未有过任何特殊学校，其小学通常是60人以上的班级。试图在这里获取的任何比较结果不具有任何意义（尽管这并未阻止人们试图这样做）。

- 测量工具的等效性。例如，我们如何确保问卷调查项目的设置和解释具有等效性？

- 语言。即使是看似简单的比较，语言的差异也可能导致比较无效。例如，瑞典语"lokalsamhälle"和"närsamhälle"看起来与英语"community"一词的意思接近，但并未含有"community"在英语中用于社会科学语境时所传达的身份认同感。这两个瑞典词意为"地方社会"，或者说更接近"邻里"的含义。即使是同一个词，在使用英语的两个国家含义也不尽相同。例如，在英国教育语境中，"integration"指在主流学校中教授有特殊需求的儿童，而在美国"integration"的含义更为宽泛，但完全不包含在英国所指的含义。

- 所研究地理单元的完整性或"真实性"。当鲁里坦尼亚王国和利立浦特王国存在巨大的地理差异时，你还能说二者之间的比较有效吗？研究人员应完全了解自己到底在比较什么，细化并明确地区之间在文化、宗教、历史和个体上的差异。

6 设计研究框架

比较研究为什么有用？

- 可以获得新见解。在特定环境中，教育和社会思想可能以一种封闭的方式发展，而了解另一个国家或地区不同的行事方式可以产生新的想法，推动新的发展。
- 可能有潜在的解释。也许基于历史或文化差异，某一特定地方在行为、理解，甚至制度发展或衰落等方面存在的特殊发展都可能有潜在的解释。
- 可以了解自身的文化期待。我们文化背景中那些不言而喻、毋庸置疑的期待和做法与其他文化背景中的相应期待和做法不一致时，比较研究为我们提供了一扇了解自身文化期待的窗口。
- 可以带来启示。在分析不同文化情境时，出现的争议性差异本身就能提供启示。例如，以"community"一词在不同语言中的含义为例，这是否能为文化习俗和传统的发展提供线索？又如，在英语、瑞典语和法语中，"community"的含义是否会因为这些国家工业化和城市化的方式不同而有所不同？

对比较研究而言，世界卫生组织的统计数据是有用的资源，详情见以下网址：http://www.who.int/gho/publications/world_health_statistics/en/。该数据资源极有价值，提供了众多主题的体现国家差异的统计数据，涉及从预期寿命、儿童消瘦与肥胖到经济社会地位平等等方面。在该网站可下载2005年至本年度的完整报告。

例 6.11

比较研究

哈坎（Hakan）来自土耳其，领取土耳其国家奖学金后在英国一所大学攻读社会融合硕士学位。罗伯特·普特南（Robert Putnam）（2000）在《独自打保龄球》（*Blowing Alone*）一书中提到，在斯堪的纳维亚半岛，在街上捡到钱包后归还钱包的可能性远远高于英国。哈坎对此印象深刻，于是决定比较英国和自己国家土耳其对社会资本和利他主义的看法。他选择将学位论文研究项目的重点放在利他主义、利他主义与社会资本的关系以及两国现存的专业化支持系统上。利他主义的存在与普特南（1995:73）所说的社会资本有多大关系？普特南认为，社会资本是在社会中人与人之间产生连接，即"社会网络以及由此产生的互惠和诚信规范"。普特南回顾了35个国家有关社会资本的研究，他指出，在这些国家中社会信任和公民参与——从选举投票到信任街上的人——密切相关，多年来社会信任和公民参与普遍呈下降趋势,尤其是在美国。哈坎的出发点为一个初始问题,即在不同的社会中专业化支持是否会让人们远离其与社区中其他人的自然联系。获得高度资助的社会和医疗保健服务中,由专业人士扮演支持者角色,是否会让社区成员从与其他社区成员的连接中抽离出来?普特南在书中的文献综述表明,可能出现这种情况。如果情况确实如此,这在一定程度上就解释了为什么记录下来的英国社会资本水平相比其他一些欧洲国家较低。

哈坎意识到,现实中他不可能进行任何涉及问卷调查和访谈的大规模比较研究,不过如果两国现有数据能够集在一张表格上进行有意义的比较,那么或许可以对这些数据集进行比较。他的主要实证研究工作应该是有启发作用的。他将对两个国家的两种场景——医生的诊所和学校操场——进行观察并记录访谈内容。基于在医生的诊所里与英国朋友、亲戚以及同事之间进行的前期非正式讨论,哈坎感到,一种强大且高度专门化的由国家资助的医疗保障体系,存在于自英国国家医疗服务体系建立以来的悠久传统中,可能使该体系中的一些工作人员摒弃个人兴致与责任,产生一种"医疗保健系统会供给"的意识,让他们感到帮助他人的个人责任可以退居其次。与相关人员讨论之后,哈坎决定将重点放在保健中心的接待员身上,并在一家诊所观察他们的工作情况,同时在候诊室对病人进行访谈。哈坎在自己的国家土耳其也进行了同样的研究。

尽管研究是在比较的背景下进行的,但由于这是一系列简短的个案研究,在哈坎进行和解释自己的研究工作时,同样的考量是适用的。正如实施任何个案研究都需要做考量一样(详见上节中的个案研究)。

简而言之,这意味着他无法从自己的研究中得出任何不容置疑、可一概而论的结论,也无法对因果关系做出任何可靠的推断。他能够做的是用敏锐的眼光审视他遇到的每一种情境,提出问题并根据问题的答案做进一步解释。他的观察是否证实了初步研究问题中提出的假设?如果是,在此基础上应该如何进行访谈?作为一项比较研究,分析的重点应始终围绕两国——两国的制度和信仰——之间的社会、历史、宗教和其他文化差异,以及这些差异如何决定医疗保健服务的采纳及其运作方式。

无设计框架

有时一项研究非常简单易懂,实际上就不需要框架。框架——如同脚手架用于支撑事物——只对特定类型的研究有帮助,这类研究需要遵循确切的行为准则,之后才能说研究是按研究规范实施的。实验是一个易于理解的例子。实验有一套严格的规则规定了如何进行设计，这样我们才能说得出的结论具有某种有效性。

研究中或许可能需要脚手架（框架），如在行动研究中，为实现特定的目的而提供一个调查模板，从而改进实践。被贴上"行动研究"标签的脚手架，为你提供了所有思考或从事过此类研究人员的智慧结晶，它向你推荐前进的方法，让你规避他们的错误，并从他们的成果中获益：它指引你朝着这个方向前进，引导你远离另一个方向。

不过一流的"无框架"研究同样存在。实际上无框架研究的例子到处都有。对于某种类型的问题，重要的是针对研究问题采取最佳的数据收集方法，并在数据收集完成后采用最合适的方法分析这些数据。事实上，一些重要的社会研究可以追溯到很久以前——在社会科学家谈论研究设计、研究方法和研究范式之前。

一个著名的例子是19世纪中叶佛洛伦斯·南丁格尔（Florence Nightingale）倡议为参加克里米亚战争（Crimean War）的士兵提供更好的生活和治疗条件。南丁格尔并没有纠结用什么样的设计框架来形成自己的个案研究。相反，她发现了一个问题，基于收集到的有关士兵死亡原因和月份的简单统计数据，提出了问题解决方案。她仔细考虑如何展示自己的统计数据，最终决定使用"鸡冠花"（coxcomb）图，如图6.12所示。尽管这张图在现在看来是出了名的不准确，但当时还是达到了目的，大致揭示了特殊原因的重要性以及部队生活条件的责任归属。

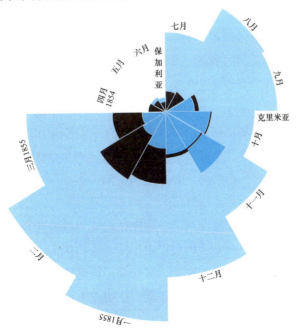

图6.12　佛洛伦斯·南丁格尔的"鸡冠花"图：展示每个月士兵死亡的人数及原因

好像研究方法最为重要,而列举以上例子的目的是再次淡化研究方法的重要性。相反,研究方法强调的是思考问题和用最佳方式回答问题的重要性。当然好的设计在任何调查中都必不可少,但这并不意味着你必须拘泥于"正确"的程序观念。将设计框架视作帮助你将研究问题与恰当研究方法连接到一起的方式,但它不应该把你拴在铁链上。著名社会学家赖特·米尔斯(1959/1970:224)在给新晋社会研究者的建议中这样说道(用的是他那个时代具有性别特征的语言,在此表示歉意):

做一位好工匠:避免任何僵化的程序……避免对方法和技巧的迷信。敦促恢复朴实无华的知识工匠,并努力让自己成为这样的工匠。让每个人都成为自己的方法论者;让每个人都成为自己的理论家;让理论和方法再次成为工艺实践的一部分。

能否混合使用设计框架和研究方法?

回答是:能使用。混合使用设计框架和研究方法完全没有问题,事实上还值得称赞。在同一个研究项目中使用调查、实验和个案研究等方法绝对没有错(不过,考虑到小规模项目时间有限,你不可能把所有方法都用进去)。正如我一再指出的,做研究要因人而异:你研究中所含有的不同元素,关乎不同的研究问题,肯定需要你在方法论上做出不同的回应。有些人谈到使用混合方法设计,好像这是一种大胆、富有想象力的创新,但在我看来,混合方法似乎是世界上最显而易见的事情。我们再回到警察在凶案现场的例子,如果他们说"不,对不起,我们的政策规定只收集访谈数据,我们在任何情况下都不会采集 DNA",那就非常奇怪。在内政部长出面质疑之前,总警司应该很快就站出来纠正这种做法了。人们期望在调查中使用每一个证据碎片和每一个可以想到的分析工具,并对各种证据的优缺点以及故事情节的衔接方式做出适当说明,然后由陪审团来决定所判案件的说服力。你的研究和论文也是如此。

不过将一种设计框架的假设与另一种设计框架的假设混为一谈并不全对。例如,你不能将阐释个案研究背后的假设用于实验的构建,因为这些设计框架源于不同的范式:一种是关于解释和说明,另一种是描述和推理,通常涉及信息的量化。不幸的是,许多学生研究人员(以及专业研究人员)没有充分认识到这一点就走上了方法论的道路,这不仅没有必要,而且会误导研究人员,正如我在前面阐述抽样、信度和效度时试图说明的那样(另见 Hammersley, 1996; Bryman,

1998；Pring，2000，2015；Gorard and Taylor，2004）。

后现代主义

你可能发现研究方法论的讨论中使用了后现代主义。后现代主义既不是设计框架也不是研究方法。相反，后现代主义是一种获取知识和进行探究的方法，与"我能否混合使用各种研究方法"和"但这是科学吗"等问题相关。

后现代主义在艺术和人文学中含义不同。在社会科学中，后现代主义指的是一种观点，即理解事物的方法不止一种，进行探究的方法也不止一种。后现代主义者的座右铭是"没有唯一正确的答案"。他们是怀疑论者，并以此为傲。对于社会科学家来说，后现代主义本质上是对现代主义傲慢和自信的一种批判。后现代主义者会说，现代主义不过是文艺复兴后的一系列妄想而已。这种妄想源于一种错误的信念，即理性主义和科学进步宣扬的确定性，有时加上被称为"辉格历史观"的思想（Butterfield，1931/1973）。辉格历史观对人类事务不断进步保持乐观的看法。但是所有的事情并未变得越来越好。后现代批判主义背后的观点是：在现代世界中发展起来的思想体系——心理学、社会学、历史学、哲学和其他领域的思维范畴——并不一定是我们组织调查的正确方式。后现代主义者会说，我们思考这些框架是毫无希望的好高骛远，没有认识到社会世界的错综复杂性和全然的偶然性。真还是假？谁知道？社会世界不可确定、不可预测，我们假装可以用"元叙事"——现代主义的宏大解释计划和理论——来解释社会世界，看起来聪明，实则不诚实。

在社会科学领域，一些哲学家造就了后现代批判。海德格尔（Heidegger）向客观和主观之间的区别发起了挑战。维特根斯坦（Wittgenstein）认为，语言是无法被切割和分析的——意义存在于我们所说的上下文中，而不是实际的文字中。库恩和费耶阿本德（Kuhn and Feyerabend）对存在"正确的"（而不只是有用的）科学理论这一观点提出了质疑。福柯（Foucault）解释了知识和权力如何相互关联以及特定的解释形式（或"话语"）如何方便掌握权力的人。罗蒂（Rorty）认为所有解释，即使是科学的解释，也不过是一种令人信服的、暂时有用的叙述。

人们声称自己是后现代主义者，或者也可能强烈地反对后现代主义，但我发现这样划分阵营太过简单。现在我们都是后现代主义者，对某些研究所倡导的真理主张的怀疑程度远远超过 50 年前。在上一段我对后现代主义者的 10 秒回顾中，你会注意到他们掀起的思潮对我们今天展开调查的方式产生了相当大的影响。

现在的研究主张严谨性和批判性。然而这并不意味着我们必须走极端，去否认显而易见可能是真的事情：我确信我正坐在一张桌子旁，即使我无法证明这一点来让一位易怒的哲学教授满意。我们进行批判时不应该将自己排除在外。

如果你被后现代批判说服，这会对你的研究方式产生什么影响？我认为在现实世界中，这意味着那些旨在做过多解释的复杂理论无法给你留下深刻印象。这还意味着你需要非常谨慎地对待这一主张，即用研究方法解答复杂的社会问题或有关个人动机和心理问题的主张。社会学家克劳德·列维－斯特劳斯（Claude Lévi-Strauss）（1962/1966）提出了一个与后现代视角有关的有趣观点，他建议我们在进行社会调查时不要总想着对的或错的研究方法。相反，我们应该使用"bricolage"，这个法语词的意思类似于"自己动手"。如果我们自己动手了，我们就是动手者或DIY者。这暗示我们应该摒弃这种假设，即高度有序的社会方法会让我们在教育和社会科学调查中取得成功。我们不应该对自己的研究方法感到难为情，而应该采用最适合回答研究问题的方法——研究方法没有对错之分。德里达（1978：285）通常被认为是后现代主义者，他对列维·斯特劳斯"bricolage"概念的论述如下：

bricoleur 一词是列维·斯特劳斯用于描述使用"手边工具"的人，也就是他发现身边的工具——那些已经存在的工具，在设计之初并没有特别考虑到要使用它们来进行操作，人们通过不断试验和出错来让它们适应操作，在必要的时候毫不犹豫地更换它们或者同时尝试几种工具……

第一个实践步骤是回顾，列维·斯特劳斯说，一位自己动手的人（bricoleur）将"回顾那些由工具和材料组成的一套现成物品，去思考或再思考其中所包含的内容。最后，也是最重要的，与它进行某种对话，在做出选择之前，对整套工具和材料能够为自己的研究问题提供的可能答案进行索引"。（Lévi-Strauss, 1962/1966: 19）

克拉克（Clark，2017）开发了自己的"briccolage"，她将其称为"马赛克法"，适用于幼儿工作。她认为研究人员应该收集有关幼儿生活的单个"瓦片"信息，幼儿生活往往多变且不可预测，他们可以将这些信息拼接成儿童生活的"马赛克"。避免单一的研究方法就有可能全面地了解儿童的世界。

社会学家霍华德·贝克尔提出了类似的观点（尽管我认为他不会轻易称自己为后现代主义者），他将这些不同的方式称为"技巧"。简而言之，技巧就是解决问题的一种手段，它提供了有关现有解释话语的途径。他将技巧分为以下几类：

图像、抽样、概念和逻辑。虽然贝克尔的这本书并不适合研究新手，但它无疑是食谱驱动型研究的良方，令人耳目一新。这一切都需要运用你的智慧，要扔掉教科书（但显然不是这本）进行思考，也就是训练自我思考和利用自己的资源。虽然我不知道贝克尔是否是《星球大战》（*Star Wars*）的狂热追随者，但我相信他会赞同欧比旺·克诺比（Obi-Wan Kenobi）的建议："随遇而安，卢克。"

对于被后现代批判的怀疑论说服的人来说，关键在于探究时要"跳出思维定式"。要横向思考，超越现有研究类别的限制。在我的著作《教育与理论》（*Education and Theory*）（Thomas，2007）中，我列举了一些例子，如"思想实验"和柏拉图的苏格拉底对话。琼斯和布朗（Jones and Browns，2001）对托儿所教师的"解读"就是一个有用的教育实例。

如何建构和撰写方法论章节？

在"方法论"一章，你要解释我在本章和前一章中所提到的所有内容，因此必须在短时间内完成大量工作。必须说明你是如何将研究问题与采用的研究方法联系起来的。不过你也可以在这里提供一些研究的基本细节，比如谁参与了你的研究，如果你正在进行一项阐释研究，那么你是谁。你还需要说明你是如何收集数据以及分析数据的，我将在本书接下来的两章介绍这些问题。表6.8总结了方法论章节的常用结构。

表 6.8　方法论章节的结构

标题	内容
设计	（1）这里你要对你所采取的研究方法进行论证。为什么你决定采取阐释主义立场或客观主义立场？为什么采取行动研究、个案研究或实验等特定设计框架？ （2）对自己做出的决定进行说明，并将这些决定与可能的替代方案进行比较。如果你决定在阐释框架内进行研究，对你的立场展开讨论。 （3）没有必要过分纠结认识论或本体论，但了解这些有助于你选择最佳的研究方法。理解认识论主要是为了你自己，而不是读者。在本科阶段，除非你愿意，否则你甚至不需要在方法论章节中提及认识论或本体论。不过在硕士或博士阶段，解释你的本体论及由此产生的认识论，会对你的研究有帮助
参与者（包括你自己）	（1）抽样。你对哪些人群进行抽样？你为什么选择这类人群进行抽样？你有试着采用代表性样本吗？对如何收集这些样本进行说明。或者与此相反，只关注一个人，讲述他一天的生活经历？如果是这样，说明你为什么选择这个人。 （2）接触。你如何接触研究参与者？接触中有什么问题？你如何克服这些问题？

续表

标题	内容
研究伦理	自你开始考虑伦理问题以来，你是如何处理这些问题的（见第2章）？对此做详细说明，并解释你采取了哪些措施来确保你的研究工作符合伦理准则
数据收集和资料应用	阐述你使用的数据收集工具（见第7章），示例如下。 （1）测试——采用哪些测试，为什么？ （2）调查问卷——包括问卷回复率以及是否对未回复者进行了跟踪。解释你选择的问题，如果问题选择得当，说明你如何对这些问题进行测试。你如何处理未回复的问题。 （3）访谈——是结构化访谈，还是半结构化或非结构化访谈？为什么采用这种访谈方式？阐述你如何推进访谈计划、如何展开探讨研究。说明选择的访谈问题以及如何记录访谈数据，以音频、视频还是书面笔记的方式记录数据。 （4）焦点小组。 （5）观察——采用结构化、半结构化还是参与式观察法？对采用的观察法进行充分的说明。 （6）日志——什么形式的日志？ （7）图像——照片、卡通、视频、涂鸦等，你采用其中的哪种图像？为什么使用这种图像？ （8）文件。 （9）官方数据。 （10）其他（见第7章）。 上述部分既要描述你所选择的数据收集工具，又要对其进行论证，说明你为什么选择这种工具而不是其他技术
过程	解释你要求参与者做什么。说明如何以及何时使用工具收集数据、采取了哪些步骤、按什么顺序？
分析	阐述你选择的分析方法（见第8章），示例如下。 （1）反复比较法。 （2）深描。 （3）软件如Nvivo（数据分析软件）。 （4）特定的统计测试。 适当情况下，讨论效度和信度并概述三角测量法如何在其中发挥作用。 必要时，讨论你是如何对信息提供者的回复进行编码的

方法论章节将随着项目的推进而不断得到完善。正如表6.8所示，它包含了整个研究过程中你为之努力的所有元素。除了说明你为什么选择这样或那样的设计路径外，你还需要说明在方法论方面实际做了什么。正如我在第2章所

> **导师的期望** 在方法论章节的第二部分，你应该清晰阐述为什么选择所用的研究设计框架，内容应涵盖表6.8中的所有部分。

讨论的那样，这里是专门阐述研究伦理的最佳位置，因为你可以基于研究参与者的背景提出你所关注并已解决的伦理问题。

本质上方法论章节会不断得到改进，鉴于此，最好起草一份文档，包含研究涉及的框架元素，如设计、资料、程序、伦理等，并在研究推进过程中不断添加内容，完善文档，而不是期望一次性完成所有内容。

总结

进行研究设计时，你必须考虑自己想要采用的研究途径（见第 5 章）以及选定的研究途径意味着你要如何思考整个研究结构，包括你使用的研究方法、确定参与者的方式以及你的研究成果能在多大程度上获得推广等问题。你可能决定使用设计框架来帮助自己建构研究结构。

设计框架是上层建筑，决定你推进研究的方式。有许多这样的上层建筑可供借鉴，其中每一种都与特定研究目的、特定类型的研究问题有关，有时与特定的知识获取途径有关。不同的设计框架可以在研究中一起使用，而且每种设计框架都可以补充其他设计框架，但有时也不需要使用这样的设计框架。

DIY 活动
建构你的方法论章节

表 6.8 列出了方法论章节的代表性结构。在表中我概述了每个标题下可能出现的内容。绘制你自己的表 6.8，并在"内容"栏中勾勒出你的研究项目中每个标题可能涉及的内容。如果你还处于项目规划的早期阶段，那么你可能无法给出准确的细节。然而思考这些问题并提出一些想法是很好的做法，在阅读并熟悉你感兴趣的话题的过程中，你可能继续探讨这些想法，也可能摈弃这些想法。

拓展阅读

研究设计中的一些普遍议题

Clark, T., Foster, L., Bryman, A. and Sloan, L. (2021) Social Research Methods (6th edn). Oxford: Oxford University Press. 对社会研究方法的介绍

既权威又丰富。

Cohen, L. Manion, L. and Morrison, K. (2018) Research Methods in Education (8th edn). London: Routledge. 对教育领域使用的各种研究方法的介绍既全面又经典，其内容涵盖了一切，你可能需要一辆叉车来搬运这些内容。

Gomm, R. (2009) Key Concepts in Social Research Methods. Basingstoke: Palgrave Macmillan. 价值体现在书中探讨了研究方法的各个方面。它像一张包罗万象的巨大术语表，其中关于叙事分析和自我民族志部分简短精练，非常精彩。

Matthews, B. and Ross, L. (2010) Research Methods: A Practical Guide for the Social Sciences. Harlow: Pearson Education. 介绍抽样的章节很精彩，对方法论其他方面的介绍也非常有用。

YouTube 上有一个视频对立场以及如何在研究项目中介绍立场进行了精彩的讨论，详见网址 www.youtube.com/watch?v=GpcIVzGYhVs。

研究方法知识库网址为 http://www.socialresearchmethods.net/kb/sampprob.php，常规介绍了研究设计，很好地概述了实验设计和概率。

Saunders, M., Lewis, P. and Thornhill, A. (2018) Research Methods for Business Students (8th edn) London: Pearson Education. 易于阅读，便于理解。

Thomas, G. (2011) The case: generalization, theory and phronesis in case study. Oxford Review of Education, 37(1), 21-35. 对推论，尤其对个案研究背景下的推论，进行了全面的讨论。

Winter, G. (2000) A comparative discussion of the notion of 'validity' in qualitative and quantitative research. The Qualitative Report, 4(3-4). Available at: www.nova.edu/ssss/QR/ QR4-3/winter.html. 对效度的讨论既全面又有趣，详见网址 www.nova.edu/ssss/QR/ QR4-3/winter.html。

设计框架

行动研究

Carr, W. and Kemmis, S. (1986) Becoming Critical: Education, Knowledge and Action Research. London: Routledge. 从学术的角度对行动研究进行了讨论。

McNiff, J. (2016) You and Your Action Research Project (4th edn). London:

Routledge. 麦克尼夫写过几本关于行动研究的著作，都是很好的实用手册。

McNiff, J. (2017) Action Research: All You Need to Know. London: Sage. 与吉恩·麦克尼夫其他著作一样，内容全面，易于阅读，附有行动规划表和工作手册。

个案研究

Hammersley, M. (1992) What's Wrong with Ethnography? London: Routledge. 对个案研究的学术讨论质量很高。

Ragin, C.C. and Becker, H.S. (eds) (1992) What is a Case? Exploring the Foundations of Social Inquiry. Cambridge: Cambridge University Press. 包含一些关于个案研究的优秀论文，特别是贝克尔自己的论文和维耶维科撰写的章节。

Stake, R.E. (1995) The Art of Case Study Research. Thousand Oaks, CA: Sage. 在如何建构个案研究方面写得非常好。

Thomas, G. (2011) A typology for the case study in social science following a review of definition, discourse and structure. Qualitative Inquiry, 17(6), 511–21. 对研究主题进行了学术性的处理，审视了历年来对研究主题所下的定义，并提出了一种类型学，将不同类型的个案研究置于不同的背景下。建议个案研究者在推进研究的过程中选择可用的多种方法及路径。

Thomas, G. (2021) How to Do Your Case Study: A Guide for Students and Researchers (3rd edn). London: Sage. 试图引导个案研究者完成个案研究的整个过程，同时探讨可用的不同研究路径。

Thomas, G. and Myers, K. (2016) The anatomy of case study. London: Sage. 凯文·迈尔斯和我从学术的角度对个案研究的使用及其内容进行了概述，并对一个标志性的个案研究进行了突破性的详细分析。

阐释现象学分析

Reid. K., Flowers, P. and Larkin, M. (2005). Exploring lived experience: An introduction to interpretative phenomenological analysis. The Psychologist, 18, 20–23. 对 IPA 的概述既简短又精彩，就实践中所用的设计框架列举了一些有用的实例。

Smith, J. and Nizza, I. (2021) Essentials of Interpretative Phenomenological Analysis. Washington, DC: American Psychological Association. 对阐释现象

学分析做了简短介绍（共 94 页）。

Smith, J.A., Flowers, P. and Larkin, M. (2009) Interpretative Phenomenological Analysis: Theory, Method and Research. London: Sage. 一本很棒的书，不仅全面介绍了 IPA 的理论背景，还列举了一些精彩的 IPA 研究实例，这些实例涉及健康与疾病、性与性行为、心理困扰、生活转变和身份认同等方面。

民族志

Becker, H.S., Geer, B., Hughes, E.C. and Strauss, A. (1961) Boys in White: Student Culture in a Medical School. Chicago: University of Chicago Press. 主要通过参与式观察对医学院一个班的本科新生进行了研究，与其说它是阐释学的例子，倒不如说它是民族志的例子。

Bruner, J. (1991) The narrative construction of reality. Critical Inquiry, 18(1), 1–21. 一篇关于叙事运用的经典论文。

Hammersley, M. and Atkinson, P. (2019) Ethnography: Principles in Practice. London: Routledge. 对民族志原理和实践进行了精彩的介绍，强调了研究人员需要的反思能力。

http://palojono.blogspot.com/2007/07/recording-ethnographic-observations.html. 一个非常有用的博客网站，概述了记录民族志观察资料的六个框架。

Pink, S. (2021) Doing Visual Ethnography (4th edn). London: Sage. 介绍了一种越来越重要的民族志方法——使用图像。

Spradley, J. P. (1980) Participant Observation. New York: Holt, Rinehart& & Winston. 参与式观察的经典范本。

评估

Pawson, R. and Tilley, N. (1997) Realistic Evaluation. London: Sage. 阐述了对评估的一种特殊"看法"，这种看法却被广泛使用。对评估研究中的主流范式进行了有力的批判。

Stufflebeam, D. and Coryn, C. (2014) Evaluation Theory, Models, and Applications. San Francisco CA: Jossey-Bass. 关于评估的高级读物，长达 750 页，内容繁多，对各种评估进行了详细的概括和分析。不是睡前读物（尽管可能

对失眠者有所帮助），涵盖了与评估有关的所有内容。

实验

Crandon, S. (2017) Case-control and cohort studies: A brief overview. Available at: www.students4bestevidence.net/blog/2017/12/06/case-control-and-cohort-studies-overview/. 详见网站：www.students4bestevidence.net/blog/2017/12/06/case-control-and-cohort-studies-overview/. 虽然不是社会科学领域通常认为的实验专用网站，但详细介绍了病例对照研究和组群研究的区别，这对医疗保健领域的人员可能有帮助。

Cremin, H., Thomas, G. and Vincett, K. (2005) 'Working with teaching assistants: Three models evaluated. Research Papers in Education, 20(4), 413-32. 小规模实验的例子，对本章（例6.6）凯伦个案研究的研究基础进行了充分详细的介绍。

http://foodheroesandheroines.wordpress.com/tag/margaret-mcmillan/. 详细介绍了玛格丽特·麦克米兰关于学校膳食的实验。

Morrison, K. (2020) Taming Randomized Controlled Trials in Education: Exploring Key Claims, Issues and Debates. London: Routledge. 对教育研究中使用的随机对照试验进行了精彩的综述和批判。

Thomas, G. (2016) After the gold rush: Questioning the 'gold standard' and reappraising the status of experiment and randomized controlled trials in education. Harvard Educational Review, 86(3), 390–411. 试图解释为什么随机对照试验不尽如人意，而且肯定不是方法论的"黄金标准"。还讨论了社会研究中的实验概念为何变得如此僵化。主张在社会科学领域，研究者最好采用一种更为宽松的实验概念。

Thomas, G. (2021) Experiment's persistent failure in education inquiry, and why it keeps failing. British Educational Research Journal, 47(3), 501-519. 解释了实验为何在社会调查中作用不大。实际上实验可能歪曲研究的情况，造成极大的误导。

纵向研究与横向研究

Macmillan, R. (2011) Seeing things differently? The promise of qualitative longitudinal research on the third sector (TSRC Working Paper 56, Third Sector Research Centre, Birmingham). 对"第三部门"的纵向研究进行了很好的综述。

Roman, G., Rusu, A., Graur, M., Creteanu, G., Morosanu, M., Radulian, G., Amorin, P., Timar, R., Pircalaboiu, L. and Bala, C. (2019). Dietary patterns and their association with obesity: A cross-sectional study. Acta Endocrinologica (Bucharest), 15(1), 86–95. 医疗保健中使用横向研究的一个示例。

Ruspini, E. (2000) Longitudinal research in the social sciences. Social Research Update, 20. http://sru.soc.surrey.ac.uk/SRU28.html (retrieved 18 October 2016). 不仅易于阅读,还提供了很好的概述和参考文献列表。

Ruspini, E. (2002) An Introduction to Longitudinal Research. London: Routledge. 一份有用的概述,举例翔实,论述透彻。

比较研究

Phillips, P. and Schweisfurth, M. (2008) Comparative and International Education: An Introduction to Theory, Method and Practice. London: Continuum. 涵盖了方法论和比较研究中出现的一些问题。

还可以参阅《比较与国际教育》(*Compare and Comparative Education*) 等期刊。可在互联网上查找这些期刊,它们包含了近期对一些重要议题的讨论。

混合方法

Tashakkori A., Johnson, R. and Teddlie C. (eds) (2020) Foundations of Mixed Methods Research. London: Sage. 一本有用的藏书。

后现代主义

Alvesson, M. (2002). Postmodernism and Social Research. Buckingham: Open University Press. 建议特别关注前两章。

Clark, A. (2017) Listening to Young Children, Expanded Third Edition: A Guide to Understanding and Using the Mosaic Approach. London: Jessica Kingsley. 虽然没有明确阐述后现代主义的观点,但对许多传统方法论的桎梏发起了挑战,主张将不同类型的数据收集和分析组合在一起。

第 6 章　自评表

复印此表并填写答案，这可能对你有帮助。

	记笔记	
1. 你是否考虑过你的研究可能属于测量变量类研究？	如果是，确定变量。否则概述研究的解释背景。	✓
2. 你是否考虑过抽样？	采用什么样的样本？ 如果你需要样本，你将如何确定样本？ 或者说，这更像一个确定参与者的问题？	✓
3. 你是否考虑过可能建构你研究的各类设计框架？	其中有哪些特别适合你的研究？	✓
4. 你是否用 Word 编写一个"设计和方法论框架章节"文档，其中包含以下小标题：设计、参与者、研究伦理、数据收集和资料、过程？	在项目推进过程中不断完善这一框架。	✓

7

收集研究数据

一旦确定了研究方法和设计框架，就可以采取不同的方式来收集数据。

本章具体讨论以下内容：

- 访谈
  - 结构化访谈
  - 半结构化访谈
  - 非结构化访谈
- 报告
- 日志
- 小组访谈
- 焦点小组
- 文件校验

⎱ 主要使用文字数据

- 调查问卷
- 观察
  - 结构化观察
  - 非结构化观察
  - 参与式观察
- 图像法

⎱ 使用文字或数字数据

- 测试
- 官方统计数据
- 其他数字数据

⎱ 主要使用数字数据

- 找准研究切入点，提出一个好问题
- 撰写文献综述，优化研究问题
- 决定研究方法
- 开展调查研究，收集数据  你在这里
- 分析数据，展开讨论
- 得出结论，撰写论文

工具和方法

到目前为止,我们一直在讨论研究设计。没有接下来的研究建构,研究设计就没有太多用处。如果没有后续的制作过程,托马斯·奇珀代尔(Thomas Chippendale)设计的椅子便毫无意义。因此为了制作出椅子,奇珀代尔先生需要使用锯子、锤子、凿子、螺丝刀、剪刀、车床等工具。

研究设计同样如此。一旦确定了解决问题的方式以及即将使用的大体设计框架,便能确定如何收集数据——这决定你将使用的工具:收集信息的设备和技术。这两个步骤的顺序不能颠倒,换句话说,不应该先想好资料收集的工具,再尝试找到使用工具的方法。心理学家亚伯拉罕·马斯洛(Abraham Maslow)(1966:15-16)说:"如果你只有锤子这一个工具,就将所有的事情当作钉子来对待。我认为这很危险。"我们应注意马斯洛的警示——不应该让方法主导工具。方法也不应该优先于研究问题,否则我们就会陷入只能研究特定类型事物的世界,我们对世界的理解可能被扭曲。

让我们回顾一下推进研究的过程(见图7.1)。

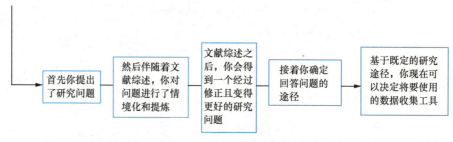

图7.1 如何完成数据收集

方法是指做事的方式,通常意味着系统地完成某件事。本章将概述一些收集数据的方法,即系统地获取数据的方法。在我看来,"系统地"并不意味着僵化、正式,或者采用严格、标准化的程序(尽管可能会出现这种情况),而是指经过深思熟虑的收集数据的方法。这些方法可以与第5章和第6章中解释的研究途径和设计框架一起使用,其中一些方法主要收集文字数据,另一些方法主要将信息转化为数字,还有一些方法可同时收集文字和数字数据。

关于使用的专业词汇有一点需要说明:本章谈到了研究工具(tool)、研究方法(method)、研究技术(technique)和研究仪器(instrument),这些术语几乎可以互换使用。我知道这有点令人感到困惑,特别在教科书中混合使用这些术语与研究设计术语的时候。我将尝试之前使用过的隐喻来拓展我的解释。螺丝刀、凿子和锤子无疑是工具，不是方法，但是工具必须与方法一起使用：观看没有经验的人使用锯子实在是令人痛苦的体验。你需要明白如何使用锯子——找到一个坚固的底座，用脚踩住放在上面的木头，然后轻轻地锯出一道浅凹槽，固定住木头，用力向下推锯，再轻轻地拉回锯子。学会使用方法之后锯子才有用处，不然锯子虽好但毫无用处。因此工具和方法要结合起来使用。社会研究更是如此。工具与方法几乎密不可分，以至于有时很难将它们分开——方法几乎就是工具，这就是为什么有时候这些术语会放在一起使用。因此你可以认为本章介绍的是研究工具、研究方法、研究技术和研究设备。

发挥创造力

首先我必须提醒一点，你不应被我将在本章概述的工具限制住。在你想要使用的数据收集技术中，有供你发挥创造力和想象力的空间。本章中次级标题下概述的方法，是收集数据常用的方法，但这里的名单既不是最终版本，也不是全面的版本。最近我和一位学生交谈，发现他想使用的数据收集方式非常有创意。他正在收集 20 世纪 30 年代和 40 年代曾就读于特殊学校的退伍老兵的生活经历，询问他们认为特殊教育对自己的人生产生了什么影响。除了用传统的方法访谈这些老兵外，他还在两张纵向相粘的 A4 纸上绘制了时间轴，标记了与这个人一生相关的重要历史事件（见图 7.2），他可以基于这些重要历史事件完成对研究参与者的访谈。

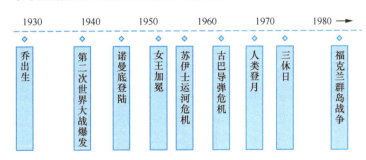

图 7.2　刺激记忆的时间轴

时间轴上标记的事件有助于唤起受访者的记忆，帮助他们把记起的事情放在正确的时间位置上。他可以把这些粘连起来的 A4 纸留给参与者，参与者可以查看并与亲戚朋友讨论。虽然我知道这种收集"数据"的方法并不是我学生独家使用的方法，但在一般的教科书中也未出现过（或者至少我没见过）。这并不能阻止该方法成为一流的自制技术，它既能刺激信息的产生，又能确保信息的真实性。

数据收集工具——主要用于收集文字数据

访谈

访谈是与某人进行讨论的过程，试图从他那里获取信息。这些信息可能是事实、观点、态度或这三者的任意组合。访谈可分为三种基本类型：结构化访谈、非结构化访谈和半结构化访谈。

每种类型的访谈都包括访谈者与受访者面对面的交流或电话联系。（顺便说一下，"应答者"和"信息提供者"有时也可代替"受访者"一词。）

这种个人接触能提供大量的信息：你是以另一个体的身份在提问（这里我只是猜测），受访者在面对面时会以完全不同的方式回应你，这不同于他们回应通过电子邮箱发放的调查问卷。这是一种设置好的支持方式：大多数人愿意提供帮助并给出意见（只要话题在某种程度上对他们自己、同事、朋友或家人而言不是敏感问题），并且通常会因为访谈者在当场而活力满满地提供帮助。如果你不辞辛苦地安排一次访谈，基本上就能得到回应。最重要的是，你与受访者交谈时，能够与他们建立联系；你能听懂他们在说什么，并使用手势或话语鼓励他们说得更多（或更少）。你能看出和听出他们行为的细微差别，为你提供重要的线索，去了解他们对某个话题的感受。基于个人接触的重要性，采访者要重视自己的外表、行为举止和说话的语气——你希望别人如何看待你？把你看成"我们中的一员"（像受访者一样），还是一位权威人士，或是一位中立者？……或是其他什么身份？你的决定会影响你的仪表、声音和行为方式。

不论你决定如何展现自己，在正式访谈开始之前，最好的做法当然是让受访者感到轻松自在，比如谈论天气、旅程或是任何无关紧要的事情来打破僵局。有时这被称为"建立融洽关系"。受访者的特质和你与他们关系的本质有所不同，当然建立融洽关系的本质也会随之有所变化。但要记住，建立融洽关系不是经历简单的机械过程，而是真实建立联系的过程——证明你是真人的过程——在某些情况下这可能比其他研究过程要困难很多。与孩子建立融洽关系可能特别困难，所以除非你很了解他们，否则最好避免对孩子进行访谈。我为政府部门做过一项研究，在一所专门为行动困难儿童设立的特殊学校里，对6个13岁左右的孩子进行了系列访谈。记忆中，尽管我做出了大胆的尝试来建立融洽关系，但收到的回答通常是"不知道"。[克拉克（Clark）(2017)提供了研究儿童时与儿童打交道的很好建议，详见本章末尾的"拓展阅读"部分。]

人际互动在访谈过程中是非常重要的要素，所以在访谈开始之前，你需要问自己：你想从受访者那里获取什么样的信息？你怎样通过人际互动获取信息？

你的设计（即研究目的、研究问题、研究方法和设计框架）是否意味着你会解释受访者的话语，从而揭示研究场景所起的作用？或者研究设计决定了只需直截了当地陈述"事实"？如果是前者，你要努力"读懂"受访者的行为——他们的习性、肢体语言、犹豫和眼神——并且你要像记录他们的话语一样认真记录这些内容（记在脑子里或记事本上）。可以利用这些线索来猜测受访者的真实意图。

"当我使用一个词时，"汉普蒂·韦尔德（Humpty Dumpty）以一种颇为轻蔑的语气说，"它只意味着我选择它所代表的意思，不多也不少。"［刘易斯·卡罗尔（Lewis Carroll），《爱丽丝镜中游记》（Alice Through the Looking-Glass）］

汉普蒂·韦尔德说的没错：词语的意义确实会随着语境的变化而改变——意义超越了词语本身，因此我们通常可以"读懂"另一个人的意思，却不受他们所用词语的限制。因此有时候我说"是"时，却表达"不"的意思，我想我周围的人可以从我的言行举止中看出我的意思是"不"：说"是"时，我可能用讽刺或犹豫的语气，我可能在撒谎，并避免眼神接触（显然我并不经常撒谎）。当回答开放式问题时，我可能绕来绕去或支支吾吾。从暴露出来的这些相当微妙的行为或言语中可看出人们可能表达的真正意思，这就是面对面访谈的宝贵之处。

文字记录或转录：以书面形式记录最初的口语内容。因此，如果你做了访谈，并录制了访谈录音，然后回放给自己听，并全部用文字记录下来，那么用文字记录下来的形式就叫作"转录"。

数字化思考 7.1
转录

Google Voice 等软件可以帮助你收集来自应答者的语音数据，然后自动转录成文字。对于有听力障碍的人来说，可以使用谷歌的 Live Transcribe，该应用程序能将音频实时转录成手机屏幕上的文字。

但要记住一点：不论如何，转录软件并不完美，不过值得一试。比如，在试点研究中使用转录软件。

在记录别人的发言时，你有两种选择：一种是当场（或事后很快）做笔记，另一种是进行电子录音，之后进行转录。使用哪种方法取决于你需要记录所说话语的准确程度，当然录音频无法捕捉到我刚才提到的行为线索，因此附带记笔记很有用。一份精准的访谈记录会非常有帮助，尤其当你在做解释性研究时。如果你觉得有必要录音，要确保自己熟悉手机的录音功能（先在家里练习，以防出错）。不论你使用何种记录方法，都需要向受访者简要解释这些方法以及数据的处理方式，包括数据存储、数据分析和研究完成后的数据销毁方式（参阅第2章中有关伦理的讨论）。

与面对面访谈一样，电话访谈要考虑相同的受制因素。但电话访谈中你会错过情景细节和行为细节，更不用说应答者的投入度了。

结构化访谈

结构化访谈是与一个人的会谈，并在会谈过程中提出一系列预先设计好的问题。除了这一系列设计好的问题，结构化访谈几乎没有进一步跟进提问的余地，也几乎没有让受访者说出有趣言论的可能。结构化访谈背后的理念是，不同受访者提供的答案具有一定程度的一致性。受访者的回答将被记录在一张表格上，里面可能混合着不同类型的回答，包含开放式和封闭式的回答。

结构化访谈有一些优势，但有限。一是相比其他类型的访谈，结构化访谈实施起来相对简单快捷。二是受访者的回答易于编码。除此以外，结构化访谈的优点并不多。请记住，进行访谈的目的不只是得到一个肯定答复，在方框里打钩，更是希望通过人际交往获取信息。面对面访谈让你有机会了解受访者，而结构化访谈无法利用访谈情境中的现成优势。虽然你可以注意到受访者在回答问题时的举止，但如果拘泥于结构化访谈的形式，你就没有机会进一步提问来跟进这些行为信号。即便采用了面对面的方式，结构化访谈并无太大优势，不如采用书面形式，即调查问卷的形式（第219页）。

开放式问题和封闭式问题

开放式问题允许受访者以任何愿意的方式作答。例如，你可以这样问受访者："你对国家彩票有什么看法？"受访者可以随心所欲，不受时间限制地吐露任何意见或偏见。你的工作就是尽可能准确地记录这些信息（或根据需要），以便后续分析。封闭式问题需要特定的回复，如"你是否支持国家彩票？是或否"，或"对于政府想通过国家彩票筹集资金，你是否感到满意？非常满意、满意、没意见、不满意或非常不满意"。受访者必须按照要求回答封闭式问题。受访者不能说"那取决于你说的'赞成'是什么意思"或者"我觉得都可以"。

非结构化访谈

　　非结构化访谈就像谈话。除了你感兴趣的大致访谈主题外,并不需要预先确定访谈形式。你并不是带着事先指定的问题去见受访者。非结构化访谈背后的理念是应允许受访者设定流程。应该由受访者确定将要谈及的重要议题。当然这是阐释性研究所需要的:这类研究需要由受访者设定场景,让他们告诉你议题之所在。研究者要以开放的心态进行研究,为研究设定的"框架"必须使受访者有设定场景的余地。

　　除了让受访者主导访谈之外,非结构化访谈的主题也会有多种变化,这正是非结构化访谈的特点。如果受访者完全偏离了主题,那么你希望以某种方式将他们拉回主题。不过将他们拉回主题时需要注意,他们说话的方式也许就是如此——"离题"一会儿,然后回到主题。或者他们喜欢在谈话时讲故事,而非结构化访谈给了他们讲故事的机会。有时受访者会利用"同情之耳"(有人听自己诉苦或宣泄情绪)来宣泄自己的某种观点,或者几乎把你当作无偿的心理咨询师来倾诉。

　　于理而言,你应该尽量理解受访者,毕竟他们不仅付出了自己的时间,而且这样做可能给你带来一些非常有价值的信息。如果在这种情况下透露了一些微妙或敏感的事情,你应在访谈后与受访者确认:他们是否同意这些具体信息被使用,或者同意以哪种匿名的方式使用这些信息。披露这些信息时你可以只把它们当作一般性的评论,或者受访者接受以匿名方式引用这些信息,前提是你们必须达成共识。

　　在不设置流程的情况下,你应该如何提示受访者?提示的程度有轻有重:可以简单地说"你能告诉我有关这件事更多的信息吗?",也可以说"这让你感觉如何?"或"接下来发生了什么?",这样提示的意味更浓。如果你真的对受访者说的话感兴趣,就要避免问"这会让你感到愤怒吗"之类的问题。这种问话真的像在替受访者说话。

　　由于非结构化访谈中解释受访者话语的占比很大,向他们确认你是否正确理解了他们的意思这一点很重要。可以复述、总结或转述你所理解的受访者所说的话,让受访者有机会纠正错误或质疑他们认为错误的解释。这个过程被称为成员核查(member checking)。[我要补充的是,一些质性研究人员质疑成员核查的适用性,因为成员核查意味着在访谈过程中会发现一些"固定的真相"(被操控的真相)。质性研究人员认为,理解是访谈者和受访者共同创造的,不存在有待事后发现的正确、客观的真理。]

半结构化访谈

就访谈而言,半结构化访谈提供了两全其美的方法,既有涵盖访谈议题的清单结构,又有必要时追问要点的自由。由于兼具结构性和自由度,半结构化访谈在大多数小规模研究中是常见的安排。然而这并不代表半结构化访谈总是最好的选择,根据你的研究目的和设计框架,其他的访谈安排也许更适合。

> **数字化思考 7.2**
> **转录**
>
> 在转录访谈内容时,可考虑使用 Express Scribe Transcription 等转录软件。该软件可以免费下载,可通过开关或键盘控制回放速度。免费版本支持 MP3、WAV、WMA 和 DCT 格式。
>
> 另外,也可以使用 Dragon 等语音识别软件,用于转录访谈内容或直接输入文字。Dragon 的广告说其软件转录速度比打字快 3 倍,准确率高达 99%。嗯。我想他们会这么说!难道他们不会吗?不过,如果你讨厌打字,语音识别软件也许值得一试。

你的研究需求。例如,如果你真的有兴趣解读受访者的评论,同时也是研究情境的参与观察者,那么非结构化访谈会是好的选择。

我这么说是因为(在我看来)太多学生将半结构化访谈看成是最直接、看似显而易见的选择。事实上这可能引导他们去做一项不同类型的研究,与初衷大相径庭。如果你真的打算做一项民族志研究,那么你以参与观察者的身份进入研究环境,就会了解研究中的"参与者"是如何扮演自己的角色的——这取决于他们在研究环境中构建的意义。这种情况下如果你想要选择半结构化访谈,那么这种访谈工具会显得过于僵化,在实际研究中无法使用。这就好比要求受访者成为一名画家,然后给他们一套按数字涂色的绘画工具,要求他们按照数字的顺序及颜色来完成画作。

为了让半结构化访谈充分发挥其优势,你需要一份访谈大纲,即一份涵盖你意向议题的清单。这些议题不一定以问题的形式出现,相反,它们只是提供讨论要点的备忘录。不过访谈不会要求你按顺序完成这些要点,也不会以任何正式的方式要求你遵循一整套访谈格式。相反,访谈大纲只是对你想要涵盖议题的一个提醒。

例如，如果你发现受访者在回答第一个问题时已经连带回答了第二个问题，那么就没有必要再提出第二个问题，除非你觉得你还需要获取更多信息。事实上这正是半结构化访谈的特点：如果你想了解得更多，就继续提问，延长讨论某个要点的时间。

访谈前拟定的访谈大纲是议题框架，由议题框架引出可能的问题，再引出可能跟进的问题，形成各种探究。探究是鼓励受访者对他们答案中的不同方面继续进行拓展，可以口头说"请继续……"，也可以使用歪头、点头或扬眉等动作（但最好不要同时使用这三种方式）。

让我们来举例说明如何拟定访谈提纲。假设你是一名正在攻读法医心理学硕士学位的缓刑监督官，感兴趣的是黑人和少数族群青少年犯罪者对受害的感知。你决定访谈自己偶尔看望的一家少年犯管教所中的年轻人。你访谈的问题将围绕受访者与警察、教师和其他人（如店主）打交道的经历，以及他们在多大程度上认为自己因种族原因而受害。首先，你要询问发生冲突的情况、记录受访者在接受谈话时的反应以及他们的父母对警察的态度。访谈大纲如图 7.3 所示。

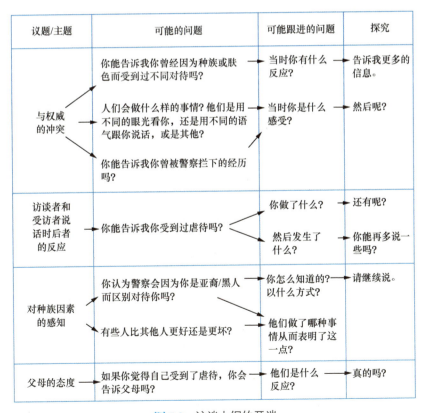

图 7.3　访谈大纲的开端

这份关于议题、提问和探究的访谈大纲只是一份指南，你可以根据需要对其进行调整。访谈大纲只是一个帮助访谈的结构，而不是一种束缚。换句话说，你可以根据需要随时提出不同的问题或补充问题。你可能发现，访谈中的一个特别元素正催生出特别有意思的评论，这种情况下你可能希望将所有的访谈都聚焦于此。这就是半结构化访谈的精髓，即其结构化的特点会提醒你研究目的和主题，但又不会限制你们讨论的内容。

报告

报告确实是非结构化访谈的产物，但不要期望通过访谈收集报告资料。例如，针对不同的信息提供者采用不同的报告形式。可以写像长篇书面论文的报告，也可以录音，随后进行转录。报告内容的处理方式与非结构化访谈数据的处理方式相同。

日志

日志记录研究者或研究参与者的思想、情感、行动、反应、对话等内容，或者是有条理地记录开展的具体活动。研究日志记录了随着时间推移而发生的事情，或者捕捉发生在参与者身上的不同寻常或罕见事件。

在研究行话中，日志分为以下几种类型。

- 间隔追随法，即参与者每隔一段时间报告一次自己的经历。这是常见的一种研究日志。
- 信号追随法，即利用某种信号装置（如电话或短信）提示参与者在特定时间间隔（固定或随机的）提供日志报告。
- 事件追随法，即每发生一件大事时参与者都要写一篇日志，因此能够捕捉到罕见事件，这是间隔追随法或信号追随法不一定能捕捉到的。

有些人在报告中透露的信息会比面对面访谈更加详尽，这种情况往往体现在儿童和青少年身上，他们只需具备写作能力即可。如果他们不具备写作能力，可以考虑使用语音日志，甚至可以使用视频日志来记录表情、手势、叹息、苦笑、皱眉，甚至眼泪——这些都是书面日志或语音日志可能遗漏的情境特征。如果你认为视频日志记录得更加充分，那么就值得你付出额外的努力去录制视频日志。

非结构化日志

如果将日志作为阐释性研究的一部分，你可能要在实地考察期结束后立刻写日志，记录各种事实、观点、看法、解释、即兴谈话等。你可以用书面形式保存日志，或以录音形式保存日志，之后进行转录。

下面方框里的内容，节选自我在研究学校管理者的作用时所写的日志。（该研究最终夭折。）我本人也是管理者之一，因此可以作为观察者参与其中。

> **星期三（3月21日）全体管理者会议**
>
> 校长的报告可谓无聊透顶，没有任何内容与学校的发展战略或方向有关。他谈到了德国交换生（校长说他们"非常有吸引力"——这样形容学生似乎有点奇怪），谈到了学校教职员工，还有毒品，并附上当地报纸的剪报，说毒品是个问题。难道我们不知道毒品是一个问题？——好像我们需要剪报来告诉我们似的。校长对学校的发展战略一无所知，只是说了20分钟无关紧要的事情。我们礼貌地听着。不，是太有礼貌了。这里的每个人似乎都默认了校长的报告，仿佛这就是他们来这里的目的——来到地球上就是为了听校长滔滔不绝地讲学校里发生的无聊琐事。他们似乎认为自己既是监督者也是受托人——确保将事情办好，确保学校教职员工不胡作非为。我想这里似乎还有一些正义存在。这或许就是管理者存在的初衷。
>
> 讽刺的是，（就我隐约记得的）像凶悍老太太和退休老上校这样老式的管理者可能确实起到了这种作用。不过这些新生代的管理者对于战略性发展方向的把握及所承担法律责任的接受，仅按着他们自己的步调进行缓慢的改变。这似乎并没有解释普通管理者的职责，他们仍然把自己视为监督者或者受托人。新一代混合模式管理者的问题在于，他们一点也不像凶悍老太太和退休老上校，他们已经入乡随俗了。像我们一样，他们也希望得到校长和副校长的喜欢，希望受邀参加新教学楼的落成典礼，希望被人需要。马斯洛（Maslow）是对的，这种被需要感是基本的人类需求，几乎让人无法抗拒。因为"被需要"的需求十分强大，没有人会对校长说："闭嘴，你这个无聊的人。你讲的话不仅毫无关联，你还表达不清、语无伦次。请立刻停止讲话。"相反，我们所有人都在听，除了听到冷笑话后偶尔的窃窃私语外，在场的20个人都鸦雀无声。最后主持人说："P（校长名字的首字母），谢谢您带来如此全面翔实的报告。"我也一样，我也想被人喜欢。所以当校长结束会议时，我轻轻点头，朝着他的方向微笑，希望他注意到我。

从这篇日志中你会发现，它不只简单地记录这些：发生了这件事，又发生了那件事，再发生了另一件事。相反，日志不仅记录了事件，也记录了我对事件的解读。这与民族志的期待一致，它是我对事件进行的一系列诠释——诠释管理者的角色，以及他们总体上如何在委员会会议和董事会中建构自己的身份。他们为什么认为自己要在那里？他们认为自己正在做什么？校长认为他正在做什么，他如何建构管理者的角色（如果他真的有任何的想法——关于任何事情的想法）？研究日志或日志分析常见的弱点是不做解读（当然你不必像我一样在这里说得不近人情）。作为民族志的一部分，日志不只记录事件。

结构化的日志

日志也可以有条理地收集有关具体事件或活动的数据。我在完成博士论文时进行了一项小型的研究，其中要求 100 名小学教师以课表的形式写日志。这些教师要记录教室里与他们并肩工作的人，他们工作了多久，他们在做什么。之前我做了一项问卷调查，询问了研究参与人员的大致类别，结果包括家长、助教、六年级学生、志愿者等。我还想了解活动的类型、工作小组的规模以及这些人在教室工作的时长。这需要收集大量的信息，重要的是，如果不编制一份表格，将这些人之间的联系及其活动信息保留下来，对于繁忙的教师来说，记录上述信息就变得非常复杂和耗时。

我决定每一位参与研究的教师都用他们熟悉的课表格式来写日志，使用这种方式是为了让参与教师在尽可能少的时间内获取尽可能多的信息。结果他们似乎很喜欢这种熟悉的格式，使得完成日志变得很简单，我也获得了 60% 的回复率（对于这种通过发送邮件请求参与协助研究的方式，60% 的回复率已经很高了）。事实上任何此类请求都要以简单为原则：如果协助工作看起来难以完成，那就会被扔到垃圾桶里。

这些日志在冬季学期的一周内完成。教师编码了课堂上与自己一起工作的人员类型（6 个选项）、活动类型（15 个选项）、合作小组的规模（5 个选项）和工作时长。他们要将参与者姓名的首字母与代码放在一起，通过这些代码可以确定某个类别中某个人一周内的工作次数。大多数数据以帮助时段为单位进行处理，帮助时段是指一个未被打断或连续几个未被打断（如被课间时间或午餐时间打断）提供帮助的时段。日志会以时间表（类似图 7.4）的形式返还给我。教师还可以添加代码，代表开展活动的类型。在时间表反面，他们可以选择添加自己的每日评论，包括思考、感受、想法、遗憾、错过的机会等。

星期一	MT 整个上午（教学助理）	B 女士（支援者）	ZS 整个下午（教学助理）
星期二			
星期三		V 女士（父母）	
星期四			
星期五		I 女士（父母）	

图 7.4　以课表形式记录的日志

日志与数据收集方法一样，可以采取多种形式，重点是随着时间的推移有规律地收集数据。

记录反思日志

反思日志与日志类似，都是定期进行记录。然而反思日志不只是简单地记录事件，而是把重点放在思想、观点、评价、判断、感受和见解上。这些反思能帮助你学习如何进行研究，帮助你反思和改进研究实践与技能，以及获取纳入调查结果的真实数据。

下面是关于课堂观察反思记录的一个示例。

场景： X女士的课堂：2021年6月6日	通过非结构化观察，我发现Z（焦点儿童）非常活跃，在教室里四处活动。我发现自己作为"参与观察者"，也需要参与教室整个区域的活动，而不是过多与某个孩子或团体打交道，因为这样我可能错过Z在四处走动时所做的事情。
什么事情进展顺利？为什么？	我能够在几个场合以相当轻松的方式和Z交谈。我想我能在"自然"会面中从他那里获得比访谈他时还要多的信息。在非结构化观察中，我可以看到Z在具体场景中的行为，根据其他孩子的举动以及他们对Z的反应，我开始理解Z的行为。
我还能做得更好吗？	我本来可以问X女士是否可以把我介绍给班上的孩子们，因为他们一直在问我是谁。我本来可以在教室里多走动，而不是过多参与一两个小组的活动。我在写笔记之前耗费了太长的时间。关于我要做的观察及解释，我应该征求X女士的意见。
长期影响	查阅更多有关参与式观察的资料。 总是立即记笔记。 总是与主要参与者一起检查笔记和观察记录。

日志不一定非要采取以上形式，相反，可以采取更自由的形式，记录下你对研究工作的每日反思。

你可以在所在大学图书馆的网站上找到关于日志记录和其他反思写作的指南。以下是来自我所在大学图书馆的建议。

> **坚持写反思日志的小诀窍**
> - 即使个别条目很短，也要定期写入你的日志。
> - 当然要描述发生了什么事，但也要尝试采用分析的方法，思考事情为什么会以某种方式发生，而不是只描述发生了什么事。

- 尝试运用思维导图、图表或草图等技巧。
- 回顾你所写的条目，看看是否能找到主题，并确定自己需要采取的长期行动（如提高某项学习技能）。
- 不论你选择写什么，都要记住：通常没有正确或错误的答案，这只是一个学习的过程。

正如我所提到的，反思日志不仅有助于培养你的研究能力，也可以被纳入研究成果，或者放在正文的主体部分，或者放在附录中。反思日志在案例研究中的确可能成为数据收集工具的核心要素，让你在研究过程中将自己融入"深描"中，自然而然地做记录。

引述阐释研究者的日志内容也有助于解释研究者的立场。以下描述了一位研究人员如何利用自己的研究日志。

我利用自己的反思日志，让自己的历史观、价值观和假设接受公开审查，这并非操控偏见，而是为了让读者看到我的偏见。比如，在我论文的引言章节，我摘录了研究开始前自己写的日志，以清楚说明研究开始前我的经历、价值观和假设等（Ortlipp，2008，698）。

奥特利普（Ortlipp）还描述了反思日志如何帮助她反思自己的研究方法并改变原计划。

某些情况下，批判性的自我反思促使我在研究过程中改变研究方法，使用我最初没有计划使用的方法，并舍弃我在研究计划书中预先计划好的研究方式。（Ortlipp，2008，699）。

对自己的研究主题、研究过程和立场进行公开反思，是所有阐释性研究的重要因素，在清晰认识到这些的过程中，撰写反思日志对你大有裨益。

小组访谈和焦点小组

小组访谈（group interviews）需要与个人访谈分开讨论，因为群体中存在特殊的行为方式，如果你同时访谈多人，你需要注意这一点（是的，两个人就能构成一个群体，因此要注意与个人访谈分开讨论）。

人们在群体中的表现各不相同：特定的个人可能变得更健谈或更缄默；有些人起带头作用，有些人则追随他人；有些人"暴躁易怒"，有些人则乐于助人。整个群体的行为方式有其特别之处，不同于个人。举例来说，一个群体往往表现出所谓的"风险转移现象",这在社会心理学中已得到广泛认可。很可能群体会做出比个人风险更高的决定。假如你向一群人提问:"你会让有犯罪记录的人住在你家吗?"然后向同等数量的人单独提出这个问题,你可能发现,群体所做的决定风险更高(即更有可能回答"会")。人多力量大,即使是对凭空想象的事件做出决定,这句格言同样适用。

在安排小组访谈之前,你需要弄明白为什么要进行小组访谈而不是个人访谈。进行小组访谈是为了节省时间吗?如果是为了节省时间,那么你必须意识到由小组访谈得到的回答与你单独采访同一个人得到的回答会不同。除了"风险转移"倾向和与小组有关的其他现象外,一两个人的声音也许会主导一个小组,但这些声音可能根本无法代表小组里绝大多数人的意见。当然进行小组访谈也需要有合理的(符合学术规范的)理由,要考虑群体心理学。你想知道一个小组(作为一个群体)在应对假想事件时会有怎样的行为反应或动作反应吗?你是否想将小组的态度与小组内个人评估的态度进行比较,或许是为了判断一两个小组成员的权力影响?正是考虑了这些因素,你采用小组访谈才符合学术规范。

数字化思考 7.3
同步和非同步远程协作

你可以利用远程协作与其他研究人员进行交流,也可以从国内和国际各地的参与者那里收集数据。远程协作有两种类型:同步协作(每个人在完全相同的时间协作),如视频会议或聊天室;非同步协作(人们不一定要在同一时间交谈),如电子邮件、论坛、Facebook、Twitter、博客或维基百科等。

同步交流可以考虑使用 Zoom 或 Skype 的小组会议来召开焦点小组会议。

论坛是互联网网站上针对特定研究兴趣开辟的讨论区,与有意参与你研究的人员建立联系时,论坛可能是一种特别好的方式。例如,你可以在财会世纪网(Accountancy Age)开设博客,通过博客与感兴趣的读者联系。或者,Mumsnet 会组织讨论,即"主题谈话",涉及读书、教育和健康等广泛主题。我的学生在其中的一些论坛上发布了 SurveyMonkey 调查问卷,收到了几十份回复。如果你想了解家长对某一话题的看法,这类网站值得一试。

你也可以在推特上进行同样的操作(粘贴调查问卷的链接)。

一定要记住,通过 Twitter、Facebook、Momsnet 或任何形式的社交媒体接触到的人极有可能不代表范围更大的人群。

虽然"焦点小组"(focus group)已开始和"小组访谈"互相替代使用,但这两种小组的侧重有所不同。小组访谈的重点是研究人员发挥主导作用,提出问题并控制讨论的进行——就像访谈者在结构化或半结构化访谈中引导讨论一样,因此由研究人员提问,受访者回答问题。但在焦点小组中(焦点小组是市场研究中偶然出现的技术),研究人员扮演的角色是促进者或主持人。如果你正在主持一个焦点小组,意在促进或协调参与者之间的讨论,而不是你和参与者之间的讨论。焦点小组背后的理念是让你扮演边缘角色,而不是关键角色。

焦点小组中参与者(通常为8人)聚集在一个非正式场合,讨论正在研究的主题。这些参与者因为具有相关的特征或在生活中拥有某一共同点而聚集。焦点小组与个人的非结构化访谈一样,意在了解参与者的理解、信念和价值观。个人非结构化访谈的目的是让个人主导讨论方向,同样焦点小组的目的也是让小组主导讨论方向。作为促进者,你的职责是激发讨论,你可以发表评论或准备一系列激发小组进行焦点讨论的材料。这些材料可以是实物、手工艺品、照片、图画、剪报、短视频、录音等,有助于小组聚焦于研究者感兴趣的话题。例如,如果你感兴趣的是家长对考试的看法,那么可以收集试卷、年轻人在考场参加考试的照片,或者新闻节目视频,记录学生在大学联考成绩公布当天的反应。你可以在播放此类视频后,以"学生对公布的成绩有何反应"为话题展开初步讨论。

要想在焦点小组中有效地开展工作,你需要有足够的智慧。因此在专业研究中,通常的做法是利用观察员来记录有关背景、环境和参与者行为的信息。在小规模研究中这种方式通常没有多大用处,但使用音频或视频记录研究过程可能对你有所帮助。

文件校验

从文件中收集数据与从人群中收集数据是完全不同的命题。从根本上说,诀窍在于找到正确的文件,然后阅读文件并进行思考。

文件和文件校验的种类繁多,很难给出一般性建议。不过我将举例进行说明,示例是为政府部门做的一项研究(Tarr and Thomas, 1997)。在这项研究中,学校要求我研究其特殊教育需求(SEN)政策文件,了解这些文件达到法定指南要求的程度。研究工作包括从具有代表性的学校样本中获取政策文件,检查其中的内容,并基于政府对学校此类政策文件的指导意见进行交叉校验。因此这里涉及两种形式的文件校验——对学校政策文件的校验和对政府在不同文件中提出的建议的校验。

我的工作是将两者进行对照检查，以了解学校文件达到预期目标的程度。

我和我的同事先是阅读了政府文件，以获取对编写学校特殊需求政策来说非常重要的信息。有两份文件包含此类信息：《教育（特殊教育需求）（信息）条例》[Education（Special Educational Needs）（Information）Regulations]和《特殊教育需求实务守则》（Code of Practice on Special Educational Needs）。我们的主要任务是从这些文件中提炼出一份政策必须涵盖的议题清单。这项任务十分艰巨，因为要在两种不同格式的文件中找到相互对应的标准。最终我们将找到的这些标准归为15个大标题，每个大标题下又有若干子标题。15个主要标题见表7.1。

表7.1 源自政府指导纲要的清单：主要类别均应出现在每一项特殊教育需求（SEN）的政策中

1	学校所秉持的原则与目标
2	SEN协调员的姓名和职责
3	战略管理和目标设定
4	招生
5	专业
6	资源分配
7	鉴定、评估和审查程序
8	课程设置：普惠所有儿童的战略
9	一体化战略
10	投诉：家长如何投诉以及如何处理投诉
11	在职培训和员工发展：教师和助理计划
12	外部支持：来源和地方当局（LA）协议
13	对外关系：联络安排
14	家长：如何确保工作伙伴关系
15	过渡：在学校之间的过渡、进入成人生活的过渡；SEN注册；LA预案

之后我们的任务是研究学校的政策。我们从9个地方当局中选取了252所学校（对中学、小学和特殊学校进行了分层抽样），要求这些学校的校长提供各自的特殊教育需求政策。这些被抽取的学校中有181所学校提供了资料，反馈率为72%。根据清单中的标准对收到的每份政策进行校验。首先，校验每份政策是否涵盖了清单中所有的要点？进行这种校验并无捷径，需要把每份政策从头到尾看一遍，并对照清单对每份政策进行分类，以判断该政策涵盖（或未涵盖）哪条标准，相应在清单中勾选（或不勾选）该条标准。

在此过程中我们还必须判断每份政策对表 7.1 中各条标准的执行情况。这同样是一个需要理性解读政策的问题。它们是否只简单提及（或没有提及）清单中的每一条标准？它们是否详细说明了该议题？

它们的解释是否充分？这是一个判断题，尽管可以更客观地做出这些判断（例如，通过计算阐述某个议题涉及的字数），但我们还是决定不这样做，因为我们认为这样得出的结论没有自己的阅读评估有价值。（相比另一所学校用 250 个字，一所学校用 25 个字可能表达得更清楚。）从根本上讲，阅读和思考无可替代。

从学校的总体样本中选出 18 份政策（每个地方当局选两份）进行详细研究。更详细的审查包括将这些政策与相应的地方当局政策（也必须阅读）进行比较，评估其可读性、易读性和篇幅。为了评估政策的可读性，我们使用光学字符识别（OCR）软件扫描文件，将文件保存到 Word 中，然后进行可读性统计。

从这个例子中你会注意到，几乎没有什么技术窍门或特殊程序可以用来校验文件。但是鉴于现在下载文件（尤其是政府文件和其他政策文件）非常容易，使用计算机软件进行基本的文件校验是重要的捷径。如果文档是 Word 格式便容易操作，但如果是 PDF 格式操作起来就有点麻烦。对于 PDF 格式的文件，你可以在查验版权后，复制整个内容，然后粘贴到 Word 中。（提示：要复制整个 PDF 文件，按 Ctrl+A 选中整个文档，然后按 Ctrl+C 复制文档，再切换到空白 Word 文档中，按 Ctrl+V 将其粘贴到 Word 文档中。）如果你无法下载相关文档的 Word 版本或 PDF 版本，现在广泛使用的一种技术是电子扫描。大多数扫描仪都配备了 OCR 软件帮你"阅读"（遗憾的是不能帮你思考或理解）。当你扫描文本时，软件应为你提供将文件"读取"为文本的选项（这有别于简单的文本拍照）。然后计算机会将其保存为 Word 文档，一旦完成保存，计算机就可以通过多种方式帮助你分析文本，这些分析方式将在第 8 章中介绍。遗憾的是，在文件校验过程中理性阅读无可替代。

你可以在互联网上查找与你的研究主题相关的文件。许多记录，如法庭记录，现在都会在网上公布，这些记录对社会科学家来说是无价之宝。

数字化思考 7.4
协作

不要忘了社交媒体带来的可能性，它不仅可以收集数据，还可以与其他研究人员或你的研究参与者合作。与参与者合作使相互输入成为可能，从而为诸如参与式行动研究等开发了巨大的潜能。表 7.2 概述了一些可能性。

表 7.2　借助社交媒体收集数据和开展合作的可能性

社交媒体	功能	
	协作	收集数据
社交网络，如 Facebook、Twitter、WhatsApp、Instagram	研究人员网络；其他研究人员的交流和支持；研究参与者的联系和反馈	询问支持者或朋友的意见；粘贴调查问卷；收集图片
论坛，如 Mumsnet		提问；粘贴调查问卷；了解当前的关注点和议题
博客	分享想法；分享照片和视频	收集评论员的观点；收集图片

利用社交媒体收集数据，并与其他研究人员和参与者合作

请记住使用社交媒体收集数据的好处，以及通过社交媒体让那些没有其他接触途径的人员参与研究的好处。当然社交媒体和大多数的新型传播形式一样，不需要你做任何艰苦的研究设计工作，但可以帮助你与他人建立联系，让你们更轻松地进行交流，如在成员核查信息的过程中提供协助。你还需要考虑潜在的问题，如从使用社交媒体的受访者中抽取的样本可能存在偏差。表 7.3 总结了使用社交媒体收集数据的潜在好处和问题。

表 7.3　使用社交媒体收集数据的潜在好处和问题

潜在好处	潜在问题
扩大参与研究人员的范围，增加参与研究人员的多样性和数量	包容性不够。参与研究的可能是已经在使用社交媒体的人员，因此应考虑更具包容性的参与方式
使人们能够建立相互联系	例如，Twitter 和 Facebook 上的帖子高度公开，有时甚至被用户删除后帖子仍可以访问，这意味着人们需要注意自己的言辞内容及表达方式
方便研究参与者参与研究，而不是局限在会面时间内参与研究	有时链接会很快失效，因此要考虑通过其他方式保存推文
不愿意面对面会面的人员也能参与进来	例如，使用社交媒体让儿童和青少年或其他弱势群体参与研究时，会产生研究伦理问题，具体参阅第 2 章中的建议
帮助人们在面对面会面之余与你保持联系	人们可能发表不恰当的评论。因此要定期检查 Facebook 页面或 Twitter 动态，这需要投入时间进行定期维护

续表

潜在好处	潜在问题
帮助人们更自如地表达看法，因为可以匿名	你或你所在的单位可能受到潜在的批评。因此对于互动网站或 Facebook，人们在注册时要签署一些条款和条件，其中的内容概述了礼貌用语和"网络礼仪"，并说明：会删除无礼的帖子，有可能因此禁止违规者发帖
相比其他方法，这种方法更便于残疾人士参与（如 Easychirp）	你可能无法处理技术问题。有人帮助你吗？
创建一个交流平台，人们可以相对放心地相互交流、与研究人员交流。例如，使用非公开的保护私密的 Facebook 群	
如果使用 Facebook 页面，或使用 Twitter 标签(#)，人们可以看到整个讨论主推特线	

注：经 INVOLVE（2014）授权改编。

数据收集工具——用于收集文字和/或数字数据

目前所概述的数据收集工具主要用于收集文字数据。本节我将介绍一些可以分别或同时收集文字和数字数据的工具，通常这些工具还以某种方式将文字转换成数字。

调查问卷

问卷（questionnaire）的主要特点是以书面形式提问。除书面形式外，问题还可以是开放或封闭的形式（见第 216 页的方框）。你可以收集表达事实的资料，如"你今天喝了几杯茶？"，或表达态度的资料，如"你认为是否应该禁止父母打孩子？"，或者你也可以将调查问卷作为评估程序的一部分，用于评估性格等。

调查问卷是一款多功能工具，可用于多种研究设计。调查问卷可以结构严谨，但在必要时也可以开放讨论。调查问卷可以通过访谈者口述的方式完成（面对面或通过电话），也可以发给受访者自行填写；调查问卷可以邮寄或通过电子邮件发送，也可以在网上发布。

在制作调查问卷时，有一些基本的考虑因素，具体如下：

（1）一切从简。如果可能，将调查问卷限制在一页 A4 纸的篇幅，因为回复调查问卷的人数会随着问卷篇幅的增加而减少。同时问题要尽量简洁。

（2）提问清楚。一次只问受访者一个问题。最近我在一份简短的调查问卷中犯了一个愚蠢的错误：在一句话中问了两个问题。这让受访者感到困惑，他们在回复中抓住了前一个问题但忽略了后一个问题。

（3）表述准确。清晰理解问题的唯一来源就是受访者面前的那张纸，所以你必须清楚自己在问什么。与其问"你多长时间阅读一次学术期刊？"，倒不如问"你是否阅读学术期刊？"，然后给出选项，如"每月一次以上""每月一次"……

（4）收集所有需要的信息。看着收回的调查问卷，问卷调查者自言自语地说："哦，我要是问一下……就好了。"这种感觉令人沮丧。例如，在表格中提供有关性别或从业年限的信息可能对你有所帮助。有时这些因素在一开始可能并不重要，但在"理性浏览"数据后就变得重要了（见第8章）。受访者只需额外付出一点努力，就可以使回复的信息增加一个额外的维度，在对答复进行统计分析时你尤其能体会到这一点。

（5）提防声望偏误（prestige bias）。大多数人都希望自己看起来不错：显得聪明、和善、富有（或者对穷学生来说是这样）、有教养、有道德，等等。因为想要让自己看起来具有上述的某些或所有气质，可能导致受访者在填写问卷时出现声望偏误。提出问题和解释答复时要提防声望偏误现象。

如果受访者有任何"正确答案"，那么声望偏误就会以另一种形式出现。例如，如果你要询问大学生使用图书馆的情况，他们很可能认为，与在回复中表明自己很少使用图书馆相比，回复多使用图书馆会在某种程度上（即使问卷是匿名的）对自己更有帮助。例如，当我完成一个学期的教学任务后要求学生填写一份评价问卷时，我察觉到（因为他们告诉我）学生认为我有可能想寻找评价问卷与其作业样本之间在笔迹上的相似之处。尽管他们应该意识到，我几乎不可能为了找这种相似之处而花好几个小时仔细阅读他们的书面答复，但显然他们的脑海中闪过了这个念头，并且可能对他们的答复产生影响。在设计问题、问卷发放方式和管理答复回收方式时，你要意识到出现这种偏误的可能性。不能只告诉问卷发放对象问卷以匿名形式进行，更要明确说明如何实现和尊重匿名性。

问题种类和答复种类

我已经指出了开放式问题和封闭式问题的区别（见第216页的方框）。你可以采用与非结构化访谈、日志和报告一样的设计方式设计调查问卷中的开放式问题。这些都受同样因素的约束，因为你的目标是了解受访者所关注的核心议题。

不过书面调查问卷无法很好去激发（但访谈可以更多去激发）受访者回复问题的热情，所以你必须给受访者更多的提示，以唤起他们的思考。把"你还有什么其他想说的吗？"作为一个开放性问题放在调查问卷的最后毫无用处，因为有相当一部分受访者会被众所周知的"大脑一片空白"现象所困扰。对我而言，我当然熟知这种情况会出现在很多不同的场合，从医生做手术到求职面试，我的记忆会突然莫名其妙地被冲刷得干干净净，我一直急于讨论的那些极其重要的事情全部忘记了。

开放式问题可以很简单，如"你如何用两三句话描述你经理的管理风格？"，你也可以采用不同的结构来组织问题，示例如下。

- 如果要用一个词或一个短语来概括我工作场所的文化，那就是……
- 我喜欢／不喜欢我的工作，因为……

根据所需的答复类型，封闭式问题可以有多种组织方式。让我们来看看其中的一些方法。

二分法问题

"二分"的意思是"两者之中选择其一"，二分法通常涉及回答"是"或"否"。

你是否申请了责任岗位？　　　　　是□
　　　　　　　　　　　　　　　　否□

这些通常需要对问题进行筛选。换句话说，你可以通过此类问题将受访者分成若干组，然后分别询问他们。如果他们没有申请责任岗位（在这个例子中），那他们为什么不申请？随后你向本小组提出的问题将围绕这一主题展开。如果他们申请了责任岗位，那结果又如何？对这一组人可采用单独的提问方式。

多选题

多选题包含两个或多个答案选项，可以让受访者根据需要在一个方框内打钩或多个方框内打钩。

遇到紧急情况时，你有信心向七年级同学教授以下哪些内容？（请打"√"）
数学　　　　　　　□
英语　　　　　　　□
现代语言　　　　　□

科学	☐	
历史	☐	
地理	☐	
其他	☐	请具体说明_____

当然基于不同的目的，多项选择题的题型会有所变化。如果你感兴趣的是受访者的知识而不是他们的信念，而且只有一个正确答案，那么你要把正确答案的数量限制为一个。

需要注意的是，与事实相关的这类问题会很有用，如受访者的从业年限。不同于简单地询问一个单纯的数字，将数字分段可以使受访者不必花时间计算出一个确切的答案（反正你可能对这个答案不感兴趣），而且分段（如少于7年、7~19年、20年或以上）为随后的分析提供了分组便利。

排序问题

这里受访者必须根据某些标准——从最佳到最差、能力最强到最弱、难度等——对清单上的选项进行排序（即按顺序排列）。在此排序中，你可以对受访者的排序顺位数目进行限制（如仅排出第一、第二和第三），也可以要求受访者对整个列表的选项进行排序。

例如，作为营养学专业的学生，你可能对减肥成功与否感兴趣，将根据一系列标准（从便利性到减肥的最终效果）进行排序研究。作为研究的一部分，你要求经验丰富的营养师根据不同的标准（从便利性到实际减肥效果）对十种流行的减肥方案进行排序。首先你要求他们根据易用性进行排序，并给出如下指示。

请根据你对病人的治疗经验，对这些减肥方案在实践中的易用性进行排序。请按1~10的顺序排序，其中1表示使用难度最小，10表示使用难度最大。

5∶2减肥法	☐
阿特金斯（Atkins）减肥法	☐
剑桥减肥法	☐
珍妮·克雷格（Jenny Craig）减肥法	☐
清淡生活减肥法	☐
罗斯玛丽·康利（Rosemary Conley）减肥法	☐
快速瘦身减肥法	☐
瘦身世界减肥法	☐

南滩减肥法 ☐

记录体重减肥法 ☐

在此基础上,你还可以要求采用不同的评判标准,如成本、最终减肥成功率等,进行其他排序。

提示:这样的问卷调查一定先在能起关键作用的朋友中试行。他们提出的问题(比如,你说的"易于使用"是什么意思?)会帮助你改进对问卷问题和使用说明的措辞。

评分量表问题

评分量表问题要求受访者在持续性的评分量表上对某种经验、属性或态度给予评分。例如,你可以向成年人询问他们在上学时参加考试和接受评估的经历。

回想上学的时光,你如何看待你接受正式评估和测试的经历?(请只在一个方框中勾选)

非常积极 ☐

积极 ☐

中立 ☐

消极 ☐

非常消极 ☐

恒和量度法

恒和量度法(constant sum method)要求受访者将"点数"(通常为100)分配给一组答案的选项框。这就好比你给了受访者100分,让他们在任何一个类别框中分配他们认为值得的分数。例如,假设你对家长心目中的好老师感兴趣,你可以想出一组分类(想法的排列组合),其中包含许多可能与优秀教学相关联的特征,如亲和的、考虑周全的、宽宏大度的等。如果使用恒和量度法,则要求受访者在这些特征之间分配分数。

你认为好老师的重要特征是什么?你有100分可以分配给以下所列的特征。你完全可以按照自己的意愿分配分数,但分配的分数加起来必须是100分。

亲切的 ☐

考虑周全的 ☐

宽宏大度的	☐
善于沟通的	☐
善于倾听的	☐
井然有序的	☐
关怀的	☐
体贴的	☐

实施恒和量度法时,研究人员最好在场。

这种方法的优点之一是可以对各种答案进行"感受强度"加权,从而显示出不同选项的相对重要性。比如,你可以看到"亲切的"被赋予的重要性是"井然有序的"的两倍。如此一来,就可以对数据进行统计处理。其他问卷数据收集方法则无法做到这一点。

矩阵或网格问题

矩阵(网格)提供了一系列问题,所有问题都有相同的答案量表。例如,评判一位好老师的标准有哪些?如果你有兴趣向家长征求对此问题的看法,可以请他们对每一条标准的重要性给出评价,所有这些标准的评分量表都是1～5分。

			重要性→		
	1	2	3	4	5
关怀的	☐	☐	☐	☐	☐
高效的	☐	☐	☐	☐	☐
可靠的	☐	☐	☐	☐	☐
亲切的	☐	☐	☐	☐	☐
善解人意的	☐	☐	☐	☐	☐
乐于助人的	☐	☐	☐	☐	☐

你有必要向受访者清楚说明这种量表中数字"走向"所代表的含义。我在以上例子中使用的是箭头,但你也可以在两端分别加上"高"或"低"等字样,或者加上笑脸等图形,使表达的意思更加清晰。[提示:笑脸和其他有用的图案(如☝和✓)可在Word的Wingdings字体下找到。在"插入"(insert)菜单中,点击"符号"(symbol),然后点击"其他符号"(more symbols),在"字体"(font)下向下滚动到Wingdings,在图片中滚动,点击想要的图片,然后按下

"插入"（insert）即可。]

量表

量表，即测量态度、价值观或观点的成套选项和回答，在上述某些问题格式中已经出现过。不过有几个众所周知且方便使用的工具量表值得一提：李克特量表和语义差异量表。

李克特量表

李克特量表（Likert scale）是由心理学家雷尼斯·李克特（Rensis Likert）设计的一种态度量表，即受访者对研究者提供的有关态度、信念或特征的陈述表示同意的程度。与评分量表问题一样，调查对象对每个题项的回答采用三点或五点量表，答案通常为"非常同意""同意""没意见""不同意""非常不同意"。为了避免一些人过度选择中间选项，有时会去掉中间选项"没意见"，形成一个四点量表。后者用于罗森伯格自尊量表（Rosenberg Self-Esteem Scale），其中前三个题项如下。

	非常同意	同意	不同意	非常不同意
1. 总的来说，我对自己很满意。				
2. 有时我觉得自己一无是处。				
3. 我觉得自己有很多优点。				

以下是使用李克特三点量表进行问卷调查的部分内容。该调查问卷是我和同事（Vincett et al., 2005）针对埃塞克斯郡学校的儿童进行的一项大型研究中的一部分。

	是 ☺	一般 😐	否 ☹
老师喜欢倾听我的想法。			
老师帮助我完成作业。			
我认为老师的课堂规则很公平。			
如果我有问题，我会告诉老师。			
有时老师让我自己选择要做什么作业。			
我做得好的时候，老师会告诉我。			

李克特量表可用于任何需要测量信念或态度的情况。重要的是要记住，你是

在征求别人的意见，需要别人对你所提供的陈述项表示同意或不同意。*

语义差异量表

语义差异量表使用"亲切的／可怕的"或"令人兴奋的／无聊的"等语义相反的形容词组，要求受访者基于这些形容词在七点量表中对某一事物进行评分。你可能对说唱音乐助长年轻人的性别歧视和暴力这一说法感兴趣。你与其简单地询问"你是否认为说唱音乐在你们年轻一代中助长了性别歧视和暴力？"，倒不如使用语义差异量表对受访者的想法进行更"细腻"的描绘，并观察样本中不同亚群体之间出现的有趣差异。示例如下。

关于[说唱歌手的姓名]的音乐及其歌词，你会根据以下标准给它排个什么名次？在每一行相应的方框内打钩。

	1	2	3	4	5	6	7	
兴奋的								无聊的
亲切的								残忍的
大度的								严厉的
自私的								无私的
积极的								消极的
种族歧视的								不带种族歧视的
公平的								不公平的

对许多受访者而言，语义差异量表有些特殊，因此最好在你在场的情况下以问卷的形式进行。如果你并不打算出现在现场，那么你至少需要提供一份有关一个问题的完整作答（但不相关）范例，说明如何完成此量表。

问卷的结构

要思考如何安排问卷的问题。例如，不要一开始就抛出难题或开放式问题，将这些问题留到最后，因为回答这些问题需要深思熟虑，这可能困扰并阻碍受访者回复问题。记住，你完全需要依赖受访者的意愿来完成问卷调查。因此先从简单的问题开始，如"你在多大程度上同意……？"。这会让他们更加放松地接受问卷调查，并吊起他们继续填写问卷的胃口。毕竟大多数人喜欢发表自己的观点，

---

* 罗森伯格量表和其他量表可通过网站 http://eib.emcdda.europa.eu/html.cfm/index3676EN.html 获取。

你只需要让他们轻松地做到这一点即可。

记住，并非所有问题都与所有受访者有关，如有必要，要加入筛选条件，如"你是否曾为专业期刊撰稿？［是，否］如果'是'，请转至问题5。如果'否'，请转至问题9。"你可以使用箭头和方框让受访者明确知道下一步该填答哪一个题项。

特别是通过邮寄方式发放问卷时，最好附上一封个性化的信或某种介绍性页面，简要说明研究的目的，以及该问卷调查为何如此重要。此外，还应包括有关保密性、出版、道德伦理以及研究负责人的信息。不要忘记在问卷的末尾向受访者表示衷心的感谢。

因为问卷一旦发出，你就无法掌控，所以对问卷的解释应当毫不含糊，这一点很重要。为了确保正确无误，你通常应该在小群体中用问卷初稿做试点调查，请这些人给你提供反馈意见。

在线问卷调查

如果你想在网上进行问卷调查，有许多基于网络的服务可供使用。其中最著名的是SurveyMonkey。你可以免费制作自己的问卷，最多可调查100名受访者。SurveyMonkey可提供非常有益的指导，如图7.5所示，它将引导你完成问卷制作，并为你提供"发布"调查问卷的方法。整个过程非常简单，还为受访者提供专业的界面。不过首先还是需要请两三位朋友一起进行问卷调查试点测试。

方法一	创建一个链接，通过自己的电子邮件发送或放在网页上。 这是收集回复最简单、最快捷的方法。SurveyMonkey会生成一个调查链接，你只需复制并粘贴即可。
方法二	上传你自己的电子邮件，让我们发送调查邀请。 你可以上传电子邮件，我们代表你发送调查邀请。你可以自定义发送的信息，并追踪列表中的回复者。
方法三	为网页创建弹出式邀请。 SurveyMonkey提供代码，让你在自己的网页上生成弹出式邀请函。

图7.5 SurveyMonkey提供的"发布"调查问卷功能

如果你想要进行一项较为复杂而不只是一份基础的问卷调查，或者你想向100人以上的受访者发放问卷，那么你需要付费购买SurveyMonkey服务或其他类似服务。我所在大学的院系使用的是布里斯托尔在线调查（BOS）。正如所述，BOS提供了"一个用于设计、发放和分析在线调查的完全集成的网络环境"。它不需要任何技术知识，还能在调查过程中为你提供即时反馈。问卷数据可以下载到 Excel 表格中，你还可以设置让你的导师、同事或同学查看结果。这些都是 BOS 提供的支持服务。BOS 的缺点是价格昂贵（500 英镑），但你所在的大学肯定会订购此类服务，你应该拥有免费的使用权限，你可以向你的导师咨询。如果出现了不可能出现的情形，即你所在大学的院系未购买此项服务，那么 BOS 将根据具体情况考虑个人提出的减免费用的申诉。

图 7.6 是我用 BOS 所做调查中的一个问题示例。这是向英国教育研究协会的成员征询他们对协会期刊的意见。你会注意到，问卷为用户提供了可点击的"按钮"。如果你想要调查的对象可以上网，BOS 确实是发放问卷的首选方法，可以节省大量的发放问卷、收集答复和分析数据的时间。BOS 还有助于提高回复率，省去了对信封、邮票和其他耗材等的需求。图 7.7 是为你整理好的输出数据示例。此外，BOS 还提供模拟账户服务。

	是	否	不确定	进一步的评论
a.我们打算不再将"社论"作为每期《商业和经济研究杂志》（BERJ）的特色栏目。你同意这是一项恰当的改进措施吗？	☐	☐	☐	

图 7.6　关于 BOS 的问题示例

1.a.我们打算不再将"社论"作为每期《商业和经济研究杂志》（BERJ）的特色栏目。你同意这是一项恰当的改进措施吗？		
是	38.7%	120
否	23.5%	73
不确定	37.7%	117
1.a.i. 我们打算不再将"社论"作为每期《商业和经济研究杂志》（BERJ）的特色栏目。你同意这是一项恰当的改进措施吗？请进一步发表评论。		
查看所有答复	由于答复太多，无法在本页显示，因此本问题的所有答复将在另一页显示。	

图 7.7　BOS 输出数据

Qualtrics 是另一家提供调查服务的软件公司，提供的调查服务有很多。你所在的大学可能已经在 Qualtrics 注册，那么你使用 Qualtrics 就不会有任何问题，但如果你所在的大学尚未注册，Qualtrics 会提供 14 天的试用服务。当然，如果你使用 Qualtrics 进行调查，意味着你必须在 14 天内完成所有的数据收集和分析工作。你做得到吗？Qualtrics 提供通过 Facebook 等社交媒体发布调查问卷的实用选择。

观察

观察是社会研究中最重要的数据收集方式之一。观察意味着仔细察看。根据你决定采取的研究方法,可以用一些与众不同的方式进行仔细观察。就我们在此所要达到的不同目的而言,观察有两种:一种是进行系统观察来寻找特定行为,另一种是以间谍或目击者的身份进行观察,非正式地(但有条不紊地)记录所观察场景的重要信息(见第5章)。

第一种观察特定类型的行为,称为结构化观察(structured observation)。第二种是研究者在现场、参与场景、记录场景、在场景中观看,称为非结构化观察(unstructured observation)。

结构化观察

你在结构化观察中所做的假设是社会世界可以通过棱镜来观察,这种棱镜可以将社会活动分解为可量化的元素,也就是可以计算的单元。正如三棱镜能将白光分解成不同的颜色一样,结构化观察者的三棱镜也能将社会情境分解成不同的单元。

观察者要做的第一件事就是定义这些要被分解的各种单元。这些单元可能是个人的行动或语言,比如,一个孩子用身体接触另一个孩子,或者教师使用特殊的提问方式。接下来结构化观察者要设计出计算这些被分解元素的方法,具体的做法有很多。

记录持续时间

观察者测量目标行为(如"儿童离开座位")发生的总体时间。你最终会得到一个总时间,例如,在60分钟的观察时段中,孩子离开座位的时间共有27分钟。

记录频率计数

观察者记录每次目标行为的发生(如教师对全班同学的表扬)。最后你会得到一个总的数字,例如,在一节课中教师共有四次表扬全班同学。(这也被称为"事件取样")

记录时间间隔

你可以决定一个时间间隔(3秒、10秒、20秒或其他时间间隔,这取决于你要观察事物的复杂度），目标个体（群体），以及行为类别（如专注、分心）。

最终你将获得通过多种方式处理过的数据。常见的数据处理方法是计算目标个体在研究者有意要观察的行为类别中的计数得分，然后将其表示为在观察总数中的百分比。

例如，如果你确定的间隔时间是 10 秒，这意味着你每分钟要进行 6 次观察，每小时要进行 360 次观察。在这 360 次观察中，你可能看到孩子表现专注的时候只有 36 次，那么你可以将观察的结果以这样的计算方式来呈现：36/360 × 100=10% 的专注度。

时间取样

简单来说，时间取样就是从可用于观察的整体时间内选择某段时间间隔，然后只在选定的时间段内进行观察（例如，在总共 5 天的观察时间内，选择每天上午一开始先花半个小时进行观察）。时间采样并不是一种数据收集方法，但可以与上述任何一种方法一起使用。

图 7.8 是我和同事对课堂教学组织形式进行研究时，教师在课堂上进行实际记录的一个例子，其中各种不同的组织形式被称为"学习区"（Vincett et al., 2005）。

1. 教师会话
　（1）建设性地说明感受
　（2）进行表扬或给予鼓励　　　　回应
　（3）说明、拓展或利用学生
　　　提出的想法
　（4）提问
　（5）授课　　　　　　　　　　　发起
　（6）给予指导
　（7）批评

2. 学生会话
　（8）由学生发起的会话——回应
　（9）学生回答教师的问题——发起

3. 沉默
　沉默或困惑

有一些已验证有效的计划表可用于有组织地收集课堂活动的数据。其中之一就是非常经典而且仍被广泛使用的弗兰德斯互动分析法（见 Flanders, 2004），可用于分析课堂会话。它由一个分类表构成，研究人员可用来研究如何在课堂上使用语言。

研究人员每 3 秒钟核对一次使用的语言与分类中的哪一项相关，并在与图 7.7 类似的列表中做好记录。

结构化观察的性质：界定类型、进行计数——体现出非参与性观察的特征。

学生	1分钟	2分钟	3分钟	4分钟	5分钟	6分钟	7分钟	8分钟	9分钟	10分钟
奥莉维亚										
拉菲克										
玛雅										
阿米莉亚										
埃莉斯										
林姆										
尼克										
诺亚										
加萨拉										
艾娃										

图 7.8 结构化观察

评估学习区：学生参与

收集数据

参与（engagement）指学生在任何授课时段中的"专注"程度，参与有助于衡量班级的有效组织程度和勤奋程度。在研究中选择参与的一个理由是，该测量方法已在其他针对教室管理和分区学习程序的研究中得到成功应用。事实证明，参与是衡量课堂活动的实用可靠方法。有研究表明，参与度与学习成绩密切相关。

如果使用这种方法对学习区等干预措施进行评估，则应在使用模型之前进行基线测量，然后在模型使用数周后再次进行基线测量。在此基础上，如果干预取得成功，我们就可以认为学生专注学习的行为有所改善。

数据收集说明

确定对 10 名学生进行数据收集——男女生混合，能力各异。

完成对这 10 名学生在 20 分钟内的参与度统计。每隔一分钟依次快速观察每位学生，并记录他们是否在专心学习。如果学生在专心学习，就打"√"，如果没有，就打"×"。计算每位学生专心学习的时间百分比（"√"数除以观察的总次数 ×100%）。例如，如果一名学生在 20 次的观察记录中得到了 16 个"√"，这意味着该学生有 16/20×100%=80% 的时间在专心学习。

结构化观察广泛应用于一项被称为"ORACLE"（观察式研究与课堂学习评估）项目的重点课堂研究中（Galton et al., 1980）。如果你打算开展结构化研究，ORACLE 项目值得关注。

数据收集：记录特定行为的各种方法，如记录持续时间、频率、间隔等。

工具：各种核对表（如 Flanders 互动分析）。

非结构化观察

与阐释主义的原则一致（114页），非结构化观察指将自己置身于社会情境中，通常以某类参与者的身份去了解情境中发生的事情。通常民族志专家与这种观察方式有着密切的关联。他们讨论社会生活时，常常把社会生活看成一个或一组舞台，我们在舞台上扮演着各种角色。非结构化观察意在了解人们如何在生活舞台中扮演自己的角色。

这种观察通常被称为参与式观察（participant observation），因为它与研究人员参与研究情境有关。我已经在第170页讨论过参与式观察。但是伯吉斯（Burgess, 1982）曾指出，术语"参与式观察"有点令人感到困惑，因为它意味着进行的远不只是简单的观察，还包括与人交谈、观察、阅读文件、记笔记，以及其他任何能让你了解所处情境的方式。

在参与式观察框架内，有时人们会对其中发生的不同类型的观察加以区分。例如，伯吉斯大致分了三种类型：完全参与者、作为观察者的参与者，以及作为参与者的观察者。如你所见，这些代表着不同"程度"的参与。对于完全参与者，其中的假设是参与者是所研究情境的一个组成部分，就像我在第221页描述的学校管理人员所记的日记，或者像詹姆斯·帕特里克描述的自己渗透进格拉斯哥帮派的"参与"。在这些例子中，"成员"可能比"参与"描述得更准确。对于第三类观察，观察者只是参与观察，并不试图参与到研究情境中。当然所有这些观察都在民族志实地调查的传统范围内进行。

我个人认为，基于这种分类，研究者很难在实践中厘清一种参与从何开始，另一种参与从何结束。我也不会提出一种新的分类，提示研究人员必须从名义上把自己归入一种类型，而不是另一种类型。对我来说，观察只是一个连续体（见图7.9），一端是结构化的，另一端是非结构化的，虽然每个极端常常与特定的研究方法有关，但要采用哪种方法并没有硬性的规定。我在本书中不厌其烦地指出，选择研究途径、研究方法和研究工具的核心考虑因素是它们是否适合你的研究目的和研究问题。你应该始终把这些放在首位。

图7.9　观察和参与的连续统一体

因此图7.8所示的观察类型和参与或介入类型的连续体显示了多种可能的组合形式。你可以作为参与者进行结构化观察，但这并不常见。同样，你也能以非参与者的身份进行非结构化观察，尽管后者不太符合教科书提供的研究设计框架。然而这是一种常被采用的组合方式，尤其常被学生采用，他们一方面为非结构化观察方法的直截了当所吸引，另一方面又感到生活中的紧急状况会打断他们对民族志的全面参与。

最糟糕的一点是，这种非结构化观察根本没有结构，甚至我们如何发现、如何认识一个观点都未体现结构性——最终呈现出来的只是一系列的引述和观察发现，它们之间几乎未建立联系，未能赋予研究结果完整性、趣味性或意义。尽管非结构化观察似乎比结构化观察更容易，但事实上非结构化观察需要做大量的准备工作，需要全身心地投入，如此才能成为所观察情境的一部分。研究者需要有敏感度，全身心地投入和思考，以使观察结果的分析有意义。

非结构化/参与式观察的性质：不分解情境；成为情境的一部分；将情境视为一个整体。

数据收集：访谈、自省、反思、直接观察。

手段：观察、写日记、录音、访谈、反省、拍照和录像，以及查阅文件。

除了严厉警告研究者不要未经深思熟虑就使用非结构化观察，我还能建议他们做些什么？图7.10是一个示例，摘自我为巴纳多儿童慈善机构所做的研究（Thomas et al., 1998）。作为研究的一部分，我在主流学校的课堂上做了一些观察，试图了解以前在特殊学校就读的残疾儿童如何有效融入主流教育。尽管没有参与到课堂情景中，但我使用的方法是非结构化观察。

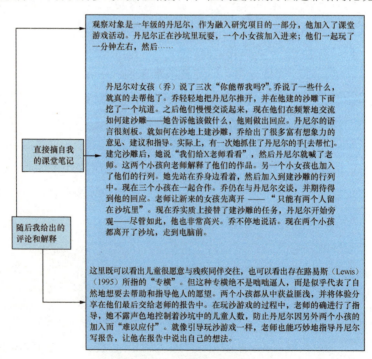

图7.10　非结构化观察

我希望自己所尝试的"深描"（265页）在以上笔记中一目了然，例如，深描在我对教师干预的评论中可见一斑。该教师施加的干预巧妙机智，避免了丹尼尔和乔之间正在建立的联系因另一个小孩的闯入而瓦解，因为这个小孩几乎铁定会给乔带来更多吸引人的交流机会。透过观察，我在同一时间也尝试进行解释——凭借我对这种情景的理解去展开解释。随后的评论和解释尝试利用和拓展我所做的课堂笔记，并将笔记中的相关内容与我在文献综述中给出的评论相结合。

收集基于图像的数据

由于数码照片和视频差不多都是免费的，而且可以自由使用，因此基于图像的方法为数据收集提供了强大的扩展功能。可以通过照片、图表、视频、电影、涂鸦、绘画、漫画等途径收集数据。

广泛使用的图像研究形式有以下几种。

- 照片诱导（photo elicitation）。普罗瑟和洛克斯利（Prosser and Loxley, 2008）将照片诱导描述为"在研究访谈中使用照片（无论是研究人员创建的、受访者创建的，还是找到的现成照片）来激发受访者的反应"。
- 图形诱导（graphical elicitation），即鼓励受访者利用某些物体、书中的图片、照片或图画进行交谈。受访者可能被要求绘制草图或思维导图，将难以表达的想法绘制成图。普罗瑟和洛克斯利建议，如果你要探讨受访者与家人或朋友等人之间的关系，你可以要求他们绘制一张简图，在图中：
  ◦ 以他们自己为中心；
  ◦ 他们与其他人物之间的实际距离反映了彼此关系的亲密程度；
  ◦ 代表某个人或某个群体的图形大小随其重要性的变化而变化（例如，在重要的人或群体周围画一个大圆，在不太重要的人或群体周围画一个小圆）；
  ◦ 用箭头或线条表示关系之间的联系，并简要标出关系的本质；
  ◦ 用颜色或符号（如图片或图形）来展示关键群体或人物的特征。

在小规模研究中使用图像有很多好处，具体如下。

- 研究者可以更轻松地纳入研究的重点人物。
- 虽然纯粹简单的观察总是从研究者到被研究者，但基于图像的方法也提供了互惠关系，即也可以由被研究者设定待议事项，研究因此更具包容性。

- 捕捉到社交场景的速度比笔记要快得多。你可以及时定格捕捉到的场景，以便随后从容地分析场景。

- 你只需提供少量信息，就能悄无声息地捕捉到场景，并为随后的解释做好准备。图像捕捉到的场景不仅更微妙（如与访谈相比），还能打破僵局。施华兹（Schwartz）（1992:1）说他的相机是"开启与他人对话的借口，我拍照的时间越长，遇到的人就越多"。

- 你可以根据研究"过程"调整方法。例如，你可能希望在一段时间和日期内重复拍摄同一场景的照片。

- 这些研究方法很容易与其他研究方法相融合。普罗瑟和洛克斯利（2008）描述了对城市绅士化现象的研究，该研究将摄影、民族志实地调查、扎根理论、拍摄脚本以及对实地调查详细笔记的分析等结合在一起，历时16年。

- 照片（或其他图片或视频）可以用来激发回应。这对儿童尤其有用，因为如果仅用言语往往很难和他们打成一片。

- 普罗瑟和洛克斯利还指出图像具有模糊性，它几乎可以随机引发你的信息提供者或你自身的反应——这可能让人感到非常出乎意料。

普罗瑟（1998）对使用图像收集数据以及解释所收集数据的方法进行了很好的概述。

数字化思考 7.5
参与式行动研究

如何在社会研究中使用图像，可以参考参与式行动研究平台 PhotoVoice，该平台旨在利用摄影促进基层的社会行动。PhotoVoice 采用参与式摄影和数字故事，可用于社区发展、公共卫生和教育项目。在撰写本书时，PhotoVoice 正在开展突出各种议题特色的项目，其中包括一个名为"可收养的流浪动物"项目，该项目探讨了年轻人在收养流浪动物和提供支持方面的经历。

数据收集工具——主要用于收集数字数据

我在本书开头说过，经验是实证研究的核心。在这种情况下，经验指的是我们对周围世界的感知。进行实证研究时我们可以从文字和数字信息中汲取经验。

作为信息传递者，文字和数字并不构成直接经验。相反，它们代替了经验，象征了经验。

本节在开始谈及使用数字时便提到这一点，是因为在社会研究中可能存在一种倾向，即把数字当作真理的代表，似乎数字在某种程度上更胜一筹——数字在某种程度上比文字更清楚、更客观，是传播知识的载体。部分原因是数字往往与特定研究方法联系在一起（见第5章），而大众认为这些方法与自然科学方法如影随形。

如果认为数字在传播知识的过程中效果既清晰又简单，这是一种误导，因为在社会研究中数字的可靠程度取决于其背后的概念。我可以用智力的概念及其转化为智商（IQ）的数字来尝试解释我在这里表达的意思。在大众心目中智商代表着对智力这一简单易懂的概念进行可靠而稳定的测量。因此智商进入公众的视野，成为一种纯粹心理能力的代表，不容置疑。

然而现在智力变成了一种广受批评的概念——它掉进了社会科学思维的阴沟里（见Gould，1996；Devlin, et al.，1997；Klein，1997；Dickens, Flynn, 2001；White，2006）——就像在葬礼中，如果殡葬者还未被请来，我们至少可以说最后的仪式即将随时进行。但你无法通过阅读杂志和观看电视节目就进行如此推测。这些杂志和电视节目充满了各种智商测试：你可以测试自己的智商，测试家庭的智商，测试国家的智商，甚至测试狗的智商。这种奇特的特性归因于一个简单数字的诱惑力，这个数字似乎承载着科学的含义。

智商的故事只是一个简要的警示，提醒我们在社会研究中使用数字存在风险，但这并不意味着所有数字都可疑。有些数字特别直观了当，当然可能不同的计算方式存在测量误差。你应该自动警惕和本能怀疑将数字属性复杂化的想法（如智商测试），在使用复杂的统计数据时也应如此。同样，数字可能是对量化现象的完美分析，但我们应该始终意识到：越是复杂的事情，它出错或蒙蔽我们的可能性就越大。我将在第8章进一步探讨这个问题，同时介绍在社会和教育研究中可以使用的不同类型数字的特征，为讨论使用这些数字进行分析的一些基本方法做准备。

测量和测试

"测试"的一般含义是"检测"。测试是检测某一事物的程度，无论是检测学校里学生对某个学习主题的掌握情况，还是检测血液中胆固醇的含量。测试结果几乎总是以数字的形式出现。在医疗保健领域，测试几乎都是采用毫无变化的简单测量形式，而在教育领域，测试的形式更为多样，可以是对某些属性、个人特征或成就的正式或非正式测量。测试既有简单的自制测量工具，也有复杂的标准化形式。测试的建构和标准化属于庞大又独立的研究领域，本书无法对其进行详细的探讨，因此这里我将缩小范围，只就测试以及如何收集测试数据发表一般性意见。

> **备忘录** 测试可以是正式的，也可以是非正式的；可以是常模参照，也可以是标准参照。

自制测试以最简单的形式来评估已教授的知识或已有知识的水平。教师可以设计一个满分为20分的拼写测试或表格测试。对于小型研究项目，同样可以设计一个测试来评估学习掌握的程度。

测试可分为常模参照测试（norm-referenced）和标准参照测试（criterionreferenced）。常模参照测试将测试对象与同龄人样本进行比较。标准参照测试只是评估某人是否能达到某种标准，而不管其他人在测试中的表现如何。常模参照测试和标准参照测试的目的不同：前者的目的是将个人与他人进行比较，而后者只是说"A是否能做x"。智力测试和大多数阅读测试是常模参照测试的例子，因为它们旨在告诉测试人员，测试对象与其他人相比有多好。驾照考试就是一个标准参照测试的例子，因为不需要与其他参加考试的人进行比较。有多少人会或不会三点转弯并不重要，只要你能做到，就在方框里打钩，那么你就通过了这部分测试。自己设计一个标准参照测试非常容易。

在使用常模参照测试时，测试人员更感兴趣的是区分样本——将一名儿童与其他儿童进行比较，或将一个群体与另一个群体进行比较。为了准确地进行此类比较，在建构常模参照测试时需采用标准化程序。这就需要在特定、可重复的条件下，从人群（如11岁的儿童）中抽取大量样本来构建测试。反过来，在实践中也要在同样的条件下进行测试和评分。理想的测试应该可靠有效，可靠有效这个含义在测试设计中要比在一般研究设计中更加具体。从广义上讲，信度指测试在测量某一事物时的一致性，而效度是衡量测试对其测量对象的评估程度。通常情况下你可以相信，大多数商业化测试的信度和效度都会令人满意。

阅读、数学、非语言能力或其他各种能力等标准化测试现在都可以在线进行。你可以访问相关网站获取更多信息。

官方统计数据

官方统计数据可以成为一流研究的基础，但令人惊讶的是，它很少被学生用于自己的研究项目中，就好像大多数学生的研究还停留在前互联网时代。因此，如果你能表明自己使用了这些相关的官方统计数据，你的项目就会更受青睐。你可以通过各种网站轻松下载非常详细丰富的数据。如今在电子表格中处理这些数据非常简单。

抓取数据供自己使用的程序非常简单，但要记得先核查版权。然后打开相关的 PDF 文件或网页，将光标拖到目标表格上，将其复制并粘贴到 Excel 表格中，以便进行后续分析。经济合作与发展组织（OECD）的网站提供了 OECD 收集的大量统计数据，是进行比较研究的绝佳统计数据资源。它涵盖了从农业、渔业到社会保护和福利等领域的方方面面。

英国国家统计局网站提供了大量的如人口普查数据之类的信息，包括与英国人口和地区相关的个人福利评估、住宿类型、汽车数量、出生国家、上班路程等统计数据信息。如果你希望将自己的测试数据与某地区或国家的一般统计数据联系起来，你可以从英国国家统计局网站获取相关数据。其他优质资料来源如下所示。

• FedStats 是一家美国政府网站，提供美国各地区的统计数据，还有来自司法局和美国国家药物滥用研究所等诸多机构的数据，主题按照从 A 至 Z 的字母顺序排列。

• 英国国家统计局网站提供了大量英国各类统计数据。其中包括商业和能源，儿童、教育与技能，犯罪与司法，经济，政府，卫生与社会关怀，劳动力市场，人与地方，人口，旅行与交通。此外，还提供了 2021 年及过去 100 年的人口普查结果，并配有互动地图。

• OFFSTATS 是新西兰的一个资源库，专门提供有关政府、政治和媒体的统计数据。

•《美国统计摘要》（*The Statistical Abstract of the United States*）是美国人口普查统计数据的摘要，重点介绍美国的社会、政治和经济组织。摘要中的数据来源于人口普查局、劳工统计局、经济分析局以及其他联邦机构和私人组织。

• UNdata 是联合国整理的国家数据服务网站，其中犯罪和教育领域的数据尤为有用。后者包括与其他各种数据库的链接，其中包括教科文组织和 OECD 的数据库。

> 你的导师想要了解你的数据收集情况。导师想知道你收集数据的方法、选择该方法的原因，以及这些方法如何与你决定采用的研究途径相匹配。导师希望看到你的调查问卷、访谈计划等的初稿，并与你一起详细讨论这些内容。

> **DIY 活动**
> **关于数据收集的思考**
>
> 在下面的韦恩图中,我将本章所回顾的数据收集工具分为三种:基于收集文字数据的方法、基于收集数字数据的方法和基于收集图像数据的方法。思考你计划使用的数据收集方法,并记下这些方法提供的机会,以及可能给你的研究工作带来的限制。最后将你的笔记纳入方法论章节,对你最终选择使用的方法进行思考和评估。

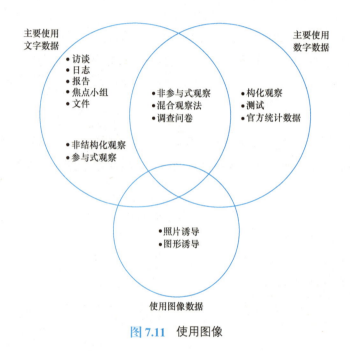

图 7.11　使用图像

总结

我们探讨了各种数据收集工具和方法,有些涉及收集数字数据,有些涉及收集文字数据,还有一些数字和文字数据都收集。正如第 5 章第 135 页安加拉德的"研究设计路线"所示,这些工具可以各种方式与第 6 章的设计框架一起使用。与这些工具相关的技术非常专业,重要的是不要被它们的复杂性麻痹。归根结底,这些工具可以帮助你收集与你所遵循的设计路径相关的数据。

拓展阅读
访谈和报告

Barbour, R. and Schostak, J. (2011) Interviewing and focus groups. In B. Somekh and C. Lewin (eds), Theory and Methods in Social Research (2nd edn). London: Sage. 书中的报告简要、实用。

Brinkmann, S. and Kvale, S. (2015) Interviews: Learning the craft of qualitative research interviewing (3rd edn). Thousand Oaks, CA: Sage. 一部经典之作的第三版，涵盖了访谈过程以及研究方法和研究伦理问题。

Clark, A. (2017) Listening to Young Children, Expanded Third Edition: A Guide to Understanding and Using the Mosaic Approach. London: Jessica Kingsley. 虽然作者克拉克并不专注于访谈，但他展示了如何通过与儿童交谈来了解儿童在日常生活中经历的考验、欢乐和磨难。

INVOLVE (2014) Guidance on the use of social media to actively involve people in research. Eastleigh: INVOLVE. 可通过 http://www.invo.org.uk/wp-content/uploads/2014/11/9982-Social-Media-Guide-WEB.pdf (accessed 2 January 2022) 获取，举例说明并讨论了如何利用社交媒体收集数据并让研究参与者参与其中，还针对研究伦理和社交媒体等方面提出了很好的建议。

Jones, C. (2011) Ethical issues in online research. British Educational Research Association. 可通过 www.bera.ac.uk/researchers-resources/publications/ethical-issues-in-onlineresearch (accessed 2 January 2022) 获取，对在线研究中的匿名、保密和知情同意等议题尤其有用。

King, N., Horrocks, C. and Brooks, J. (2019) Interviews in qualitative research (2nd edn). London: Sage. 提供的建议来自现实生活中的案例研究，并分享了自评表和访谈计划。

日志

Altricher, H. and Holly, M. (2011) Research diaries. In B. Somekh and C. Lewin (eds), Theory and Methods in Social Research (2nd edn) London: Sage. 简明扼要。

Bolger, N., Davis, A. and Rafaeli, P. (2003) Diary methods: Capturing life as it is lived. Annual Review of Psychology, 54, 579–616. 一篇纯粹的学

术评论，包含你想要的有关日志的信息，或者更多相关信息。

Corti, L. (1993) Using diaries in social research. Social Research Update, 2. 可通过 http://sru.soc.surrey.ac.uk/SRU2.html (accessed 23 November 2016) 获取，虽然成书年代久远，但对如何使用日志的解释既精彩又实用。

反思日记

Bolton, G. and Delderfield, R. (2018) Reflective Practice: Writing and Professional Development (5th edn) London: Sage. 一本非常出色的著作，涵盖了有关反思和反思性实践的所有理论和实践基础。

Most university library websites will offer ideas for keeping a journal and for reflective writing. 绝大部分大学的图书馆网站会提供坚持写日志和进行反思写作的指南，我所在大学对所有人开放的网址为 https://tinyurl.com/ycq78w56 和 https://canvas.bham.ac.uk/courses/11841/pages/keeping-a-reflective-journal。

焦点小组

Bloor, M., Frankland, J., Thomas, M. and Robson, K. (2001) Focus Groups in Social Research. London: Sage. 对焦点小组进行了全面概述。

Parker, A. and Tritter, J. (2006) Focus group method and methodology: Current practice and recent debate. International Journal of Research and Method in Education, 29(1), 23–37. 一篇以严谨的学术态度撰写的优秀期刊论文。

Stewart, D. W. and Shamdasani, P. N. (2015) Focus groups: Theory and practice. London: Sage. Covers all the bases. 有一个章节聚焦于焦点小组在心理学、市场营销和政治中的应用，非常有趣。

调查问卷

Oppenheim, A.N. (2000) Questionnaire Design. London: Continuum. 被誉为调查问卷领域的经典著作，实至名归。

Saris, W. E. and Gallhofer, I. N. (2014) Design, Evaluation, and Analysis of Questionnaires for Survey Research (2nd edn). Hoboken, NJ: John Wiley & Sons. 一本高级读物，涵盖了你需要了解的所有信息。

观察

结构化观察

Clark, T., Foster, L., Bryman, A. and Sloan, L. (2021) Social Research Methods (6th edn). Oxford: Oxford University Press. 第12章非常精彩，讲述了社会研究中的结构化观察。

Croll, P. (1986) Systematic Classroom Observation. Lewes: Falmer Press. 对系统观察法进行了精彩、均衡的概述。

非结构化观察

www.infed.org/research/participant_ observation.htm 提供了参与式观察的精彩概述。

Smart, B., Peggs, K. and Burridge, J. (2013). Observation Methods. London: Sage. 一本关于观察研究背后的历史、哲学和理论的高级读物，其中还有一些历年重要研究的实例。

基于图像的方法

Kent County Council (2013) Cameras and images within educational settings. Maidstone: Kent County Council. Available at: http://bit.ly/2fnW1sW (accessed 25 April 2022). 一本关于在学校使用图像的网络手册，提供了宝贵的信息和建议，尤其提供了关于研究伦理和版权等议题的宝贵信息和建议。书中包含一些非常有用的图像使用同意书样本。

Mukherji, P. and Albon, D. (2015) Research Methods in Early Childhood. London: Sage. 有一章（第14章）与使用图像有关，其中与幼儿一起使用图画的内容特别出色。

Pink, S. (2021) Doing Visual Ethnography. Thousand Oaks, CA: Sage. 内容包括社会研究中的摄影和录像，以及用视觉图像创造意义等。

Prosser, J. and Loxley, A. (2008) Introducing visual methods: ESRC National Centre for Research Methods review paper. Available at: http://eprints.ncrm.ac.uk/420/1/ MethodsReviewPaperNCRM-010.pdf (accessed 25 April 2022). 查阅方便，概述透彻，实用严谨，涵盖了从带照相机的受访者到照片诱导和图形诱导的方方面面。

Prosser, J. (ed.) (1998) Image-Based Research. London: Routledge. 由多位专家撰写，是图像研究理论与实践的经典之作，比普罗瑟和洛克斯利（2008）的阐述更专业、更具有开放性。

Rose, G. (2016) Visual Methodologies (4th edn). London: Sage. 一本解读视觉文化的权威著作，涵盖了从档案摄影到纪录片、网站和社交媒体等的大量视觉资料。

测试

Greene, J. and d'Oliveira, M. (2006) Learning to Use Statistical Tests in Psychology (3rd edn). Maidenhead: Open University Press. 更多介绍了统计测试，而不是收集数据的测试，但也包含了这两方面的有用信息。

NFER, the National Foundation for Educational Research, is a long-established institute providing research and testing materials commercially. 国家教育研究基金（NFER）是一家成立已久的通过商业付费方式提供研究和测试资料的公司，可通过 www.nfer.ac.uk/for-schools/products-services/nfer-tests/ 向他们订购资料。

官方数据库

Goodwin, J. (2012) Sage Secondary Data Analysis (4 volumes). London: Sage. 一本有关质性和量化二手数据的高级读本，对二次分析的实践、方法和伦理等方面进行了回顾。

Smith, E. (2008) Using Secondary Data in Educational and Social Research. Maidenhead: Open University Press. 一本关于官方统计数据和如何使用这些数据的宝贵资料手册。

第7章 自评表

复印此表并填写答案，这可能对你有帮助。

	记笔记	
1. 你是否想过收集哪些类型的数据？	这些是什么类型的数据？在这里写下来。	✓
2. 你是否决定了你将使用什么（或哪些）方法来收集数据？	什么方法？在这里写下来。	✓
3. 你是否开始考虑在回答研究问题时如何分析这些数据？		✓

8

分析数据，展开讨论

- 找准研究切入点，提出一个好问题
- 撰写文献综述，优化研究问题
- 决定研究方法
- 开展调查研究，收集数据
- **分析数据，展开讨论** ← 你在这里
- 得出结论，撰写论文

完成数据收集之后，需要对数据进行分析和讨论。数据会以多种形式出现，因此分析数据的方法也会不同。

本章具体讨论以下内容：

- 分析文字——反复比较法（编码、分类以及形成模式）。
- 分析数字——理解数字所传达的意义，并使其他人也能理解数字所传达的意义（通过理性浏览数据、进行描述与推论统计以及观察显著性来实现）。
- 了解你的分析想要表达什么——基于之前的研究脉络，讨论你的调查结果并形成理论。

本章是分析和讨论部分。在这里你可以对收集到的任何形式的数据展开分析和讨论。有一系列分析方法可用来处理收集的数据，在这里我们只讨论其中的一小部分。我会关注一些常用的分析方法，同时也会尝试解释这些以及其他分析方法背后的一些数据分析原理。在本章最后（292页）有一张流程图（见图8.21），对已讨论的数据分析方法以及如何使用这些方法进行了总结。

正如在本书的其他章节一样，在本章我也要强调叙事连贯的重要性。你的分析应与采用的研究途径保持一致。如果你的研究包含多个不同元素，每个元素由不同的途径来建构，那么要针对每一种元素选择适当的方法进行分析。

分析文字数据

你以文字的形式收集了数据，又不打算以任何方式将文字转化为数字，这意味着你在试图用这些文字对感兴趣的情境进行描述性或说明性的分析。你可以采用阐释主义的假设来寻求对情境的理解，从而获得见解。

反复比较法和编码

阐释研究的基本分析方法是不断对比（constant comparison）。这种分析方法有时也叫反复比较法，是阐释范式背后所有技巧的基础。

反复比较法需要一遍又一遍（这是反复的部分）仔细核对数据。然后将每个元素——包括短语、句子或段落——与所有其他元素进行比较（这是比较的部分）。没有比这更复杂的了，虽然有不同的方法来进行反复比较。在教科书中，如迈尔斯（Miles）和休伯曼（Huberman）的著作中，对许多反复比较法进行了概述。其中有些方法很有用，但在我看来，还有一些方法把事情变得比原本更为困难。图8.1展示了反复比较法的十个步骤。

（1）复制。对你所有的原始数据进行电子版备份，以防万一出现分析混乱的状况。
（2）第一次浏览数据。检查你所有的数据——第一次浏览访谈记录、日志、非结构化观察笔记等数据，观看视频，听录音。对数据"表达"的意义有一个大致的印象。
（3）第二次浏览数据并编码。再次浏览数据。浏览过程中用颜色画出或标记出重要的部分。这种画线或高亮的方法称为编码（coding）。如果你有已经转录的录音或录像，也可以看看或听听，里面会包含更多的背景信息。随着浏览的深入，你会对反复出现的重要思想或主题有印象。这些可以称为你的暂时构思。从第一次浏览数据开始，你要将它们列成列表。

图 8.1　反复比较法

（4）第三次浏览数据。第三次浏览数据时，使用从第一次浏览就开始建立的暂时构思列表进行核对。画一个网格，暂时构思放在左边，证明这些构思的参考文献放在右边。一边浏览数据，一边在网格上做笔记和观察。

（5）分类和筛选。剔除任何未在其他数据中得到强化的暂时构思。但是不要删除这些实际数据，因为它们可能成为重要的反例，可以用来反衬正浮现出来的一般主题。在研究数据记录中用不同的颜色突出这些反例，并将它们保存在一个单独的列表里。

（6）重新编码。从第二次浏览开始，提炼出与数据一致的第二层级构思。这些第二层级构思可以很好地总结出数据中的重要主题。

（7）主题出现。再浏览一遍数据，现在将这些第二层级构思提炼成最终组织数据的标杆。一旦你对这些构思所捕捉到的数据本质感到满意，就把它们标记为你的最终主题。

（8）思考主题。这些主题是如何联系到一起的？哪些主题彼此匹配？是否有一致的领域？是否有矛盾或相悖的地方？

（9）映射。找到映射主题的方法（参见下面的"网络分析"和"构思映射和主题映射"部分）。

（10）说明。选出优质的引述或段落，以说明上述主题。

图 8.1　反复比较法（续）

因此在反复比较过程中的不同节点，你需要用代码（缩写、名称、标记和/或颜色）来标记数据，以识别它们涉及的重要方面。由于编码过程是反复比较的核心，因此我们在此对编码进行更加详细的探讨。

编码

正如我刚刚提到的，当你使用反复比较法时，需要用代码（缩写、名称、标记和/或颜色）来标记数据，以便描述数据涉及的重要方面。你可以将我在图 8.1 列出的内容称为暂时构思（temporary constructs）。列出这些构思的主要目的是挑出重要的数据，使抓住和总结数据内容的主题最终得以浮现。

举一个编码的例子。下面是一篇对开放式办公室［你可以想象一下《办公室》中的纸商沃纳姆·霍格（Wernham Hogg）］团队领导的访谈转述短文，研究重点是工作场所的霸凌行为。我对这篇文章进行编码，挑出了三个构思。

灰色 = 注意差异
浅蓝色 = 来自他人的敌意、报复或侵略
深蓝色 = 挑衅/"煽动"他人

团队领导：哦，我们这里有一位同事，她看起来和别人不同，她的行为也与其他人不同，这可能不算什么，但他们给她起了一个外号……不是当着她的面叫……[低语]

嘎嘎小姐（Lady Gaga）。呃，似乎总有一个同事比其他人更容易受到欺负，因为他们与众不同，是因为他们可能看起来不一样，穿不一样的衣服或者做事情的方式不同。比如，当她在说什么事情或对什么事情表示激动时，其中一两位直率的同事会直接告诉她"坐下""安静"或者"停止那样做"，或者说"哦，天呐，不要再做了"——他们好像一直在盯着她做事。去年我们这里有一位同事，他会控制不住自己，会口不择言，这时办公室里的其他人会相互看一眼，然后朝他翻白眼，甚至回击他。这就形成了一种帮派心理，虽然很少见，但有时也可能演变成轻微的霸凌行为。就像我刚提到的同事，我见过他们从她身边经过时故意撞到她，或是如此之类的霸凌行为。

即使他们知道我看到他们的行为后不会放任不管，但当跟他们对质的时候，他们会说："什么？我没有那样做"或者"那只是个意外"。并不是所有人都这样做，只是少数人这样，而且会由一两个关键人物带头。这很可悲，但是如果被欺负，他们最终都会离开公司。

对于如何编码，没有对错之分。你可以选择与我完全不同的方式来对这篇文章进行编码。你的研究重点以及即将浮现的主题思想会指导你进行编码。我认为在重读所有数据和提炼即将浮现的构思或主题之时，第一次的编码最终可能被修订。

要记住的是，当你开始分析浮现的主题时，你需要使这些主题以及它们想要表达的含义理论化（theorise）。你需要读取你的代码（最终成为你的主题）正要识别的内容。示例如下：

- 团队领导在评论霸凌行为时，着重强调被霸凌同事的行为与众不同或具有挑衅意味，会让其他人感到"烦扰"。受霸凌的同事处理压力的方式不当，面对大多数员工对此做出的反应，团队领导人是否持近乎同情的态度？
- 她本可以做一些积极有效的事情帮助同事应对麻烦、化解冲突，但她并没有说到这些。相反，她关注的是实施霸凌的人。
- 有一点，她提到了团队中的"群体"行为，也就是"帮派心理"，即故意针对群体中的差异行为。能在一定程度上遏制这种群体行为吗？在数据的其他部分，是否有任何证据表明团队领导人或同事们意识到这一点，或者表明他们可以为此做些什么。
- 如果要提出针对此现象的任何建议，他们可能关注团队结构，以及面向新同事的"伙伴"体系。

经过编码和反复比较之后产生的主题（有时称为类别）是所有阐释性分析的基石。记住：采取阐释途径的目的是在情境中呈现参与者（包括你）正在建构的意义。

你可以用不同的方式映射主题，以显示主题之间的联系。这种映射通常是学生使用解释性数据时最薄弱的部分。虽然确定主题很重要，但学生很少能跨越此部分，并且无法解释主题是如何关联的。有许多映射或组织数据的方法来显示主题之间的联系，但由于篇幅有限，我在这里只概述两种。[你可以在迈尔斯和休伯曼（2019）以及科恩等人（2018）的著作中找到有关其他方法的概述。]这里我列出的两种映射主题的方法是网络分析（Bliss et al., 1983）以及我自己改编的（Thomas, 1992）构思映射法（Jones, 1985）。我将基于自己对这些方法的使用来对它们进行说明。

网络分析

在网络分析（network analysis）中，你的目标是用一个网络来呈现一个概念如何与另一个概念相关联。这个网络有点像一棵树，树干代表基本的概念，树干上的分支代表构成基本概念的其他概念成分。这个方法非常有用，它有一个核心主题，在此主题下包含了你考虑到的一系列次主题。

网络分析显示主题如何在嵌套排列中相互关联，每个分支都包含一系列其他概念。从这个意义上讲，网络分析展示了数据中包含的思想层级组织。

我在一项研究中应用了网络分析，用于研究课堂上助教扮演的角色。助教如何建构有关他们角色的概念？我采访了很多助教，并记录了我们的访谈内容，然后完成图8.1所示的流程。这使我将关于角色的整体评论归结为两个基本主题——对教学法（如教学）和情感（如感情、个人）的关注。这些看来是助教们思考如何建构他们的位置、价值、贡献以及自我价值感的基本方式。我能将这两个基本主题分解成不同的副主题，如图8.2所示。

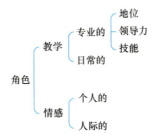

图8.2 主题与副主题网络概要

让我感到满意的是，这个由主题和副主题构成的总结性网络充分总结了访谈助教获得的数据。基于此，我返回到访谈，在受访者言论中寻找关于每个主题和副主题的例子。对每一位受访者，我都能列出一份针对他们访谈的网络分析。图8.3展示了其中的一个示例以及我所做的点评。

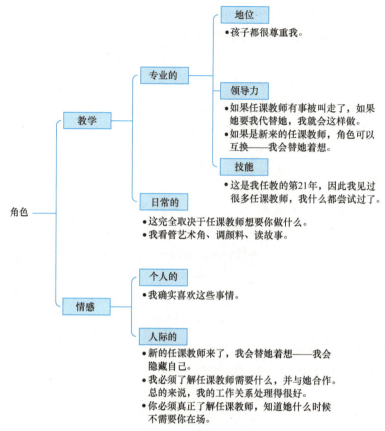

点评：鉴于她的工作经历长，她有信心定义自己的角色。准确来说，个人经验与所秉持的自尊，带来了一定的冲突：专业上的限制使得她努力提升自己的地位，显然她必须尽量减少这一冲突过程。在定义角色过程中，情感因素也很重要，尽管她必须靠"感知"了解到任课教师对于她的在场可能感到不自在。

图 8.3　网络分析

构思映射和主题映射

网络分析提供了概念和主题的分层排列，构思映射（construct mapping）则将这些主题依照访谈顺序排列，并使用线条和箭头在观点和主题之间建立联系。出于对苏·琼斯（Sue Jones）的尊重，我将之称为"构思映射"，她从乔治·凯利（George Kelly）（1955/1991）个人构思理论中发展了这一观点。琼斯（1985）利用凯利提出的概念，即控制所有人看待世界方式的两极结构，设计了一种方法。事实上，我发现这个理论过于复杂，并根据我的研究目的调整了构思映射，我将其称为主题映射。

和大多数质性分析一样，主题映射也从反复比较法开始（详见图8.1）。一旦你确定了主题，就需浏览数据文件，寻找有效说明这些主题的引述。然后你可以按照这些引述在访谈中出现的顺序，把它们放在页面的方框里。现在这个页面就成了你的"映射图谱"。你还可能会找到其他引述，它们在某种程度上会起到补充或对比的作用，同样也要把它们放进"映射图谱"的方框里。现在在方框上标注主题的名称，如果主题之间似乎有某种联系，就画虚线；如果一个主题（箭头指向的主题）似乎在某种程度上解释或说明了箭头另一端的主题，就画实线并加上箭头。

我在图8.4中给出的例子是一个主题图。我访谈了为儿童提供特殊教育支持的老师，分析了其中的一些访谈内容，基于此得出这个主题图。这些提供特殊支持的老师最近改变了工作方式，不是将孩子们抽离出来自己独自帮助他们，而是留在教室里与任课老师一起工作。我感兴趣的是他们对自己课堂角色的看法和感受。他们觉得自己有用吗？是否存在紧张的状况？如果存在，是什么样的紧张状况？其他老师对他们如何反应？孩子们是怎么看待他们的？等等。基于我的访谈以及我作为一名协助教师的日记，我脑海中浮现出一些与这些问题相关的主题，包括地位和自尊、领域、威胁（或猜疑）、人际因素、意识形态（或专业）、沟通、组织、学校政策和角色明确。你可以看到在图8.4的访谈主题映射中标记了上述9个主题中的7个。

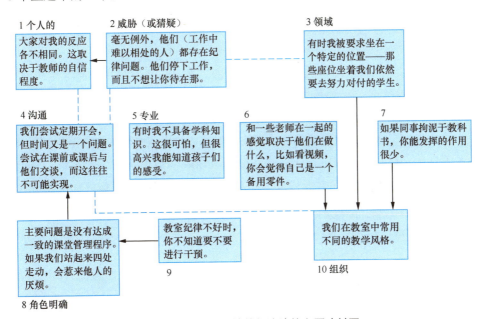

图 8.4　一位教学支持教师访谈的主题映射图

除此之外，主题图还提供了一种小型代表的访谈，因为这些说明性引述是按照它们在访谈中出现的顺序来呈现的。

提示：在绘制此类图表时，建议使用 Word 文档中的文本框功能。先到页面顶部的菜单栏，点击"插入"，然后点击"文本框"（在 Word 文档 2007 版中，现在点击的是"绘制文本框"）。然后使用十字光标画一个框，你可以在框里面输入文字。同时通过点击这个文本框，你可以把它拖到你想放的位置。

扎根理论

扎根理论（grounded theory）（Glaser and Strauss, 1967）是一个常用的术语，用来描述从质性数据中提取主题的过程，或者更广泛地说，是描述整个阐释研究的过程。许多人认为他们使用的就是扎根理论，实际上他们使用的是反复比较法（详见图 8.1）。有些人谈到扎根理论时，好像它就是阐释研究的同义词，甚至认为所有的阐释研究都依赖它。但事实并非如此，扎根理论不是阐释研究。

也许我有点迂腐，但我认为这种把所有的东西都拿来解释，并将之称为"扎根理论"的做法有些令人恼火。阐释研究是最重要的，扎根理论只是阐释研究中使用的一套技巧。事实上扎根理论背后的许多假设现在看来并不合适，而且已经过时，例如，扎根理论能进行预测。我在其他地方探讨过这个问题（Thomas and James, 2006）。林肯（Lincoln）和库巴（Guba）（1985：339）也提出了与我相似的批评，并认为反复比较是扎根理论中值得保留的核心。

扎根理论的好处在于它提供了有关阐释研究本质的纯粹概括，因为它强调你沉浸在某个情境中产生想法（"理论"）的方式。当然这与能用固定想法（固定"理论"）研究可能正在发生事情的概念相反。再次强调一个重点，许多评论家质疑一个人能在多大程度上厘清现有的想法和理论，允许这些想法由数据浓缩而来，不夹杂任何杂质（又见 Thomas and James, 2006)。换句话说，一个人应该明白已经确立的思想和理论在多大程度上会有助于阐释研究阐明、解释和理解问题，这就是在案例研究方法论章节中讨论一个人的立场如此重要的原因——以便读者对解释的缘由有一定的了解。

扎根理论中的编码

值得一提的是，像施特劳斯（Strauss）和科尔宾（Corbin）（1990）这样的扎根理论家对"一步步编码直至确定主题的过程"有特定的术语表达。他们的术语已被广泛运用。

·开放性编码。这是第一阶段，浏览数据、检查数据、对比数据并开始进行分类。如果你愿意的话，这一部分你可以用彩色高亮色来标记文本，也就是我在讨论反复比较法时谈到的识别"暂时构思"。

·主轴性编码。这是第二阶段，你开始尝试理解开放编码。此时你可以问自己："什么与什么互相匹配？""如何命名这组评论？""想法之间如何互相关联？"此时可以为你的代码贴上标签。

·选择性编码。这是提取主要主题的最终阶段。正如施特劳斯和科尔宾（1990：116）所说，这是"选择核心类别、系统地将核心类别与其他类别关联起来、验证类别之间的关系、填写有待进一步提炼和完善的类别的过程"。在此阶段，你可能绘制出我前面提到的主题映射图。

施特劳斯和科尔宾也提到了备忘（memoing），这只是记笔记的一种时髦说法。当你进行编码和反复比较的时候，你正在以你选择的方式记录有关联系、潜在主题以及思想的笔记（备忘录）。在你学位论文的附录中附上一个备忘录的例子可能会很有用。

深描

我在第5章和第6章谈及阐释主义、案例研究和非结构化观察时提到过深描。讨论如何进行分析时，我也使用了深描，因为从某种意义上来讲，深描既是一种数据收集形式，也是一种分析形式。你进行深描的同时也在进行分析。你理性设想场景，想象自己身临其境，以他人的视角去"看"别人正在做什么，从而实现分析。你依赖的不仅是对人的了解，还有对生活和人们所处背景的了解——他们赖以活动的舞台。如果你选择做这类深描，它将有助于你了解所观察情境的一些情况。

伟大的社会学家欧文·戈夫曼（Erving Goffman）（1956）的《日常生活中的自我呈现》（The Presentation of Self in Everyday Life）中就有一个很好的例子，说明了如何利用现成的知识——关于人类的知识。在这本书中，戈夫曼讲述了一个仓库的例子，说明人们在社会生活中的行为就像在舞台上的表演一样，总是通过行为传达某些意义。在这个过程中戈夫曼使用了深描。他描述了一个走在街道上被一块松动的路边石绊倒的人。戈夫曼观察到，遇到这种事情的人总是会转过身去看那块恼人的石头。戈夫曼认为他这样做不是因为对这种绊倒人的现象十分感兴趣，而是为了向任何可能看到这一幕、让他觉得丢脸的旁观者传达某些信息。他转过身来，神色凝重地说："我不是那种经常被绊倒的傻瓜——究竟是什么样的东西，伪装得那么好，才能绊倒我？"换句话说，他转身和环顾的动作是带有含义的，你需要在深描中寻找这些含义。

我试图在日志中深描我当校长的日子。在下文你可以看到我如何运用社会情境、社会行为和专业背景等方面的知识。

> 留意该社团的发展，体现"团结一致"的感觉。
>
> 这个社团全是男性。
>
> 评论管理层的弱点。

> 最后我们谈到一名一直与领导有矛盾的工作人员。他说她现在正将这件事告知工会。我报告说教师负责人在停车场找过我。我觉得自己是在背叛他对我的信任，但我认为在这里讲出来是合适的。然而在这个小组中男生之间又出现了一种温暖舒适的感觉：很少有那种奇怪的言论来强化这个世界很艰难的观点，我们反对这种言论，有一种"如果你支持我，我也会支持你，这样我们都会活得更轻松"的感觉。我不太喜欢从性别主义的视角去思考问题，但我确信这里确实存在男女差异。认为女性爱争吵、爱抱怨、小气的观念从未明确表达出来，但我并不常对此过度敏感，我认为作为男性，我们应团结一致、保持头脑冷静、保持当前势头，防止任何人来捣乱，当然我们自己也不能捣乱。但这一切也许都太过深入，情节过于虚幻。如果孩子们所说的都是真的，那么这位老师就是"绝对糟糕"，应该辞退她，而不是简单地剥夺她的职责。在这个管理模糊的个案中，将问题报告给负责人，其中体现出的管理层矛盾心理可能只是弱点：是混乱而非共谋。

遗憾的是，我的深描不具备戈夫曼的创造性。我希望在这里展现的是，我愿意去理解社会环境中正在发生的事情，愿意尝试运用我的知识，而不是试图成为某类中立的旁观者。

话语分析与内容分析

话语分析（discourse analysis）是研究语言在社会中的使用情况。令人困惑的是，它在社会科学的不同分支中以不同的方式被提及。心理学家认为话语是在人与人之间使用的语言，他们倾向于关注语言的小单位，如单个字词或语调的选择（"微观分析"）。相比之下，社会学家倾向于认为话语是定义社会关系的语言使用形式，特别是人与人之间的权力关系（"宏观分析"）。基于这些截然不同的出发点，你会明白，话语分析没有单一的研究方法。当分析指的是书面文本而不是口头文字时，有时会用到内容分析（content analysis）这一术语。费尔克拉夫（Fairclough）（1995）描述了他所谓的"批评性话语分析"，在应用社会科学中非常有用，因为它结合了心理学和社会学的传统。费尔克拉夫的"批评性话语分析"的大纲如图 8.5 所示。他是这样说的：

一段话语可以从多个层面嵌入社会文化实践中，可以在当前情况下，也可以在更广泛的机构或组织中，或者在社会层面。例如，人们可以从婚姻伴侣之间的特殊关系，从作为一个组织的家庭伴侣之间的关系，或者从更大范围即社会中的两性关系来解读婚姻伴侣之间的互动。话语分析的研究方法包括对语言文本的语句描述，对（产出性的和阐释性的）话语过程与文本关系的阐释，以及对话语过程和社会过程之间关系的解读。（Fairclough，1995：97，原文的重点）

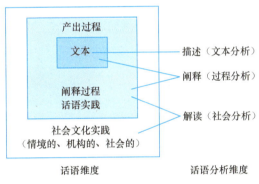

图 8.5　费尔克拉夫的"批评性话语分析"

在这里费尔克拉夫谈及了婚姻伴侣之间的语言，但话语分析涉及的范围更广，远不止这种一对一的接触。例如，话语分析可以研究政治家如何使用语言，或研究文本和口头语言影响读者或听众的力量，这种影响是通过使用语言和论证策略来实现的。人们使用的特定词汇、用于举例说明的事件以及用来描述自己的词汇都可以反映一个人的性格特征，话语分析也可以考察人们选择使用这些词汇及事件的方式。

费尔克拉夫勾勒出一个话语的三维模型。在这个模型中，人们根据语言"阅读"文本，检验文本的传播和理解程度，并质询它们与更广泛的社会和政治主题之间的关系。费尔克拉夫的著作（2003）为如何进行上述话语分析提供了宝贵的指导。

简单而言，把一般研究方法带入访谈或其他语言使用的样本中，这与反复比较法大致相同（见图 8.1）。但是话语分析的关注点不同，它关注特定词汇、短语、习语、明喻、隐喻、各种修辞的使用，不是处于思想的第一层级。特定词汇、短语等如何被用来构建诸如"教育""健康""秩序"之类的概念？无论是访谈记录还是文件，话语分析者都通过话语中选择的词语和语言形式来观察概念如何构建。

  在图 8.1 概述的过程中，话语或内容分析者强调的是使用的特定单词或短语，因此话语分析强调对访谈或文本分析的编码，更注重单词和短语的选择和使用。鉴于实际的词汇及其使用情况比民族志使用的反复比较发挥的作用要大，所以留意你的编码方案更重要。费尔克拉夫举了一个很好的例子，他记录了医生和病人之间的对话。

如何分析你收集的资料

1 病人： 但她对我真的很不公平。她一点都不尊重我。
  医生：   [嗯
  病人： 并且我认为，这是其中一个
  医生：   [嗯
5 病人： 我喝这么多酒的原因之一 你知道的——
  医生：   [嗯   [嗯 [嗯

  病人： 还有，[嗯
  医生：   [呃 你，你是不是，你是不是
       [又开始喝酒了？
10 病人： [没有

（费尔克拉夫，1995：98）

你会注意到这段文字的一些特点：

• 行数被标上数字（每五行），以便在随后的分析讨论中可以很容易地回到参考资料所在的原始文本中。

• 在对话中有一些用来表示间隔、停顿和中断的标志。在这种情况下，使用单个的"。"。对于较长的停顿，使用破折号。

• 左半边方括号"["用来表示对话中两人"说话的重叠部分"。

  密切关注（和记录）对话结构源于对实际使用的词汇及其使用方式的特殊关注。例如，能够指出在哪些时候对话被干扰中断以及这些干扰中断意味着什么，

这很重要。在这个特殊的例子中，费尔克拉夫展示了医生如何努力使用两种不同的话语，他认为这两种话语支配着医生的专业工作：一种是咨询话语，必须是非指导性的（如"嗯"等），另一种是医生期望能够主导对话的医学话语。对任何分析全科医生专业角色的人来说，这都提供了一个有趣的"操作杆"。

在我撰写的关于政治家如何使用语言的《证据，还是滥用的证据：'证据'一词在教育政策话语中的滥用》（*Evidence, Schmevidence: The Abuse of the Word "Evidence" in Policy Discourse About Education*）（托马斯，2022）一文中，可以找到话语分析的另一个例子。我关注的是他们使用"证据"这个词来宣传自己的政策议程，精心挑选他们喜欢的证据，并且以不当的方式驳回与他们信息相矛盾的其他证据。

提示：如果你对话语分析感兴趣，你可能会发现下载英国国家语料库（BNC）大有用处，它包含了1亿字定期更新的文本，文本类型各种各样（如口语、小说、杂志、报告、报纸和学术著作等），旨在展现当代英语语言用法和历史用法。你可以使用BNC找到特定的单词或短语，如"社会企业家精神"（social entrepreneurship）、"助产"（midwifery）、"特殊需要"（special needs）或"玻璃天花板"（glass ceiling）在不同语境中的使用情况以及使用频率，以便与你自己所处的语境进行比较。或者你希望跟踪随着时间的变化这些词汇的用法发生的改变。可以从 https://ota.bodleian.ox.ac.uk/ repository/xmlui/ 下载该语料库。

计算机和语言数据分析

有很多语言数据分析程序可供使用（有时称为计算机辅助定性数据分析软件，或CAQDAS）。是否使用这些程序取决于你需要处理的数据数量。当然没有什么可以取代研究者理性阅读资料，而这也是我认为使用质性数据分析软件的主要危险之处：它会使你产生一种错觉，相信有其他方法可以协助你完成这份艰难的工作。

只使用Word文档也可以完成很多事情。例如，你可以使用Word文档提供的字数统计（点击页面底部状态栏的"字数"会打开字数统计对话框），或者可读性统计（文件→选项→检验→展示可读性统计）。你还可以使用"查找"功能（Ctrl+F键）来查找已识别的文本串或重要文字。

尽管我警告过不要期望CAQDAS为你做太多的数据处理工作，但你可能会发现它大有用处，特别是当你有大量数据需要分析时。著名的数据分析软件有Nvivo和Atlas.ti。你的选择很大程度上取决于你所在的机构喜欢使用哪一款数据分析软件——你可以利用机构的软件使用许可证，也可以找到能够在软件使用方面给你提供支持的人。

　　Nvivo 可以协助你对文档、PDF、音频、视频之类的数据进行编码，并将这些数据归类到不同主题。检查数据的过程基本上与我在反复比较法中提到的一样，也就是仔细阅读数据、提炼大致想法、编写有趣的代码、在数据中寻找相似之处、标记它们并进行分组，形成最后的主题。开发人员提供了如何使用 Nvivo 的优质教程。可以去搜索"Nvivo-QSP International 入门"。图 8.6 展示的是教程中的一个示例页面，说明了如何对受访者的评论进行编码。

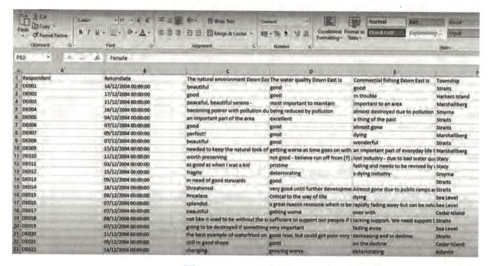

图 8.6　Nvivo 示例页面

社会关系图

　　社会关系图（sociogram）是描绘儿童（或者成年人，但不常见）之间关系的一种有用方法，包括询问孩子们喜欢坐在谁的旁边，喜欢和谁一起合作，或者相反，他们不喜欢和谁坐一起，等等。社会关系图有一个优雅的叫法：社会计量学。

　　在绘制标准的社会关系图时，你会给每位参与者一张纸，让他们在上面写下自己的名字和两个自己选择的名字。然后将这些名字绘制到社会关系图中，最终生成如图 8.7 所示的图表。对于每个选择，你要画一个箭头来表示选择的方向。例如，如单箭头所示，最左边的史黛西（Stacy）选择了汉娜（Hannah）和劳拉（Lara）。如果出现双向选择（也叫互选），单箭头就变成了双箭头。

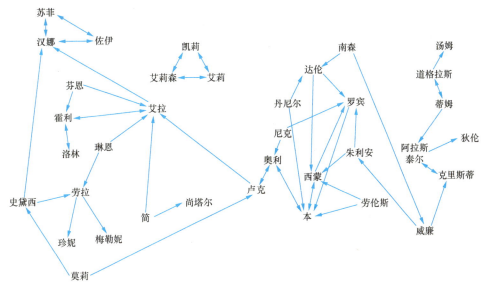

图 8.7 社会关系图

社会关系图中可能出现的特征有:

- 孤立型,一个人没有被其他个体选择;
- 互选型,个体之间互相选择;
- 单选性,某人选择了另一个人,但另一个人并没有回选他。
- 结党型,由三个或三个以上的人组成的紧密团体,他们选择的对象都来自这个团体(如凯莉、艾莉森、艾莉);
- 群集型,更大范围的团体集合(如围绕罗宾、西蒙和本所做的选择形成了一个相当重要的集群);
- 辐射型,被很多人选择的人(如艾拉和本);
- 集权型,一个人被很多辐射型人员选择,但其他选择他的人不多。

图 8.7 中的社会关系图摘自我为巴纳多(英国知名的儿童慈善机构)做的一项研究,调查有生理障碍的儿童在主流学校中的融入情况。这些儿童是一所小学的同班同学,悄悄地询问他们,让他们说出喜欢和谁坐在一起,或者喜欢和谁一起玩,结果发现"被融入"的学生就是卢克。有趣的是,在我研究的每一个班级中,"被融入"的学生总体上会形成一种不起眼的关系模式。即使那些有严重残疾的学生,在社交上也能很好地融入班级。在几个"被融入"的孩子身上都会出现相互选择的情形。有趣的是,卢克是唯一跨越性别障碍的"被融入"学生。

有一些基础的免费软件可绘制社会关系图——搜索社会关系图免费绘制软件。你可以使用这些软件程序移动图中人物的位置，更简捷地展示集群，且不会出现过多交叉线。一旦你的头脑中出现了清晰的集群，你就可以改用徒手绘制或者使用 Word 文档（文本框）绘制社会关系图。

社会计量学涉及一些重要的伦理议题。你应该仔细思考你所要询问的问题要如何措辞，以及如何将资料展示给你的项目参与者。你必须向参与者说明研究绝对保密且匿名，参与者也有退出研究的权利。你也要注意不让参与者看到其他人发表的相关论文。当然在任何成文中使用假名都很有必要。

转化阶段：将文字转化为数字并制作编码框架

你可能想把研究中收集的文字资料转化为数字。例如，它可能是一份已发放给调查对象的调查问卷，其中包括封闭式和开放式问题。封闭式问题（包括是/否答案，或量表评分）没有分析困难，因为受访者的回答会立即转化为分类数字（参见以下部分）。你已经对每个答案进行了编码，从某种意义来说，调查对象正在查看编码、思考编码，并自己进行编码（尽管他们通常不会意识到自己在做什么，除非你真的要求他们提供一个数字）。

对于开放式问题，你可以邀请调查对象用自己的话来回答。如我之前描述的那样，这些"自己的话"可以使用反复比较法进行定性分析，但你可能想以某种方式将这些回答分类，以便与封闭式问题的编码放在一起。为了实现这一目标，你需采取的方法与反复比较法中使用的方法类似，但不是用标签和主题来完成分类，而是以数字进行分类（即分类数字）。

例如，一位新闻专业的学生在询问了调查对象常阅读哪一份报纸之后，可能紧跟着提出一个开放式问题，如"为什么这是你最喜欢阅读的报纸"。

为了将这个问题的开放式回答转换成分类数字，新闻专业的学生需要通读所有回答，并在此基础上为不同类别的回答确定一个框架——编码框架。这些回答不用费事就可以分成几个类别，比如，"反映了我的政治信仰""偏爱某位特定的记者""喜欢体育板块""喜欢占星术""篇幅便于阅读""易于阅读"和"有趣的故事"等。这里的每一个类别都将被赋予一个数字，每个回答将根据这些数字进行编码。

当然在实践中事情可能不会如此顺利。有些回答可能很难处理，你没有办法将其归类到你编写的类别中，但也必须归类到一个类别，如"其他"。尽管它们不容易分类，但实际上可能包含了最有趣的回答。这些回答可能来自那些"打破常规"思考的调查对象——他们给出的回答不同常人，具有独特见解。

这些困难凸显了将开放式回答转换成数字时存在的根本问题：这种转换违背了提供开放式回答的目的。我认为这种策略对试点研究最有帮助，因为在试点研究开始时，可能不容易察觉人们会给出什么类型的回答。

分析数字数据

有些研究社会科学的人不喜欢数字，对此我完全可以理解。毕竟你涉足的是教育学、心理学、社会工作、护理、医学、牙科、新闻、司法保护或其他任何类似领域，其原因是你想和人打交道。你发现人类很有趣，而数字在某种程度上和人们生活的场景格格不入。

但是你应牢记几点。第一，统计学并没有你想象的那么难。第二，统计学实际上大有用处。第三，如果你真的无法掌握统计方法，也不是毫无出路，因为你感兴趣的是研究，而不是统计学，研究事关发现事实。发现事实的方式有很多，在找出利害关系的过程中，使用复杂的统计方法会承受极大的压力：统计不是唯一的方法，甚至不是主要的方法，它们只是分析工具。第四，如果你真的不懂统计学（尽管你会懂其中大多数的基本统计方法），不要责怪自己。要怪就怪统计学家没有做出恰当的解释。

这就像你走进一家建材商店，要购买一款从专业上你叫不出名字的弯管时，柜台后面的人（通常是男人）装作有点不耐烦和困惑。大多数统计学家也是如此——他们似乎都喜欢用复杂的名称命名统计测试，这些测试都以希腊字母命名，如"chi"（为什么？别问我），或者像俄罗斯的统计学家科尔莫戈罗夫（Kolmogorov）和斯米尔诺夫（Smirnov）一样。如果将卡方检验的名称变为可爱度测试，科尔莫戈罗夫－斯米尔诺夫检验改为松软度检验，那么社会科学领域里排斥统计学的人会少很多。

统计学家似乎觉得简化他们的解释是犯罪，不亚于一级谋杀：你很少会听到统计学家讲"我过于简化了，但你可以这样思考……"。他们对统计数据的数学和逻辑之美（以及围绕其结构的期望）存在一种迷恋，这种迷恋与一种自我意识（如果使用不当，自我意识将毫无意义）相结合。这种自我意识在某种程度上值得称赞，但这意味着每当他们解释某件事时，必须详尽解释结构和用法的每一处细节，这对于没有统计学背景的人而言是毫无意义的。他们无法接受的是，在这种如实的解释中，这些统计数据无论如何都只是粗糙的工具，即便精确描述具体细节也不会改变这一点。

不管怎样,我偏离了主题,一部分原因是让你放松。最好的放松方式是倒一杯酒,坐在舒服的沙发上,让书中的知识在你身上流淌。如果其中的一些知识流淌得够慢并且永驻于你的心中,那就更好了。你甚至可能愿意尝试使用数字。

即使你有统计恐惧症,也要试着看看这里的内容。因为即使你没有足够的信心去使用统计,对统计有一些基础的了解也可以帮助你更理性地解读已经发表的研究。

数字类别

首先谈谈统计学中使用的数字。粗略地讲,你以为你知道数字是什么,对吗?"1"就是一件事,"2"就是比一件事多了一件,"3"就是……呃……比"2"再多一件事。我不想打破你的幻想,大多数时候,你基于以上假设进行你的工作是没问题的。但你知道吗?据说物理系学生上了大学之后,必须忘掉之前所学的物理知识,从头开始学。这有点像在社会科学领域当你要使用数字时的情形。好消息是在社会科学领域这种转变真的很简单——并且(老实说)你已经了解它了。这只不过是一个用社会科学家使用的语言把你已知道的事情表达出来的问题。你可以这样想:

- 事物都有分类,如性别分类(女性和男性)、残疾类型、学校类型。为了便于在研究中解决问题,这些事物的类别可以用数字来代表(例如,女性用 1 来代表;男性用 2 来代表)。这些数字实际上只是名称的简写,所以被称为名义数字或分类数字。

- 事物可以按照顺序排列,例如,顶尖、中等、最末、第一、第二、第三等。这些排序也可以用数字标记:顶尖(1)、中等(2)、最末(3)、第一(1)、第二(2)、第三(3)等。这是按顺序排列,所以这些数据叫作顺序数据。这表示按顺序排列,除此以外没有其他的隐含价值,当然也可以表示一个值比下一个值更大、更快或者更好。如果调查对象基于五分制(讨厌,1分;不喜欢,2分;没意见,3分;喜欢,4分;很喜欢,5分)将他们对学校的喜爱程度进行打分,你只知道5分比4分好,或者2分比1分好,但你不知道其间的差异有多少。

- "日常"数字会告诉你,你拥有多少东西——这里指的是等距数据,因为数字之间的间距总是相同的(不像名义数据和顺序数据)。因此医院的患者人数和一周内获得的零花钱数额都是等距数据。

你可能看出为什么不能将不同类型的数字混为一谈，比如，不能将名义数据相乘。顺序数字之间的间距并不总是相同的，所以不能用处理其他类型数字的方式来处理这种类型的数字。这只不过是一个用统计学家使用的排序法把你已知道的事情放在适当的位置上的问题。

格拉斯哥大学的统计词汇表是一个很棒的网站，上面对数字类型有详细的解释，具体可查询其网站。

现在我们对数字的类型有了清晰的了解（你有清晰的了解吗？——如果没有，你也不用担心，你仍然可以管理这些数据），在统计分析你收集的数据时，有三个主要的统计学分支可以帮助你使用我在本书中提到的多数研究方法。

- 一个分支是关于描述统计学——这非常简单易懂。
- 下一个分支是关于帮助你理解变量间关系的统计学，这也很简单。

最后一个分支是关于帮助你由小群体到大群体做出一些演绎（或推断）的统计学，这稍微有点难（但仍然可以理解）。

> **备忘录** 数字可以帮你描述和理解一段关系或者理解事件的原因和结果，但这更多取决于收集和分析数字的方式。

在讨论这些内容之前，我有必要介绍一下如何理性浏览数据和使用 Excel 表格。

理性浏览数据

分析数据的第一条准则就是理性浏览数据。理性浏览数据是指观察一组数据，看看数据想要表达什么。虽然理性浏览数据并没有出现在统计学教科书中，但它可能是最有价值的统计技术。因为理性浏览数据会让你理性思考这些数据所呈现的意义，防止你由于错误使用统计方法而对一组数字做出愚蠢的描述。这一系列数字看上去呈现上升、下降的趋势，还是保持不变的趋势？这种趋势看起来是剧烈波动还是相对稳定？是否存在异常数据（与其他数据不一致的数据）？数据是否有趣（是以好的方式还是坏的方式）？这一组数据是否与另一组数据不同？其实最有力的工具就是你的眼睛，而不是科尔莫戈罗夫-斯米尔诺夫测试。你要用眼睛理性浏览数据。

使用 Excel 表格分析数据

理性浏览数据之后，你还需要做一些实际的计算。我将后面统计中涉及的大部分工作在微软 Excel 表格中完成，因为几乎所有的家用电脑里都有这种电子表格，并且易于使用。需要用到更复杂的统计处理软件时，到时我再进行说明。

在接下来的数字分析中，我假定你已掌握基本的 Excel 表格操作知识。话虽如此，我发现许多学生有时不了解图 8.8 展示的有关 Excel 表格的一些基础操作。如果你是一位十足的电子表格新手，希望以上说明能帮你顺利开始使用 Excel 表格。好好琢磨如何操作 Excel 表格——它会让你大有收获。网络上有许多视频可以帮助你入门，搜索"Excel 入门视频"即可。

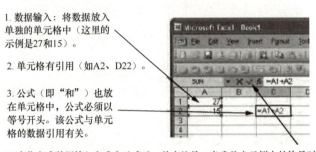

图 8.8　微软 Excel 表格：一些基础操作

描述性统计

描述性统计（descriptive statistics）是关于数字型数据的简化、组织、汇总和图形化的统计。描述性统计很简单。我知道我说过了，但它们确实很简单。描述性统计是关于诸如"有多少"和"多久一次"这类的问题，并将数字以饼状图或者柱状图（有时也叫直方图）的形式呈现。还有一些简单的数据统计，如年龄百分比和平均数（技术上称为"派生统计"，因为它们是从描述性统计中派生出来的）。

许多学位论文评分低，是因为作者很少尝试用这种能在第一时间向读者传达意义的方法呈现数字。如果你有一列数字，试着用统计学的方法让它们向读者传递意义。我将给出一些示例，并告诉你如何用 Excel 表格将它们转换成更有意义的形式。提示：不要将表格和/或对表格的统计分析隐藏在附录里，但很多学生这样做，我不能理解。

频率

让我们看一些取自某个官方网站的数字——频率分布（frequency distribution）。

表 8.1 展示了 2014—2018 年国家审计署（NAO）(2019) 以各种特殊教育（包括公立特殊学校和私立特殊学校）安置儿童和青少年的统计数据。通常这些数据以不同的格式呈现，包括 Excel 表格格式。如果是 Excel 表格格式，那么可以非常轻松地将工作表复制并粘贴到你自己的 Excel 表格里。一旦你完成了复制和粘贴，就由你来解释图表了。在表 8.1 的示例中，当政策有利于将学生纳入主流学校时，主流学校中参与教育、健康和护理计划（EHC plan）的儿童人数减少了吗？而安置在特殊学校接受特殊教育的儿童人数增加了吗？这些都将由你向读者解释。

表 8.1 不同规定下的儿童数量（NAO，2019）

	主流学校中参与教育、健康和护理计划的学生	公立特殊学校的学生	接受国家选择性教育的学生	私立特殊学校的学生
2014	120 530	97 395	12 895	15 870
2015	120 070	101 250	13 585	16 520
2016	116 185	105 365	15 015	17 345
2017	116 255	109 855	15 670	17 820
2018	119 815	115 315	16 730	19 610
2014—2018 年的变化	-0.6%	+18.4%	+29.7%	+23.6%

Excel 在各种图表中提供了一系列的描述性统计数据，（在 Excel 2007 中）你可以点击顶部菜单栏的"插入"来访问这些图表。然后在"图表"部分，你会看到"柱状""线状""饼状"和"条形"等选项。考虑一下你想要图表为你传达什么信息。表 8.2 提供了一些指南，说明了每个图表的优点。

表 8.2 图表的类型和用途

图表	用途	备注
柱状图	比较数值；从上到下排列	
条形图	比较数值；从上到下排列	记住：Excel 表格在"侧面"显示条形图的标签，如果标签很长，条形图格式比柱状图好
折线图	比较随时间变化的数值	记住：有时候画一条线是不正确的，也就是说，一个值与下一个值之间可能并不是总有关联
饼状图	将每个数值与总数值进行比较	你一定要想想你用它来做什么。例如，在饼状图中只显示两个数值（例如，60% 的女性，40% 的男性），这样做并没有价值，因为要读懂这些数字很容易

续表

图表	用途	备注
散点图	比较成对的数值	例如,在学校的一个班级中,你可以收集两个变量——如学生实际年龄和阅读年龄

平均数

你可能想展示一种集中趋势(central tendency)的测量方式——也就是我们知道的平均数(average)。平均数分为三种:均值(mean)、中位数(median)和众数(mode)。这些不同的平均数适用于不同的场合。

均值是我们大多数人都熟悉的"平均数":正在研究的特征总数(如孩子的考试成绩)除以观察的总人数(如孩子的总人数)。但有时候均值并不是展现"中间值"的最佳方式。通过理性浏览数据你可能发现典型数值是这样或者那样的,但如果使用均值,可能产生误导作用。让我们以十个孩子的考试成绩为例,假设他们的得分分别是:0、9、9、9、9、9、9、9、9、9。

显然,这里的典型值为9,但是有一位学生——他可能在考试中睡着了——会使数据发生变形,并使均值降至8.1。因此将均值作为典型数值有点误导人。在这里使用中位数会管用,因为它是"中间的"数值。如果分数按照顺序排列(最低的在左边,最高的在右边),中位数就是正好在中间的分数。在这种情况下中位数是9。

另一个测量平均数的方法是找众数。众数是指出现频率最高的数值。因此在一列数字1、2、3、3、7、9中,众数是3。

使用 Excel 很容易找到集中趋势的测量方法。例如,假设你有一系列的测试分数,它们是1、2、3、3、3、5、6、7、8。将这些数字输入工作表单独的单元格里,图8.9展示了如何找到这些分数的均值、中位数和众数。

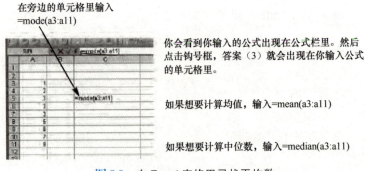

图8.9 在 Excel 表格里寻找平均数

你可能对显示数字的变化和分散程度感兴趣（专业术语是方差）。例如，如果 10 个孩子所得的分数分别是：5、5、5、5、5、5、5、5、5、5，那这个测试就没多大用处。（如果分数满分是 10 分，那可能意味着测试中有 5 个问题极其简单，而另 5 个问题极其困难。）

这里两个值之间的变化是 0。为了测量存在多少变化，这里使用了标准差（standard deviation）的统计量。简单来说，标准差是每个数值与均值相差的平均值。

在 Excel 中计算标准差，使用图 8.9 示例中的数据，遵循相同的过程，在单元格里输入 =stdev（a3:a11）。该例中的标准差是 2.39。

统计可帮助你理解两个变量之间的关系

你可能想对一种情况的两个特征进行探究，以了解这两个特征是否存在关联：你可能探究孩子们在测试 A 和测试 B 的分数，以了解这两组分数之间是否有关联。

例如，我作为一名教育心理学家访问一家青少年犯罪安置机构时，被要求去测试这些青少年的阅读能力。令我震惊的是，除了自尊心很低、语言推理能力和其他方面的素质都很差之外，他们的阅读能力普遍很差。我本可以研究（但我没有真正这样做，所以这只是想象）阅读能力和自尊之间的关系（后者由罗森博格的自尊量表测量）。为了探究两者之间的关系并以易于理解的方式呈现我的测试结果，我可以使用散点图，其中一条轴代表阅读年龄（以月为单位），另一条轴代表自尊。

我展示了自己想象出来的数据，并将这些数据转换为散点图，如图 8.10 所示。阅读年龄（以月为单位）在 A 列，自尊心分数在 B 列。

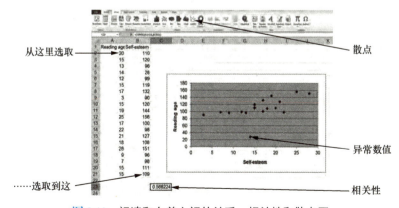

图 8.10 阅读和自尊之间的关系：相关性和散点图

可以依据以下步骤绘制散点图。

（1）输入你的数据——在我所举的例子中，将数据输入 A 列和 B 列。

（2）从左上到右下，将鼠标拖拽到你想要选择的数据上。

（3）在早期版本的 Excel 中单击"图表工具"。2007 版之后，是点击"插入"，然后点击"分散"（位于"图表"选项卡下）。

（4）在早期版本的 Excel 中，在第一个对话框中向下滚动到"XY（Scatter）"，然后一直点击"下一步"，直至完成。在每个数值点上，你都可以自定义你的图表。

你可以从散点图中看到，自尊和阅读能力的结果趋于"一致"。换句话说，如果一位青少年的自尊心较低，那么他的阅读能力也倾向于较低（反之亦然）。这里重要的措辞是"趋于"，意味着这并不是一种必然的关系，正如你在一个异常数值（即极端个案）中所看到的情况，你可以看到他的阅读年龄很低，但他有着合理的自尊得分。我们描述一个变量和另一个变量之间关联程度的方法是使用相关系数（correlation coefficient）。相关性能表明一个变量和另一个变量之间关联的强度。

协方差：事物如何一起变化——事物如何共同变化。

举一个浅显的例子，我们可以说鞋子的尺码与阅读年龄产生共同的变化，即一个变量和另一个变量的数值一起上升。这个例子表明需要谨慎使用协方差。因为事物共同变化并不意味着一个事物的变化会导致另一个事物发生变化。这种情况下的协方差当然受第三个变量的影响：成熟度或年龄。随着年龄的增长，阅读年龄（一般来说）也在增长，鞋码也会变大。

当你使用 Excel 计算出相关性的数字时，得到的结果是介于 –1 到 +1 之间的数字（图 8.11）。结果越接近 +1（如 0.8），两组分数之间的关系就越紧密。如果分数是 0，那么两者之间没有关联。如果分数接近 –1（如 –0.7），则关系相反——也就是说，如果一个变量的分数高，那么另一个变量的分数可能就低。

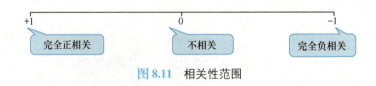

图 8.11　相关性范围

要获得示例中分数的相关系数，请在空白单元格里输入：=correl(a1:a20, b1:b20)。

一旦你计算出相关性，你可以做两件事：一是计算出相关性的显著水平（显著性将在下一小节解释）；二是你可以依据一个变量的分数预测另一个变量的分数，所使用的统计技术称为线性回归（linear regression）（参见本章"拓展阅读"部分）。

当然存在相关的事实并不能说明这种关系的原因，或者是否存在一种因果关系，甚至指向因果关系。我在假想的青少年犯罪安置机构数据中发现了相当高的相关性，但这并不能说明阅读能力差会导致自尊心低，或者自尊心低会导致阅读能力差（尽管两者皆有可能）。更有可能的是，我们生活在一个社会现象密切相关的世界里，所有这类事情都"联系在一起"。

我发现在这些年轻人身上存在着一致的现象，即几乎在任何社会适应能力或成就的测量上他们的得分都很低，实在令人沮丧。为什么呢？"原因"更可能与文化和贫穷因素有关，而与任何一个我所概述的可以进行测量的众多心理现象无关。20世纪20年代，戈登（Gordon）(1923)对英国运河船上的儿童进行了多项研究，惠勒（Wheeler）(1970)也对美国山区的儿童进行了许多类似的研究并有所发现，自此以后人们便意识到：决定孩子在学校取得成功的因素（现在也是）是文化环境，而不是任何心理特征。

换句话说，这种情况已经存在了"yonks"（专门术语：很长时间）。可悲的是，往往是社会科学的思想和研究方法在宣传这样一种信念：具备某种能力（或不具备能力）才是决定成败的主要力量，而不是贫穷、差异或生活经历。我们吸取的教训是什么？测量在许多类型的社会研究中都很有用，但当我们寻找变量之间的关系时，对于推断我们所发现的关系背后的原因，我们必须持非常谨慎的态度。

统计可帮助你进行演绎（或推断）

这些数据有时也叫推理数据（inferential statistics），在社会科学中形成了分析统计学的一个大分支。当我们试图解释实验结果时，尤其会用到这种数据。事实上，测试是让你说出你得到的结果是否可以延伸到收集的样本数据之外：是你在实验组与有赖进行延伸解释的对照组之间发现了差异，还是在研究过程中偶然发现了差异？

实际上这些数据大多数在传达一种基本的信息：你是否出于偶然发现这组数字与那组数字之间存在差异，或者你是否对研究进行了很好的设计，都归因于你感兴趣情境的一些特征。完成统计测试后你会得到一个数字，该数字将告诉你发现差异的随机性有多大，并以几分之一（如 1/20 或 1/100）来陈述。这就是经常令人感到混淆的地方，因为许多人认为在解释调查结果时一旦处理了随机的议题，那其他一切就都没问题了。

事实并非如此：研究必须经过适当的设计，涉及思考从抽样到措辞再到对照等整个设计的考量，这些我在第6章提到过。只有当我们确定这些设计维度已经得到合适的处理时，才可以继续下去，并着重关注这些发现是否是偶尔发生的。我之所以提到这一点，是因为一些新晋（和一些有经验的）研究人员把精心选择和计算的统计数据检验视为研究价值最重要的保证。但绝对不是这样的，一部分是因为存在GIGO原则：无用输入，无用输出。

GIGO原则是在使用任何统计时都要牢记的重要原则，特别是在较为复杂的研究中使用了推理统计的时候，因为其中设计出错的可能性更大。假设一切都已设置妥当（一个很大的假设），统计是探究变量之间关系研究的必要部分，不论这些变量是否涉及对原因的推断。我将通过几个例子来说明如何使用这些测试，但在此之前，我们必须简要地了解一下统计显著性的重要性。

毫无疑问，统计显著性指的是你获得的任何发现的重要性，这里的"显著性"指的是这些发现的实质、价值和重要性。这些发现是否告诉我们任何有意义的事情，还是这些发现纯粹是偶然的？统计显著性是用概率表示的。什么是概率？概率是对某一特定事件发生可能性的数值描述，用0到1的刻度表示。很少发生的事件概率接近于0，而常见的事件概率接近于1。因此 $p=0$ 意味着事件永远不会发生，而 $p=1$ 意味着事件总在发生。从一整副牌中抽出梅花的概率是用该事件可能发生的结果（即13，因为一副牌中有13张梅花）除以总结果数（即52，因为一副牌有52张）。因此"做数字运算"：概率表示为 $p=0.25$。

这里讨论的统计检验告诉我们偶然发现调查结果的概率。让我们举一个简单的例子：假设你对15个男孩和15个女孩进行数学测试，你面前放着孩子们的成绩，这些成绩存在差异。然后统计检验会说明你随机发现差异相同（或较大/较小）的可能性有多大。结果用概率数字表示，如"p 小于0.05"，这就意味着偶然发现这个结果的概率小于5%。

用统计学家的话来说就是 $p<0.05$。

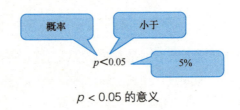

$p < 0.05$ 的意义

一种说法是偶然获取这个结果的概率不到 5%（如 1/20）。还有一种说法是如果你一次又一次重复这项实验，20 次中只有一次（即 100 次中有 5 次）会偶然得到这样的结果。如果概率数值改变为 0.01（1/100），那么事件变得更难发生了，或者简单一点，把概率数值改成 0.1（也就是说偶然发现的概率只有 1/10）。

这就是显著性检验（significance testing）的意义：这些数字与概率有关。虽然显著性对解释特定类型研究设计的结果很重要，但不知道如何计算显著性也无须大惊小怪。在许多研究中，了解已发表的研究如何使用诸如此类的统计数据以及它们代表的含义大有用处，即使在你的研究中你并不打算计算这些数据。

我将在这里探讨两种常用的统计数据：卡方检验（有时写为 χ^2）和 t 检验。我之所以选择这两个例子，是因为它们在我们感兴趣的研究中有广泛的用途。不过值得注意的是，Excel 是一个电子表格而不是一个统计软件包，而且它在计算卡方检验方面相当笨拙。如果你想要做大量的卡方检验，那么值得购买一个学生版的著名统计软件包 SPSS（用于社会科学的统计软件包）。简要讲完卡方检验及其手动计算方法之后，我马上会介绍 SPSS。

卡方检验

卡方检验（Chi-square）用于确定随机发现频率分布（distribution of frequencies）的可能性。假设我们询问一组 99 名新聘警察对车辆截停搜查程序的看法，选项和调查结果见表 8.3。卡方检验将告诉我们随机获得这组结果的可能性有多大。

表 8.3　警务人员对车辆截停搜查程序的态度

态度分类	警察人数
遵循现有的车辆截停搜查制度	58
简化警察执行车辆截停搜查的制度	32
加大警方执行车辆截停搜查制度的难度	9

我已经手动算出卡方检验值为 36.42，其显著性水平是 0.01。接下来将展示我如何在 Excel 里计算卡方检验值。首先，公式如下：

$$\text{chi·square} = \sum \frac{(O-E)^2}{E}$$

我在图 8.12 的 A 列列出了实际数据（或"观察频率"，O），然后算出了 B 列里的"期望频率"(E)。(这个"期望频率"是在所有条件相同的情况下,每个类别"应该"出现的回答数量,所以在我的例子中,三个类别共有 99 个回答,每个类别应该有 33 个。)之后,我用 A 列的数字减去 B 列的数字,并将结果放在 C 列。然后算出 C 列数字的平方,将平方结果放在 D 列。然后用 D 列的数字除以 B 列的数字,将结果放在 E 列。最后将 E 列所有数字相加(这就是 ∑ 的含义)得到 36.42,这就是卡方检验的值。

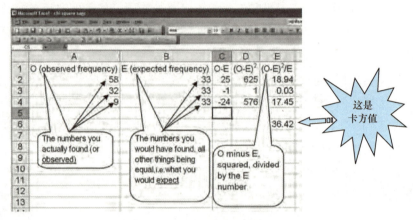

图 8.12　卡方值的计算

36.42 意味着什么?这是一个好问题。要解释这个数值,你需要在卡方分配临界值表(参见附录第 325 页)上基于数据的自由度查找对应的卡方值。简单来说,自由度就是行数减去 1。这个例子共有 3 行,所以自由度(df)是 2。在表中找到自由度为 2 的对应行。如果卡方值大于该行里的任何数字(在本例中为 4.61、5.99 和 9.21),那么你可以说卡方值达到该数值所代表的显著水平。实际上本例中的卡方值比自由度为 2 行列中最大的数值(9.21)还要大,所以其显著性可达到 0.01 的水平。换句话说,这一结果偶然发生的概率不到 1%。上述内容值得了解吗?好吧,如果我足够诚实,我必须说在这些数据的基础上,即使增加了表明显著性的数值,我也很难做出任何强有力的论述。虽然对于更为复杂的数据而言,计算显著性的统计值可能非常有用。在我看来,尽管这类显著性数值确实在应用社会科学方面对我们有用,但它的价值在社会科学以外的研究领域(如医学)更为重要,尤其在可能涉及更加精确控制试验的情况下。重申一下,研究的设计方式比显著性数值更重要。无论是建构研究,还是解释调查结果,你必须始终牢记设计这个议题——包括研究问题使用的措辞,被选择的研究对象等。

SPSS，交叉表和卡方检验

使用 Excel 计算卡方值很笨拙（这就是我在前面展示手动完成卡方值计算的原因）。但用 SPSS 计算卡方值就非常简单。仅需要额外学习一下如何使用 SPSS，它就能实现学生或者专业研究人员希望它做的一切（甚至更多）。你可以在大多数大学的计算机中心购买 SPSS 副本，或者下载一个可付费使用六个月或一年的版本。另外，SPSS 通常安装在大学的计算机上，所以当你有机会使用计算机房时，你可以保存数据输入和分析。（如果一开始在屏幕上找不到 SPSS，点击"所有程序"，找到 SPSS。较不方便的是，它可能按照字母顺序排列在 IBM SPSS 下，而不是直接列在 SPSS 下。）

对于小型研究项目，SPSS 相较于 Excel 的主要优势是：你可以简单说出你在收集什么类型的数据，并要求它计算出适当的统计数据。如果你没有忘记的话，我之前提到过你的数据可能是不同类型的数字：它们可以描述顺序（顺序数字）；可以代表名称，比如，0 代表女性，1 代表男性（名义数字）；可以是"日常"数字，告诉你拥有的东西有多少（等距数字）。正如我所指出的，数据是不同的，如果你把它们混在一起，电子表格会变得非常混乱。SPSS 不会造成这种混乱，它要求你说出你正在收集什么类型的数据。

让我们举例说明。假设你对学生的健康（或不健康）生活方式感兴趣，你想知道男女学生在选择健康生活方式的倾向上是否存在差异。你收集的数据来自对 20 名男女学生的问卷调查。除其他问题外，你在问卷中问道："昨天你吃了五份或五份以上的水果或蔬菜吗？"

首先，你需要在 SPSS 上准备数据收集表。你可以在纸上记录数据，然后把数据转移到安装了 SPSS 软件的电脑上，或者如果钱不是问题的话，你可以在笔记本电脑上安装 SPSS 软件，然后进入"字段"（例如，学生会）界面，直接输入数据。

不论你在哪里，一旦你打开 SPSS，它将出现如图 8.13 所示的页面，询问你想要做什么。点击"输入数据"按钮，你会看到一个有点像 Excel 表格的页面，如图 8.14 所示。实际上二者有一些非常重要的区别。首先，你会注意到这一页左下角有两个矩形按钮，标记为"数据视图"和"变量视图"。为了方便演示，我们只输入两个变量，一个是"性别"，另一个是"一天五份"。点击左下角对应的按钮，我们将从"数据视图"移动到"变量视图"。（你可以在安装了 SPSS 软件的电脑上按照我给的说明练习使用 SPSS 软件。）

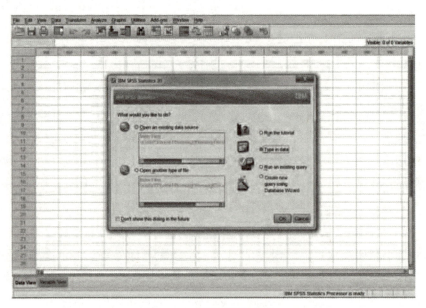

图 8.13　打开 SPSS 软件

在变量视图的第一列——SPSS 称之为"名称"（Names）——你要在此输入两个变量的名称，即"性别"和"一天五份"（参见图 8.15）。你这样做的过程中，其他列会填充信息，适当时你可以修改这些信息。

这里重要的两列是"数值"（Values）和"测量"（Measure）。在"数值"一列中，性别变量中将女性称为"0"，男性称为"1"。对于一天五份的变量，将"是，我昨天吃了五份水果或蔬菜"标记为"1"，而"昨天没有吃五份"标记为"0"。

为此单击"数值"和"性别"交点对应的框，将出现一个对话框，如图 8.16 所示。这里在"数值"列对话框里输入"0"，点击 Tab 键，然后将"女性"放入下一个对话框里。然后点击"添加"（Add）。"男性"也是一样，输入数字"1"，之后点击"OK"。现在点击与"数值"和"一天五份"交点对应的方框，然后重复这个步骤，为这个变量的 0 和

图 8.14　打开 SPSS 软件的数据输入页面

1 想出一个合适的名称。

图 8.15　定义 SPSS 中的变量

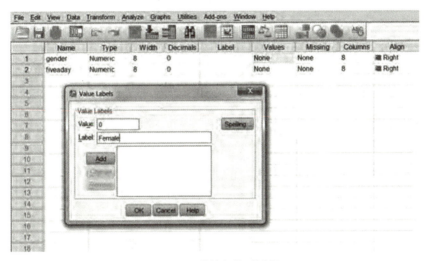

图 8.16　数值标签对话框

　　现在点击"测量",并且对于每个变量(比如,性别和一天五份),在你看到下拉框时点击"名义数据"。(提醒一下,这只是名义上的,因为 0 和 1 就像名称,不是代表"没有"或者"有一个"——在这里,它们仅代表"否"与"是"。)现在点击"数据视图"(左下),你会看到两个变量出现在前两列中。

　　我们要在哪收集数据?是的,学生会,你应该去那收集数据。有一个可能的目标正独自坐在那里,喝着啤酒,拿着手机划来划去。你走近,说:"打扰了,我在进行项目研究,不知道您是否介意回答几个有关您生活方式的问题?"你把他目瞪口呆的微微点头当作是热情的回应,于是你坐在他身边,把项目信息和知情同意书递给他。你的第一个问题是性别,但是你已经看清了他的性别,所以你不需要再询问(除非你想用这个问题开个玩笑融洽关系)。你在"性别"的第一行输入"1"。然后问:"你昨天吃了五份或五份以上的水果或蔬菜吗?"他回答:

"啤酒里面有啤酒花，算吗？啤酒花是水果，对吧？"（你看，这就是社会研究，没有什么是简单的。）遗憾的是，一旦你确定啤酒不能算作果汁，你就会发现他昨天根本没有吃一点水果或蔬菜。所以结果是 0。记住一点，这个 0 不代表"没有"，而代表"不，他昨天没有吃五份或更多的水果和蔬菜"。有的人即使吃了四份（如少于五份）也会被记为 0。

你对 20 名学生重复此操作，试图获得男女人数相等的结果，最终得到如图 8.17 所示的数据表。

现在你可以利用 SPSS 做统计。点击表格底部的"分析"（Analyze），然后选中"描述性统计"（Descriptive statistics），接着选中"交叉表"（Crosstabes）。这将"交叉"两个变量的数据。你将看到如图 8.18 所示的对话框。在对话框中，点击性别变量的第一个箭头"行"（Rows），然后点击一天五份变量的下一个箭头"列"（Colums），然后点击"统计"按钮。之后点击"卡方检验"，再点击"继续"（Continue），最后点击"确定"（OK）。

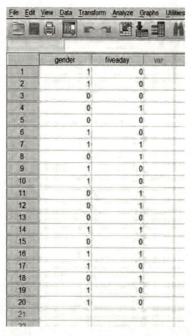

图 8.17　完成后的数据视图表

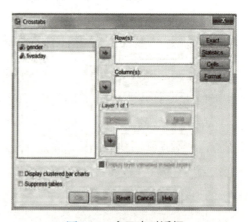

图 8.18　交叉表对话框

数据就奇迹般地输出了。不用担心顶部的那些废话，那是统计学家用来迷惑人的。（这是一种力量。）你所感兴趣的是"性别＊一天五份交叉表"和"卡方检验"这两个对话框，如图 8.19 所示。第一个图表展示了不同性别之间一天五份的答案是如何分化的，这个交叉表是 SPSS 为你做的计算。第二个图表给出了显著性数值。后者被统计学家极力隐藏起来，尽可能不引人注意——看看我这里标记阴影的单元格，在名为"Asymp.Sig.（2-sided）"一列里。

gender* fiveaday Crosstabulation

Count

		fiveaday		Total
		No, not 5	Yes, ate 5 or more	
gender	Female	4	5	9
	Male	8	3	11
Total		12	8	20

Chi-Square ests

	Value	df	Asymp. Sig. (2-sided)	Exact Sig. (2-sided)	Exact Sig. (1-sided)
Pearson Chi-Square	1.650*	1	0.199		
Continuity Correction[6]	0.682	1	0.409		
Likelihood Ratio	1.664	1	0.197		
Fisher's Exact Teat				0.362	0.205
Linear-by-Linear Association	1.567	1	0.211		
N of Valid Cases	20				

a. cells (50.0%) have expected count less than 5, The minimum expected count is 3.60

图 8.19　SPSS 交叉表和卡方检验输出的数据

你会看到这个数字是 0.199。这是什么意思？这是实际的显著性数值，不是卡方检验给出的统计结果，所以你无须做进一步的了解。SPSS 已经为你完成了一切，没有数字，没有表格，没有关于自由度的废话，好极了。为什么不是以 $p<0.05$ 或者 $p<0.01$ 的形式呈现？因为 SPSS 计算出了确切的概率。所以这个结果偶然发生的确切概率是 0.199，这对我们来说真的不够好，因为它意味着大约 1/5 的机会。你不会对低于 1/10（0.1）的数据感到满意。（好吧，你和我在现实生活中可能这样，但在社会科学学术研究中，这真的不够好。）所以我们不得不说，我们发现女性和男性在每天吃五份果蔬的倾向上差异太小，不足以被认为具备统计学意义。

你会注意到卡方检验框下面有一个关于"最小期望计数"的附加说明。这意味着数据集太小，无法获得完全可靠的结果。从更多人那里搜集数据，结果可能更好。然而当你做 SPSS 分析时，有一些方法可以纠正这一点（使用连续性校正），这些方法在本章最后"拓展阅读"中有概述。

t 检验

在卡方检验中你会比较数据的频率，查看这些数据表示的数字是否明显不同。假设目前你有一组分数要进行比较，如比较两组学生的考试成绩。这时 t 检验就派上用场了。为了完成 t 检验，我们可以回到 Excel（当然你也可以在 SPSS 里进行 t 检验）。

示例是我针对牙医实习生及其实习导师进行的一项研究，旨在探讨针对牙科实践管理和治理方面的枯燥内容，即线上学习和线下授课哪一种效果更好？我们感兴趣的是，牙医实习生及其实习导师对两种教学方法的反应是相同还是不同（参见 Browne et al., 2004）。我不会在这里进行详细的分析，但我提取了一些数据，并对一组实习生和一组实习导师在线下授课后反馈的结果进行了 t 检验。Excel 的具体操作如图 8.20 所示。

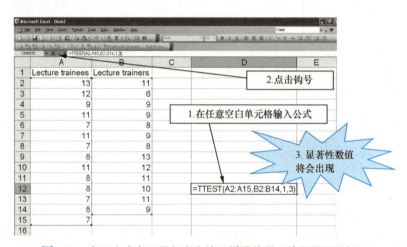

图 8.20　实习生或实习导师来自线下授课的学习效果是否更好？

t 检验展示来自实习生及其实习导师的两组结果（在 A 列和 B 列）——偶然出现的可能性有多大。通过理性浏览数据，我们可以看到结果不同（尽管差别不大：学员的平均值是 9.07，而导师的平均值是 9.69），我们感兴趣的是这种差异的大小以及这些结果偶然出现的可能性有多大。考虑到差别不是很大，我会猜测分数的差别也不是很大。也就是说，我猜测这可能是偶然因素造成的差异。

如此，我是怎么做 t 检验的？纵向输入数据之后（图 8.20），在表格的一个空白单元格里输入 =ttest(a2:a15,b2:b15,1,3)。

简单说一下公式末尾的"1"和"3"。"1"告诉 Excel，你希望进行单尾检测，而不是双尾检测。想要对此有所了解，你需要阅读本章"拓展阅读"中列出的一篇文章。"3"告诉 Excel 你希望对不相关的组进行比较。同样，要了解替代方法的详细信息，请参阅"拓展阅读"或查看 Excel 中 t 检验的帮助工具。（然而，替代方法的作者似乎完全没有意识到人们会阅读它，或者需要理解它。因此阅读替代方法可能让你有一种想自杀的感觉，就像我一样。所以如果你感觉不愉快，我建议你不要阅读它。）

一旦你点击了勾号，结果就会出现在你输入公式的地方：0.21。0.21 意味着什么？与 SPSS 为卡方检验计算出的数字一样，这是实际显著性数值。这一次由 Excel 为你完成所有的计算工作。换句话说，这个结果偶然出现的确切概率是 0.21（或者大致是 1/5）。再说一遍，这对我们来说的确不够好——这个结果很有可能是偶然发现的。（换句话说，它被偶然发现的概率超过 1/20，或者实际上超过 1/10，或者用技术术语来说是 $p>0.05$，或者 $p>0.1$。）因此，我们不能认为实习生及其实习导师在线下授课中的学习能力存在任何统计学上的显著差异。

有各种目的的统计检验。例如，如果你想在上面的例子中探讨超过两个组之间的差异（假设我们在实习生和实习导师之间添加一组实习生），那么你就必须使用方差分析（或 ANOVA），而不是 t 检验。如果从中收集数据的人数很少，那么使用非参数检验（如威克森等级检验或者曼－惠特尼 U 检验）会很有用。深入讨论这些和其他统计测试的优缺点超出了本书的范围，所以如果你想做任何比我在本书中概述的操作过程还要复杂的统计操作，你需要参阅更专业的统计学著作，并向专业的统计学导师寻求帮助。

当你阅读更高级别的统计学文献时，要留意一点：为了使我的解释易于理解，我在这里走了捷径，特别是我没有使用零假设。进一步阅读时你需要明白这一点。要注意：在阅读有关零假设的解释时，所有内容都有点否定之否定的意味，就像弄清楚"并非无益"的含义一样。祝你好运！

回顾你在分析上所做的选择

在前面章节我们已经回顾了你在分析数据时所做的不同选择，无论这些选择与分析文字有关，还是与分析数字有关。图 8.21 总结了这些选择并展示了具体的流程图。

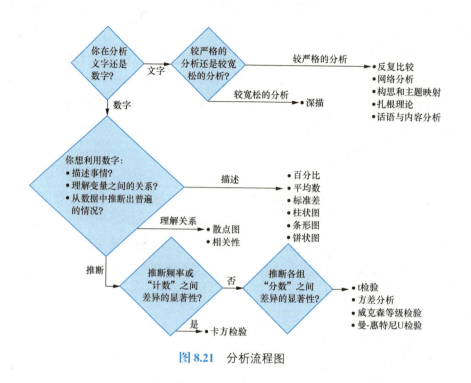

图 8.21　分析流程图

DIY 活动
思考分析的形式

阅读图 8.21 的"分析流程图"。如果你已经为项目确定了一个研究问题,并且你已经大致考虑过如何回答研究问题,那就带着问题"过一遍"流程图,看一下它会把你带到哪些可能的分析形式上。如果你还没有想好研究问题,想一个大致的"临时"问题,并走一遍流程图。

当你在流程图中移动时,问问你自己有没有可用的其他选项。例如,对于第一个问题"你在分析文字还是数字?",考虑一下解决你研究问题的最好办法是什么。

对分析进行讨论

在分析中(也就是我在本章中一直讨论的这部分内容),你尽了最大的努力,使用各种分析工具来解读你所收集数据的意义。

当你进行到讨论环节时,必须建立研究的连贯性——将研究的所有部分结合到一起。你必须编织出一条故事线，该故事线贯穿你的分析过程。

如何做到这一点？你需要经历两个主要过程：

- 综合，把你的调查结果和想法（你的想法和他人的想法）放在一起，看看它们如何结合到一起；
- 理论化，也就是推测出对你的调查结果做出的可能解释。

所有这些都需要重新评估和审视你最初的想法和主张，看看哪些大致是有效的。有些想法可能被否决或搁置。把这些都告诉读者——告诉他们你接受、否决和重新构思这些想法和主张的过程，以及你得出的结论。

在讨论部分，你绕了一个整圈，又回到了研究初始问题和文献综述提供的研究脉络。记住你在一开始提出的研究问题，以及你的文献综述提供的研究基础（和留下的研究空白）。文献综述为你进行思考提供了一个很好的基础，但只有文献综述还不够。你的研究要让你能够完成提问、思考、发现、再思考和回答问题的循环。在讨论中你精心安排了这一切——向读者陈述了一个论点，展示你如何回答初始问题，揭示观点之间如何关联，并说明你为什么会得出所呈现的结论。

> **备忘录** 讨论以不同形式出现在不同类型的项目写作中。它应该总是把调查结果和分析与问题以及在文献综述中披露的议题紧密结合。就像文献综述一样，它是一种综合、一种叙事、一种讨论，而不是一份清单。

让我们详细地了解一下我说过的两个非常重要的过程：综合和理论化。

综合（和分析）

综合讨论的基本要素。它和分析有什么区别？

分析事关分解事物，来自希腊语 ἀνάλυσις，意思是"分解"。无论你分析的重点是文字还是数字，这种分解过程总是会以某种形态或形式发生。分解（即解构）之后我们需要进行重构——综合。这是一个仔细检查的过程，查看一件事与另一件事之间的关系：它们如何联系在一起？它们如何相互依赖？是什么让它们一起合作？它们之间是否存在不相容的部分？等等。

"综合"事关组合事物，来自希腊语 σύνθεσις，意思是"放在一起"或者"组合"。综合不是把想法和事实随意地拼凑在一起，那样就像做了一个垃圾雕塑。如果你仅仅把拼图的碎片"拼凑"在一起，你就会得到一堆杂乱无章的东西。综合部分是运用你的智慧让各个部分比它们本身更具有价值。

综合过程是将已有的想法整合到一起，并使它们变得有意义，就像文献综述中对文献进行综合一样。或者说，综合过程可能更具创造性：你有原材料（比如，关于你调查结果的原材料），你把这些材料以你认为最好的方式放在一起。你要考虑：哪种方式更有意义？哪种方式看起来最有趣？哪种方式是最有说服力的叙事？

综合事关看到想法之间的关系，发现它们如何联系在一起，看到事物适合（还有不适合）在哪儿组合到一起。

你如何完成整合项目各元素的过程，以及如何完成整合分析和综合的过程？这包括递归（即回溯你的步骤）、总结、将（你的和他人的）想法聚合，以看到它们如何更好地整合到一起。不论如何，你在从事研究的过程中都应该一直这样做。但在这里的讨论章节，你必须把综合放在首位，让它对读者产生意义。

表 8.4 给出了一些在讨论环节可能用到的关键词语。你可能也想看看弗兰克·史密斯（Frank Smith，1992）的优秀著作《思考》（*To Think*）和他列出的 77 个"有关思考的词汇"。史密斯是这样解释词库的用法的：

有些词汇用于回顾过去的事件：演绎、解释、回忆、反思、记忆、回顾和修改。有些词汇用于对未来进行猜测：预期、构思、猜测、期望、预见、想象、意图、计划、情节、预测、项目和规划。其他词汇似乎主要用于关注当下发生的事情（尽管现在从未完全脱离过去或未来的含义）：分析、争论、断言、假设、关注、相信、聚类、分类、理解、集中、概念化、确定、移情、估计、检查、发明、判断、知道、意见、组织、提议、推理、建议、怀疑和了解。

表 8.4　用于讨论的关键词语

重点	典型词语	
简要提醒读者注意相关议题	回顾、总结、重温、重申	
提醒读者你想要做什么	探索、调查、审查、说明、观察、研究	
问题和争论：你自己的和别人的	询问、断定、争论、主张、建议、假设、提出、注释、强调、引起注意、相信、评估	
你发现了什么	披露、揭露、揭开、暗示、指向	
确定吗	确定、同意、验证、合法化、确认、支持 确立、建立、支持、维持、确证、认可	批判性和探讨性的态度贯穿讨论的全过程
有矛盾吗	反驳、不同意、反对、否认 挑战、与……冲突	
你的想法如何发展或改变	发展、再发展、制定、重新制定、演绎、推测、解释、总结、推理、猜测、假设	

重要的是，在这里要重申一些基本规则，因为你在寻求把你研究的想法、论点、结果和推断等部分综合在一起的方式——一种你撰写项目其他部分没有用到的方式。正如第 3 章讨论的那样，要始终抱着批判和探讨的态度。记住：怀疑是职责之所在。当然你可以批判他人，前提是有充分的证据。同样，要批判自己做研究的方式，但要确保是建设性的批评，而不是为了批判而批判。

理论化：提出理论

我在第 4 章中提到了理论在社会研究中的不同含义，以及混淆这些含义可能产生的混乱。此处讨论的理论是一种有着特别含义的理论：从数据中寻找关联、概括和抽象观点并提供解释，将你的调查结果与他人的调查结果联系起来，由此带来启示。事实上，提出理论既事关分析，又事关综合。

在做这些工作时，你不必明确讲"我在提出理论"。相反，你要在思考和写作过程中提供证据。这样做非常重要，因为我在第 4 章中已指出：没有"理论"支撑，是学位论文特别是硕士及硕士以上的学位论文被扣分的主要原因。

提出理论的方式取决于你对研究主题的了解，以及你的调查结果与所了解的知识联系起来的方式。你对研究主题的知识储备和熟悉程度，反过来又取决于你对现有研究和讨论的阅读和理解。进行关联和获取相关的想法贯穿你研究项目的全过程。你在讨论中把议题关联起来，加强其间的联系，明确你和他人研究中的一系列想法。这些联系可能与现有的知识体系或解释模式有关，甚至与既定的"理论"有关（如归因理论、行为理论或建构理论）。正如布鲁纳在文献中所说（参见第 69 页），或者这些联系是兴趣所在或者"问题所在"。你阐明了持续已久的悖论，或许对自己的分析与文献之间依然存在的差异提出试探性的解释。所有这些概括的过程都是在提出理论。

这就好像你的大脑是一台巨大的分类机器，这台机器要处理项目研究过程中输入的大量数据，包括你自己和他人的数据。数据在你的大脑里盘旋，但不能直接倾泻在你面前的纸张上。相反，你的大脑必须提炼出小的结晶点（即具体化的观点），让想法（小的理论）可以附着在上面。假如你努力研究的话，这些小的起点、微小的结晶及灵感会随着其他想法和见解的积累而增长。理论就是在这个过程中发展起来的。

> **备忘录** 提出理论不只是与"大"理论（如弗洛伊德理论）建立联系，但如果你围绕其中的一个理论来构架你的研究项目，可能会出现这样的情况。更重要的是，提出理论事关建立联系、识别议题以及提供合理解释的过程。

以下是两个理论化的示例,虽然对"理论"的构想方式不同,但同样有效。

> **家庭谋杀:理论化示例之一**
>
> 阿默迪普(Amerdeep)正在攻读法医心理学硕士学位,希望最终能晋级警察服务部门的督察。她的研究项目聚焦媒体在讨论严重犯罪时如何描述精神不稳定和疾病。研究包括对报纸上有关谋杀和其他重罪的文章进行内容分析。阿默迪普的文献综述主要资料来源之一是英国内政部的一项研究,题为《谋杀与严重性侵害:犯罪史对未来的重罪能揭露什么?》(Soothill et al., 2002)。此处表8.5中的数据复制于她在研究报告中发现的丰富数据。
>
> **表8.5 按受害者与加害者关系划分的谋杀犯**
>
> | | N | 有前科(%) |
> |---|---|---|
> | 家庭 | 119 | 62.2 |
> | 熟人 | 218 | 69.7 |
> | 陌生人-男性受害者 | 195 | 70.3 |
> | 陌生人-女性受害者 | 31 | 61.3 |
> | 共计 | 563 | 68.0 |
>
> 资料来源:苏西尔(Soothill)等人(2002: 27)。
>
> 表8.5揭示,在英国内政部研究的所有谋杀案(包括家庭谋杀案)中,约有2/3的凶手有前科。这让阿默迪普感到震惊,她从报纸上了解到家庭谋杀与其他谋杀完全不同,家庭谋杀是一种激情犯罪,杀人动机来自家庭中的不愉快、挑衅、自卫或盛怒。报刊中普遍认为(无论是主观上还是客观上),谋杀家人者和你我一样,是在极端情况下被迫做出骇人听闻行动的普通人。但英国内政部的研究报告显示出不同的情况:62%的家庭谋杀案是由有前科的人犯下的,而不是如你我这样的普通人。更确切地说,凶手是众人中罕见的次群体,是有犯罪前科的人。在此意义上谋杀家人者和所有杀人者在数量上并无不同。
>
> 这时理论化萌芽于注意到一些意想不到的事情,来自对一种不匹配现象、一个观察"角度"、一种普遍观点和证据之间差异的敏锐发现。这使得阿默迪普将她的分析没有停留在简单描述的层次,而转向了对这种差异的讨论。她的理论化包括对一系列"知识"的整合:她作为一名警察具备的知识,她作为一名普通市民具备的知识,她积累的作为自己实证研究一部分的数据和她针对研究所阅读的文献。
>
> 对于她理解所观察到的"家庭中"谋杀,所有这些知识都是有用的。
>
> 第一步,想法的种子、关注点和具体化的观点很早就出现在她的研究中,在她阅读文献期间便已发生。接下来在文献综述和数据收集过程中,她必须带着这种想法的种

子。在许多方面，对文献和普遍观点之间不一致的观察改变了她的研究进程，这也在意料之中（参见第 18 页关于递归计划的讨论）。这个小小的出发点，源于她注意到的一件意想不到的事情，于是她又收集了一些其他信息，从而引出了新问题，引发了对数据进行针对性的搜索，给理解想法的种子带来一线曙光。最终她将其确定为研究的主要主题之一。

由于这颗探究的种子，让人想要去发现更多——这种"麻烦"——阿默迪普开始思考，或理论化（参见图 8.22）。针对自己的发现，她给出了可能的解释，并寻求检验这些想法的方法。例如，她对于谋杀家人者的"大众看法"错了吗？为了验证这一点，她可以针对她的朋友和同事进行一项小型的即兴调查。而媒体倾向如何报道家庭谋杀案？她会在自己的内容分析中做一个特别的记录来验证这一点。会不会是内政部极为详细的研究资料使阿默迪普迷失了方向？使用的凶手样本是什么？如果样本是关在监狱里的谋杀家人者（事实就是如此），那就遗漏了不在监狱里的杀人者，而这些人肯定会形成一个特殊的小团体——可能过度代表了谋杀家人者。虽然谋杀会被强制判处监禁，但可能谋杀家人者接受的刑期短得多，所以在任何时候，监狱里谋杀家人者的人数从比例上看都比非谋杀家人者的人数少——而那些被关在监狱里的谋杀家人者可能因为背景和历史而更像典型的"正常"服刑者，他们可能较少获得假释等。在这些研究过程中，阿默迪普都在阅读资料、提出问题、收集想法、"消化"别人的想法和研究成果、质疑解释、质疑自己的信念和观点，并提出新的探讨性解释。所有这些都是理论化。

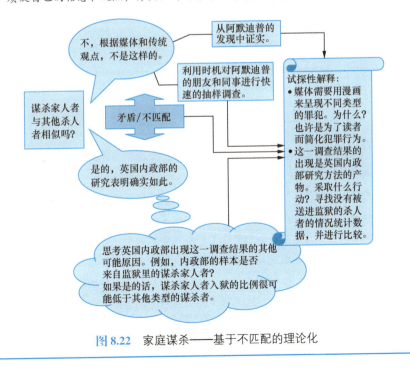

图 8.22　家庭谋杀——基于不匹配的理论化

上学之路充满笑声：理论化示例之二

迈克尔正在攻读英语、心理学和教育学学士学位，他一直利用假期在大学附近的一所小学做志愿者。现在他能够利用学校对他的好感，会自己获得机会进入学校进行他双主修跨学科的项目研究。他对全纳教育感兴趣，想知道六年级的孩子如何用幽默和笑声来接纳或排斥其他孩子。他计划在民族志的设计框架内做一些非正式观察。他向学校工作人员解释了自己的研究，并保证：研究采用匿名形式，进行的观察完全不会造成干扰。他们乐于参与此项研究，校长也在家长信中恳请家长对迈克尔的研究给予支持。

在与指导教师讨论理论化时，迈克尔意识到他需要回顾文献了解他人理解幽默和笑声的方式，以及它们在创造社会资本中所扮演的角色——形成社交"胶水"和"润滑油"，帮助团体团结一致。在回顾文献时，迈克尔读到了弗洛伊德（Freud）和伯格森（Bergson）的一些经典著作，并从中发现了一种分类，认为幽默在群体中有三种使用方式：缓解紧张或压力、宣示优越感、通过强调矛盾性将新思想引入团体的思维中。这种分类成了他进行理论化的基础。他在分类的前两点中看到了接纳和排斥的联系——在这些联系方式中，某些孩子可能成为恶意戏谑的对象，其一是借由识别不同的"局外人"来缓和群体中的紧张关系，其二是通过排斥被认为较差的个体来加强组内的联系。但他指出，幽默也可以一种无害的方式用来缓解紧张局势，不以消遣任何人的方式来开玩笑。事实上对于擅长社交的群体成员来讲，幽默可以在紧张时刻将注意力从个人转移到非个人的情境中。

迈克尔将社会纽带（social bonds）的概念与罗伯特·普特南（2000）关于社会群体中的聚合型（bonding）和桥接型（bridging）的概念联系起来。正如普特南（2000：22-3）所说："聚合型社会资本构成了一种社会学的强力胶，而桥接型社会资本提供了社会学的WD40（一种防锈润滑剂）。"迈克尔将他的分类与普特南的聚合型和桥接型概念联系起来，如图8.23所示。

这份详细而周密的文献综述给迈克尔提供了一个强有力的理论框架。在该理论框架中，他构建和实施了自己的民族志研究，包括进行观察和访谈。通过观察，尤其是观察使用幽默的例子以及使用幽默来缓解压力、发挥优势或突出矛盾的例子，他可以在自己的分析和讨论中将幽默的使用方式大致定义为恶意的或善意的，然后可以反过来把具体的例子解读成普特南的聚合型和桥接型的例子。这就提供了一个宝贵的视角，通过这个视角来看幽默的例子。如果缺少这部分，迈克尔的叙事将成为一系列没有实质意义的示例说明：示例没有说明什么。因此要先有一个结构，然后在该结构中这些示例说明才可以得到解释。这并不是说结构不能被质疑和重新解读，甚至不能被抛弃。这只是"理论化"过程中的一部分。

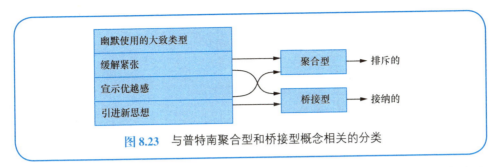

图 8.23　与普特南聚合型和桥接型概念相关的分类

我希望你能看到，以"理论化"和"理论"命名的内容在不同类型的探究中有各种各样的形态和形式。重要的是，运用你的智慧去努力理解真相——致力于让你的调查结果有意义。

组织你的讨论——是边分析边讨论？还是基于分析进行讨论？

做研究项目的学生常问我的一个问题是"分析和讨论应该放在不同的章节里，还是应该放在一起？"。恼人的是，不能简单回答这个问题，其答案是"视情况而定"。这取决于你所做研究的类型，取决于你选择分析的类型。

不同类型项目报告的最大差异正是出现在调查结果呈现、分析和讨论中。在正式的社会科学研究中——效仿了自然科学和传统社会科学的做法——研究要素之间有明确的界限：分析放在一个章节中，讨论放在另一个章节中。然而在应用社会研究中，将一个部分与另一个部分分开往往要困难得多。例如，在民族志研究中，调查结果在某种程度上就是分析，它们是同一部分。当你观察和记录、然后做"深描"时，你就是在分析和讨论。

我认为民族志原则或多或少被淡化了，现在可能被应用到更广范围的研究中。在不同程度上它几乎成了所有社会科学的研究口号。现在你再也不能假装自己是一位冷静客观的观察者，对你所观察的研究场景几乎不会或者不会施加任何影响。（或许你至少可以假装，但没人会信。）正是因为假设情况确实如此，你可以公正地保持客观和独立，所以导师们（我在此前攻读心理学学位的时候）一度坚持将这些要素正式分离。

你必须假装自己几乎没有什么实际地位，这可以延伸至完全放弃使用第一人称"我"，禁止这个词在书面著作中使用。我和我的同学都不得不假装我们的实际感受并未彰显出来，就好像我们写的话是通过一种媒介，从精神层面投射到纸张上的。

我们必须用被动语态写作，并写出一些愚蠢的短语，如"研究者发现……"。这真的会让读者认为研究是客观的吗？好吧，人们会相信的东西真令人吃惊。

再者，假设数据收集可以与分析完全分离，分析可以完全与讨论分离，这也是废话。现在人们已认识到，所有因素或多或少都和研究者本人相融。假装事实并非如此是完全没有意义的。

现在所有应用社会科学的研究都在某种程度上采用了这些假设：人们承认应用社会研究复杂甚至混乱，经常涉及思想、事实和人的交织。其必然结果是你的写作通过各种组织形式构成一个连续统一体。一方面，如果你正在做一项相当正式的研究，比如，一项实验，采用线性研究方法就符合研究规范：先介绍自己的调查结果，介绍时不做任何评论，再进行分析，然后进行讨论。每个部分都自成一个章节。

但是对一项更具阐释性质的研究，你不会想以这种方式来划分其中的各部分，因为你会针对自己的想法一直验证不断出现的新发现。一直以来，你都是根据自己的经验和阅读获得的知识体系来验证或否认你的调查结果。在这种情况下，在分析和讨论之间强加一条严格的分界线并不恰当，应该是一个部分慢慢融入另一个部分中。图 8.24 展示了不同研究类型中分析和讨论呈现方式的区别。

图 8.24　不同类型的分析和讨论

总结

这是你研究项目中最有趣的部分，其中你有机会认真思考你的调查结果及其带来的意义。你所使用的分析框架，无论是深描还是某种统计方法，都会为你的思考提供丰富的思想来源。我在本章给出的有关分析技术的示例已被广泛使用，但要记住，还有许多示例值得去探索。

现在已接近研究项目的尾声，在这里你分析自己付出辛苦努力获得的调查结果，可以让自己少一点束缚，从更广泛的意义进行阐释和判断。你进行阐释的类型将部分取决于你所采用的研究方法和途径，但在这里，你的分析要置于之前所做的一切——包括文献综述——

> **你的导师想听到和读到你什么样的分析？**
> 根据本章给出的建议，向你的导师解释你打算如何分析数据。为什么要用这种或那种的形式分析？为什么这种方法比那种方法好？在你写论文之前，向你的导师展示你的"研究"例子——你的编码框架、问卷分析、社会关系图、主题映射图等等——让他们分析讨论并给出建议。

的脉络之下。你将试着把研究的各个部分紧密联系在一起，把许多想法结合在一起，编织出有时被称为"理论"的框架。假如完成得非常好，这将是对某一特定领域真正的贡献。这可能是一个很小的领域，但你强化了自己对该领域的理解，同时增加了别人对该领域的了解。在这个过程中你也提高了自己的技能。

拓展阅读

分析文字

Braun, V. and Clarke, V.(2021) Thematic Analysis: A Practical Guide. London: Sage. 对主题分析做了很棒的概述，同时对编码给出了有用的建议，还提供了一些很好的操作示例。

Denzin, N. and Lincoln, Y. (eds) (2017) The SAGE Handbook of Qualitative Research.Thousand Oaks, CA: Sage. 对质性研究的介绍既全面又彻底。

Fairclough, N. (2003) Analysing Discourse: Textual Analysis for Social Research. London：Routledge. 这是费尔克拉夫有关话语分析的经典著作，其中示例丰富，包括一场关于君主制的辩论和有关洛克比（Lockerbie）空难的广播。

Martin, J. (2018) Historical and documentary research. In L. Cohen, L. Manion and K. Morrison, Research Methods in Education (pp. 323-333). London: Routledge. 一个非常棒的章节，尤其关注如何使用档案材料。

Miles, M.B. and Huberman, M.(2019) Qualitative Data Analysis-International Student Edition(4th edn). Thousand Oaks, CA: Sage. 一部定性研究的经典之作。

Riessman, C.(2008) Narrative Methods for the Human Sciences. London: Sage. 对叙事分析的介绍很棒。

Saldaña, J. (2021) The Coding Manual for Qualitative Researchers (4th edn). London: Sage. 提供了很多非常有用的实用编码建议。

Schwandt, T.A. (2015) The SAGE Dictionary of Qualitative Inquiry (4th edn). Thousand Oaks, CA: Sage. 实际上不仅仅是一本字典。

Terry, G. and Hayfield, N. (2021) Essentials of Thematic Analysis. Washington, DC: American Psychological Association. 主要面向心理学专业学生，对编码和提炼主题的介绍很棒。

分析数字

Field, A. (2017) Discovering Statistics using IBM SPSS Statistics (5th edn). London: Sage. 如果你想进一步使用统计数据工具，你需要使用 SPSS 软件，本书就是首选，其中的介绍非常详细。

Hinton, P.R. (2014) Statistics Explained: A Guide for Social Science Students (3rd edn). London: Routledge. 尽管更多关注的是社会科学，而不是应用社会科学，但其传播很广。

Miles, J. and Shevlin, M. (2001) Applying Regression and Correlation: A Guide for Students and Researchers. London: Sage. 对相关性的介绍很棒。

Salkind, N.J. and Frey, B.B. (2021) Statistics for People Who (Think They) Hate Statistics (5th edn). Thousand Oaks, CA: Sage. 这是我最喜欢的一本有关统计学的书，里面有许多卡通图片，写得也很棒，区分了（如果你真正想了解的话）单尾检验和双尾检验。如果你打算买一本统计学的书，我建议你非此书不买。

Spiegelhalter, D. (2020) The Art of Statistics: Learning from Data. London: Pelican. 更像是一本关于统计学的总述，但易于阅读，也十分有趣，针对解释数据时可能遇到的陷阱，书中也提供了深刻的见解。

第8章 自评表

复印此表并填写答案，这可能对你有帮助。

	记笔记	
1. 你是在分析文字还是数字？	使用图 8.21 的分析流程图帮助你选择最适合你的研究方式。	✓
2. 如果你是在分析文字，你是否决定了总结和呈现数据的方法？		✓
3. 如果你是在分析数字，你是否决定了总结和呈现数据的方法？		✓
4. 你是否想过如何组织你的分析和讨论？是分成两个章节，还是将分析和讨论整合在一个章节？		✓
5. 你是否考虑过如何把研究的各个部分紧密联系在一起，把许多想法结合在一起，从而综合得出理论？		✓

9

得出结论，撰写论文

- 找准研究切入点，提出一个好问题
- 撰写文献综述，优化研究问题
- 决定研究方法
- 开展调查研究，收集数据
- 分析数据，展开讨论
- 得出结论，撰写论文　**你在这里**

研究结论很重要，因为它是对研究的综合分析。你可以在研究结论中回顾自己的研究，指出其中的优点和不足，也可以对未来的研究进行展望和提出建议。

本章具体讨论以下内容：

- 得出结论——结论不是概述，而是综合分析、整合内容和评估研究的过程，其中你要：
    - 综合你的研究发现；
    - 整合你与他人的研究发现；
    - 评估自己的研究，指出优点和不足；
    - 展望未来。
- 撰写论文。
- 撰写摘要。
- 展示研究成果。

研究项目已接近尾声，现在是得出结论的时候了。此时你可能要完成绝大部分的撰写工作，并开始整理工作，因此我将在本章介绍一些同样适用于整个项目研究的要点——涉及受众群、写作方式和研究成果展示方式。我还想谈谈摘要的撰写，因为项目结束时，也就是在这里，要撰写摘要了。

得出结论

在本书的一开始我就说过，研究项目就像一个故事，要有开头、主体和结尾。现在你已进入结尾，正在撰写结论，而结尾和开头同样重要。结尾之所以重要，是因为它发挥着一系列的关键作用，稍后我将谈到这一点。还因为结论和引言一样，可能是评阅人，甚至是外审专家阅读最彻底的部分。当然他们会仔细阅读整篇论文，并给出详细的评语，但也会阅读结论和引言，了解其中的连贯性和整体性，了解你的研究途径，以及你对知识的批判意识和态度。这些与你的实际"发现"同样重要，甚至更重要。

好消息是，结论不需要太长。结论和引言是学位论文中篇幅最短的两个章节。尽管结论中有一部分是总结，但结论的主要内容不是概要：结论不应逐一概括每个章节的内容。读者已经读过这些内容，不需要再重复。相反，结论是综合论述，是向读者概述研究的内容，以及研究如何回答了你一开始提出的一个或多个问题。这样做的目的是让读者了解你对该领域的理解，以及你对研究、研究的优点和不足的理解。在完成这些工作的过程中，你的结论章节应该：

（1）回顾引言。你在引言中阐述了研究目的，开始勾勒研究的雏形，精心设计了研究项目，主要涉及：

· 你感兴趣领域的研究背景；

· 你挖掘的与研究背景有关的一个研究议题（你提出"存在什么研究空白"或"有什么说不通"之类的问题）；

· 你承诺会有一个解决方案，或某种答案，来回应你所挖掘的议题。

现在研究已完成，你可以对解决方案进行反思。你的研究议题得到了怎样的回应？你是否填补了研究空白，或帮助解决了争议，或协助解决了一些不协调的问题？你是否为某些难题或悖论提供了更多的启示？在结论部分你可以回答自己是否做到了这些。

（2）绘制项目进展过程中研究问题的变化图表。图表应展现你的兴趣发生了哪些变化，并指出因情况变化或你对研究方法的重新思考而带来的对原计划的任何改变。

（3）简要概括主要研究发现，并用一两页的篇幅概述依然存在的困境、问题和悖论。

（4）指出研究的局限性和不足之处，到研究尾声你可能意识到了解研究的局限性和不足之处十分重要。现在回顾研究，也许你应该采用完全不同的研究途径。如果情况确实如此，你要坦承这一点；不要试图掩盖问题，因为读者无论如何都会意识到这一点。比如，事后你发现自己本应使用不同的研究方法、不同的研究工具或不同的分析方法。在审查评分时，你的洞察力和理解能力将得到认可。毕竟学术界所青睐的批判能力一部分在于能够进行自我批判，以及理解自己研究中的缺点与不足，而这些缺点与不足在社会研究中几乎不可避免。

（5）概述对研究对象（如接受研究的机构）的建议，或从更广泛的角度来说，对政策提出的建议。考虑到这一点，如果你确实想提出某种建议，最好在这里讨论一下该建议在现实世界中的实施情况。这里我想到了一篇著名论文：乔治亚兹和菲利莫尔所著的《英雄创新者的神话》(*The myth of the hero-innovator*)（Georgiades and Phillimore，1975）。文章指出，在一个组织中实现变革异常困难，如果你期望或希望做到这一点，你必须对该组织的运作、结构及其政治主张给予极大的关注。

（6）概述进一步研究的要点，或你的研究如何进一步引出研究问题。进一步的研究要点可能一目了然，但如果不那么显而易见，不妨尝试以下方法。

- 预测。根据你的研究发现，预测某件事情未来可能怎样发展。例如，如果你正在研究你所在地区医疗服务资金来源不足的情况，那么若国家医疗服务机构接受患者的"补充资金"，情况会怎样？这对进一步研究有什么启示？
- 解决问题。对于研究中提出的进一步的问题或议题，你能提供哪些初步解决方案？它对现存问题有什么启示？例如，如果你一直在做向儿童推销汽水的相关研究，那么你对儿童肥胖症的增加有何见解？如何进一步研究这个问题？
- 对比或类比。找出你感兴趣的话题与类似主题之间的异同点，或者与不同时间或地点的相同主题进行比较。例如，如果你正在研究收入与地区和国家医疗质量之间的关系，那么进一步的研究是否可以从国际视角来提供更多见解？

表9.1总结了结论需要包含的主要议题，并提供了一些在得出结论时可以使

用的短语。

表 9.1　结论应包含的内容

问题	可能使用的短语
简要总结	·在这个研究项目中，我调查了……
重新审视研究背景、研究问题和拟定的解决方案	·……这个问题对于我们理解……具有重要意义。尽管如此，对……的相关研究却很少
评估实际的"解决方案"	·该项目的研究结果表明…… ·研究结果支持…… ·这项研究证实了……之前的研究，而且表明…… ·可以得出如下结论……
研究不足	·该项目受到……的限制 ·研究仅侧重于…… ·出于伦理方面的考虑，未使用对照组…… ·使用阐释性方法可以了解具体的……然而，在将这些研究成果推广到更广泛的……领域时应谨慎行事 ·由于时间和资源有限，无法对……
对进一步研究的建议	·进一步的研究需要解决…… ·一项为期三年、涉及……的研究，将解决本文概述的研究结果的稳定性问题…… ·对……的具体作用的研究将对……有意义 ·评估……的影响将很有意义 ·比较零售商和顾客的体验将很有帮助……
对政策和实践的启示及建议	·鉴于围绕"……"议题存在不同观点，本研究的证据表明…… ·我的研究表明，政策应倾向于……

撰写论文

自从文字处理器出现以来，"撰写"这个概念就有些名不副实了。现在有了这款神奇的软件，你可以在写作过程中保存文件，"撰写"也就真正变成了一个厘清事务的过程。当你完成数据收集、分析和讨论后，就需要对学位论文的各个章节（见图 9.1）进行打磨定型。

第 2 章对学位论文的常见结构给出了初步指导。各章标题不必与之完全相同，某些章节可分为两章或三章，或者相反，进行合并。按照自己掌握的科研常识安排论文的结构，并始终牢记：将论文划分章节的目的是帮助读者了解自己阅读到哪儿了。同理，撰写章节标题时你可以充满想象力。例如，一位商业研究专业的学生在开展关于房价变动的研究时，可能将文献综述分为两个章节："房价变动建模"和"国际房价变动的最新实证证据"。

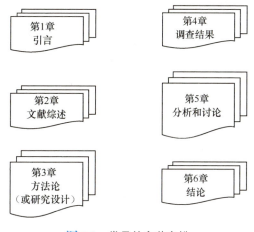

图 9.1 常见的章节安排

撰写摘要和敲定标题

在研究项目结束时，你可以撰写摘要——不过摘要将放在文章的开头，即标题之后、目录之前的第一页。摘要字数应在 150 到 300 字之间，放在一页 A4 纸中足够了。（摘要可以使用单倍行距。）你应该花大量的时间思考如何撰写摘要，因为摘要应概括整个研究项目，给读者留下第一印象，而且摘要将以电子档形式存档。如果在论文的某个地方你需要对研究进行总结，那么这个地方就是摘要——摘要应该对你的研究问题、研究方法、调查结果和研究结论进行均衡的回顾。不要犯这样的错误（很多人会犯这种错误）：没有陈述你实际的研究发现。在期刊论文中你会发现摘要总是以一个段落的形式出现。对于学位论文的摘要，尤其是 300 字以上的摘要，可以细分为几个段落。重要的是，摘要应控制在一页纸的篇幅。

图 9.2 展示的是我的博士论文摘要。虽然博士论文比本科生或硕士生的论文要长、要复杂，但每一种论文的摘要基本相同。我在旁边的思考框里写下了我对这篇摘要的反思。现在回想起来，我觉得这篇摘要写得还不错，虽然有些地方有点华而不实，也有一些重复的地方，如果我重写的话，我会将这些地方删掉。

我在本书第 22 页讨论过标题问题，并指出你在进行研究时应该有一个初步标题。在研究后期，也就是现在，你可以选择一个能真正概括你研究内容的标题，而最终的标题可能与你的初步标题大相径庭。

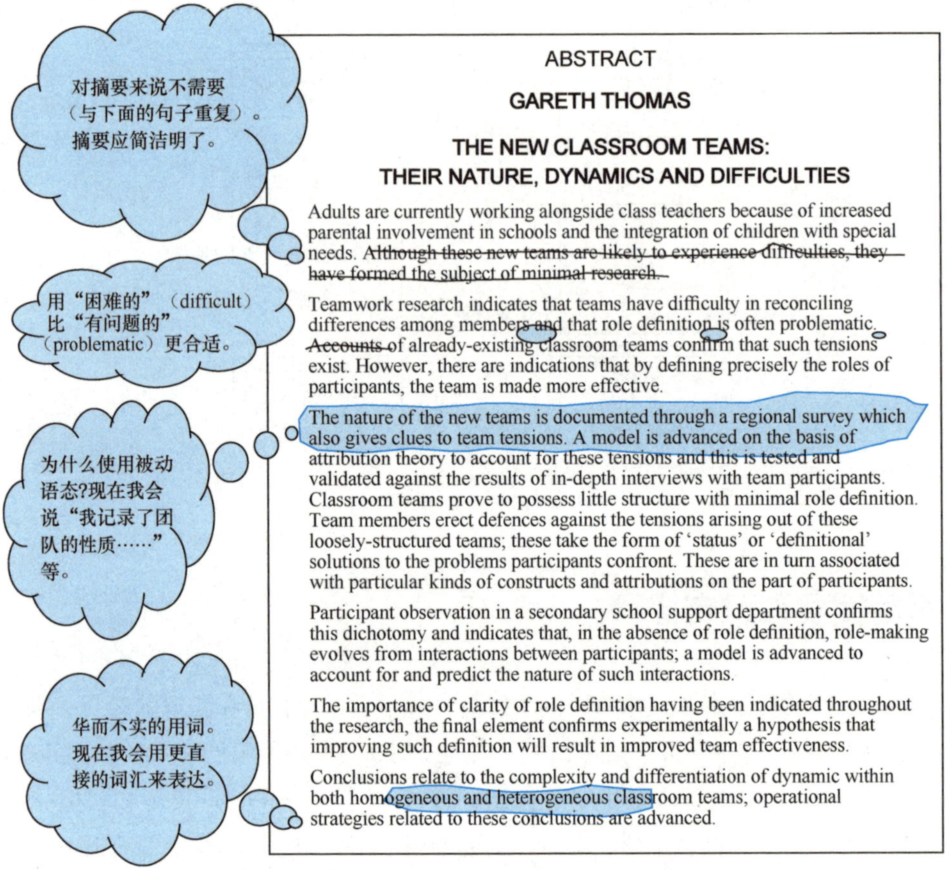

> 对摘要来说不需要（与下面的句子重复）。摘要应简洁明了。

> 用"困难的"（difficult）比"有问题的"（problematic）更合适。

> 为什么使用被动语态？现在我会说"我记录了团队的性质……"等。

> 华而不实的用词。现在我会用更直接的词汇来表达。

ABSTRACT

GARETH THOMAS

THE NEW CLASSROOM TEAMS: THEIR NATURE, DYNAMICS AND DIFFICULTIES

Adults are currently working alongside class teachers because of increased parental involvement in schools and the integration of children with special needs. ~~Although these new teams are likely to experience difficulties, they have formed the subject of minimal research.~~

Teamwork research indicates that teams have difficulty in reconciling differences among members and that role definition is often problematic. ~~Accounts~~ of already-existing classroom teams confirm that such tensions exist. However, there are indications that by defining precisely the roles of participants, the team is made more effective.

The nature of the new teams is documented through a regional survey which also gives clues to team tensions. A model is advanced on the basis of attribution theory to account for these tensions and this is tested and validated against the results of in-depth interviews with team participants. Classroom teams prove to possess little structure with minimal role definition. Team members erect defences against the tensions arising out of these loosely-structured teams; these take the form of 'status' or 'definitional' solutions to the problems participants confront. These are in turn associated with particular kinds of constructs and attributions on the part of participants.

Participant observation in a secondary school support department confirms this dichotomy and indicates that, in the absence of role definition, role-making evolves from interactions between participants; a model is advanced to account for and predict the nature of such interactions.

The importance of clarity of role definition having been indicated throughout the research, the final element confirms experimentally a hypothesis that improving such definition will result in improved team effectiveness.

Conclusions relate to the complexity and differentiation of dynamic within both homogeneous and heterogeneous classroom teams; operational strategies related to these conclusions are advanced.

图 9.2 摘要

论文的最终形态

撰写完摘要并确定标题后，你就可以将所有内容整合到一起了。本部分展示了论文的最终形态。

标题页。这部分将包括标题（毫无疑问）、你的姓名、你完成研究时所在的大学和院系、你预交学位论文的详细情况以及论文完成日期。你所在的大学会告知具体的填写方式及顺序。

声明。学校可能要求你填写一项声明，声明你没有剽窃自己或他人的研究成果，也没有诽谤他人。声明里会写一些内容，示例如下。

本人保证，基于本人所知本学位论文不包含以下内容：

（1）未经许可，擅自整合任何之前提交给任何高等教育机构进行学位或文凭评定的内容；

（2）其他人之前发表或撰写的成果，除非在正文中做出适当引用；

（3）诽谤性内容。

你需要在声明上签名并填写日期。

致谢。你不需要花一整页来写致谢，但向在研究过程中帮助过你的人致谢是一种礼貌，致谢对象包括：研究参与者（如有必要，牢记保密原则），提供访问权限的人，支持你的朋友和家人，导师，等等。致谢可以只有几行，也可以写一页。致谢长短与论文评分无关——篇幅在这里并不重要。

目录。生成目录的方法有多种，你需要查阅你所在学校的论文写作指南，了解如何生成目录。常用的方法是按照目录框中的图示设置目录。

注意，第1章之前的前导材料使用了小写的罗马数字。

目录	
摘要	iii
致谢	iv
表格列表	vi
图表列表	vi
第1章：引言	1
第2章：文献综述	12
[等等]	

表格列表和图表列表（各自放在同一页）——如有必要（比如，如果文中有表格和/或图表的话）。

要记住，所有表格都应按章节编号和章节顺序标注。因此第1章的第一个表格应命名为"表1.1"，第3章的第四个表格应命名为"表3.4"，第2章的第一个图表应命名为"图2.1"。要记住表格是数字或文字的简单表述，而图表是任何以图形或图画形式展示出来的结构。

摘要。我们在上一节对此进行了讨论。

主要章节。正如"了解学位论文的结构"部分（第28～29页）所设想的那样，论文结构可以如下。

第1章：引言。

第2章：文献综述。

第3章：方法论（或研究设计）。

第4章：调查结果。

第5章：分析与讨论。

> **备忘录** 正如我所说的，这些"主要"章节不必完全按照这里的规定进行编号或标注。例如，文献综述可以分为两个章节或更多章节，也可以将调查结果与分析合在一章。

第 6 章：结论。

参考文献。切记使用所在单位规定的参考文献惯例。

附录。附录包含原始数据的示例、你在研究中使用的一些材料，或与伦理或获取伦理许可过程有关的材料。将它们编入单独的附录，通常用大写字母编号——附录 A、附录 B、附录 C 等。例如，你的附录可能如下。

附录 A：材料（调查问卷副本，访谈时间表）。

附录 B：伦理（伦理声明和协议，同意书）。

附录 C：原始数据示例（如一页访谈记录）。

撰写和排版论文时的一般要点

交流研究发现

研究本着探究的精神进行——为了有所发现。其中一个重要部分就是与他人交流探究发现：让别人知晓你的研究发现。很少有研究只对做研究的人有益。在特定类型的行动研究中，也许只需将研究发现留给自己就可以了，但几乎所有的行动研究都会与他人交流研究发现，这也是探究过程中必不可少的一部分。

> **数字化思考 9.1**
> **网络技术**
>
> 你是否考虑过使用博客、脸书（Facebook）或推特（Twitter）传播你的研究成果？考虑从社交网络——Facebook 小组、Twitter 粉丝或博客——获得对研究的反馈。

当然这种交流是所有大学研究的必要组成部分，因为你的导师和其他审阅人是你交流研究成果的主要对象。不过研究成果的受众群可能比这要广泛。其中可能包括同行研究人员、学生、同事和其他感兴趣的专业人士，甚至包括普通大众或当地政界人士。

因为与交流相关，你撰写的论文必须言之有理，并尽可能有趣。事实上，让读者有参与感、保持读者的阅读兴趣是写好论文的关键，而只尽可能多地挖掘事实并将它们一股脑儿地扔到读者面前，是无法吸引读者参与进来并产生阅读兴趣的。

明确写作"领地"

所有研究的周围都有"围栏"——界定研究领地及其完整性的藩篱,同时也会起到将你固定在正确的位置、限制你的活动范围的作用。在某些研究中,围栏、围墙和围墙中的围墙太多,导致研究人员几乎没有自由活动的空间。这些"藩篱"为研究提供了构架,使其符合预期的标准,以便研究结论获得有效认可。例如,你在选择如何进行实验时,会受到既定设计方案的限制;进行调查时,会受到对样本和提问性质的期望限制。因此这些类型的研究周围都有非常坚固的"围栏"。

与实验相比,其他类型的研究如民族志或某些类型的个案研究,写作的性质更多取决于你的想象力,而不受方法论界限的影响。在这类研究中你有更多的自由发挥空间。但是这种自由也意味着你作为研究者有责任为研究提供结构,使其言之有理。对于案例研究而言,最糟糕的情况是,撰写的论文可能只是无差别地收集访谈中的想法和引述,几乎没用任何黏合的方式使论文成为一个连贯的整体。这种情况必须避免。对于任何类型的研究,仅遵循正确的步骤是无法保证交流质量的。相反,交流质量取决于你的想象力、你构建叙事和理论的方式、你的批判性推理和你利用证据展开论证的方式。

找到自己的声音

我在本书中一直强调:要有批判精神,要讲出连贯的科研故事。在斟酌了所有的写作方式之后,这无疑是一种主流做法。撰写论文不仅是对自己思想和研究的清楚阐述,也是与他人交流自己的思想和研究。写作是为了交流,而不是为了孤芳自赏。遗憾的是,为学术期刊撰稿的一些专业学者并没有遵循这一原则——我曾在其他著作中对此进行了探讨(Thomas, 1994)。

关于如何撰写学术论文的书有很多,你可能没有时间去阅读,但如果你有时间的话,请允许我向你推荐一本对我有过帮助的书:约翰·威尔(John Whale)的《书面表达》(*Put It in Writing*)。作者给出了很多提示,如"牢记读者"和"在脑海中聆听"。换句话说,在脑海中念给自己听(更好的是大声念出来)。这听起来对吗?合理吗?读者能理解吗?威尔还建议,写作时你应该表现出自己的风格。你不应该试图采用一种置身事外、无动于衷的语气,尤其在撰写阐释性论文时。允许使用属于自己的"声音"——偶尔用一下日常对话中可能用到的词语和短语。不过这里的关键词是"偶尔",因为你要记住,写作要考虑语域。

"语域"指针对特定的读者群或论坛而被公认的写作形式。例如,用写手机短信的方式来撰写你的论文显然不可接受。论文对于获取学位有着重要的影响，因此对于这样的重要事项，人们对其正式程度有一定的期望。然而这并不妨碍你在写作中使用自己的语言，表现出自己的风格。事实上这是一种受欢迎和赞赏的做法。乔治·奥威尔（George Orwell）在其著作《政治与英语》（Politics and the English Language）中指出，有些糟糕的写作源于对他人的模仿（即模仿他人，因此失去了自己的风格），而这实际上导致了思维的散漫：

> （我们的语言）变得粗俗而有失精准；而语言的随意凌乱，又使我们更易于产生浅薄的思想……现代英语，特别是书面语中存在着很多恶习，这些恶习因彼此效仿而传播。事实上只要人们花些必要的心思，恶习完全可以避免。如果能够避免这些恶习，必然能使思维更清晰。（Orwell, 1969）

鉴于奥威尔所针对的目标之一是使用学术语言（你在阅读时也会遇到很多写得糟糕的示例），他的文章非常值得一读。他列出了一份自查表，指出了哪些该做、哪些不该做，具体如下：

（1）永远不要用书刊中频繁使用的明喻、暗喻以及其他修辞手法。（换句话说，避免老生常谈。）

（2）能用简单字的地方，绝不用复杂字。

（3）凡能删掉的词一律删掉。

（4）能用主动句的地方，绝不用被动句。

（5）凡能用日常英语表达意思的地方，绝不用外来语、专有名词或职业行话。

（6）一旦发现自己在胡说八道，便可不遵守上述任何一条规则。

用正确的文体写作

值得重申的是，你的研究设计框架和研究途径在很大程度上决定了你论文写作的语域。我希望我所举的民族志示例能说明，你在这类研究中使用的写作方式，将与实验研究的写作方式截然不同。前者可能更像报纸上的一篇文章，甚至一部小说，而后者需要更多遵循正式学术写作的结构和规范。

社会学家霍华德·贝克尔（Howard Becker）在《社会科学学术写作规范与技巧》（Writing for Social Scientists）一书中，为学术论文写作者提供了大量写作技巧。有趣的是，他的主要观点之一是"一种正确的方法"（第43页）——他的真正意思是，没有一种唯一正确的写作方法。许多学术写作者，无论是专业写作者还是学生，都面临着一个问题，那就是他们认为有一种唯一的、最好的、正确的写作方法，而这是将所做的研究付诸笔端的一个巨大障碍。贝克尔说，一旦认识到存在许多有效的表达方式，我们就能将写作变得简单。他指出，撰写引言章节尤其困难，并重复了自己的导师在他还是学生时给他的建议："你怎么能介绍你还没写出来的事情？你都不知道它是什么。先把它写出来，然后你再介绍它。"（第50页）换句话说，最后写引言。

贝克尔的另一个建议是"用耳朵修改"（第68页），他的意思是在撰写和修改论文时我们应该少依赖写作规则，要更多依赖听起来自然而有意义的语言。这与我之前提到的威尔"在脑海中聆听"的观点非常相似。大声读给自己听，更好的办法是读给别人听，问问他们的想法，并请他们尽可能提出批评意见。这可能有损你与他人的关系，但是——想想积极的一面——至少你的学位论文会得到提高。贝克尔在这方面提出了一些具体的要点。

・**主动/被动**。主动语态通常比被动语态要好。主动语态迫使你明确谁在行动、谁在思考、谁在提出建议、谁在分析、谁在得出结论。正如贝克尔所说："使用主动语态的句子使我们对社会生活的描述读起来更好理解和更可信。'罪犯被判刑'隐去了我们所知道的做出审判决定的法官，而且……让对罪犯命运的判决看起来没有人为力量的操控，而不是人们共同行动的结果。"（第79～80页）

・**精简**。通常情况下，人们会倾向于使用更多词语来让事情听起来比实际上更有分量。这是专业学术写作的一种习惯，可悲的是，学生从学术文献中学到了这一点。正如贝克尔所说："我们学者也会使用不必要的词，因为我们认为……如果我们直白地说出来，听起来就像是每个人都能说的话，而不是只有社会科学家才能做到的深刻陈述。"（第80页）贝克尔建议你在写作时斟酌每一个词，如果去掉这个词对意义没有影响，就删掉它。不必要的词或短语越少，文本就越容易理解。

・**具体/抽象**。我们在学术写作中使用了太多的抽象词语，这往往（又一次）是为了让一个想法听起来比实际上显得更巧妙。贝克尔举的一个例子是"复杂"这个词，如"这种关系很复杂"。贝克尔谈到，社会世界中的每一种关系都很复杂，根本没必要说出来。学术写作中使用的大多数抽象概念在"蒙蔽读者了解具体细节"。（第83页）

最后一点。可以说"我"（I）吗？是的，当然可以。"我"是一个好词，不过要尽量避免反复使用。主要是避免使用一些缺乏学术常识的表达结构，比如，要使用"研究人员挑选了 25 名学生",而不是"我挑选了 25 名学生"。

采用非性别歧视和其他非歧视性写作

你的论文不应产生或延续任何类型的刻板印象,这里有一些基本原则。不要使用任何带有性别指向的语言,例如,当你想表达"他"(he)或"她"(she)的意思时,不要只用"他"(he)。为避免出现这种情况,试着使用复数。如果有中性的表达方式,不要使用带有性别指向的词,例如,不要用"女校长"(headmistress)代替"校长"(head teacher)。

撰写学术论文时,下列词汇中,"残疾"(disability)可以接受,但"损伤"(impairment)更受一些权威机构的青睐,"残障"(handicap)则不可接受。

在英国,许多政府机构用"黑人和少数族裔"(black and minority ethnic,缩略语为 BAME)这个用词来指所有非白人群体。不过我认为这个用词很粗暴,容易引起对社会群体毫无根据的概括。如果你需要谈及一个人的民族传统或信仰,我认为最好给出尽可能具体的信息。

论文排版

编辑

编辑可以分为两种:微观编辑和宏观编辑。微观编辑指纠正拼写、表达、用词和其他语言使用方面的错误。这就需要删去多余的词语,或发现并修改使用过度的短语。相比之下,宏观编辑指关注论文的整体流畅性和连贯性。宏观编辑关乎全局。以下对二者分别进行介绍。

微观编辑

首先是拼写和语法。使用文字处理软件检查这些内容(在 Word 文档中按 F7 键),但要注意这些工具并非万无一失。像"practice"这样的词,在英式英语中会根据不同的用法而改变拼写(名词时用"practice",动词时用"practise"),对此文字处理软件可能无法识别出来。因此可找一位精通拼写的人士帮你校对。

同样,Word 文档提出的一些语法建议也很荒谬。不要盲目遵循每一条建议,而要考虑其合理性。如果 Word 文档提示你有潜在的问题,当然要考虑它的建议,但是也要把它和你的表达大声读出来。看看你的表达和 Word 文档的建议哪一个听起来更好。

除拼写检查程序外，还可使用 Word 文档中的同义词库（按 Shift+F7 键）查找可替代的词语和表达方式。也许你还希望 Word 文档能给你更多的建议，比如，对语言的正式程度给出建议，而不是让你接受默认的设置。如果是这样，请单击文件→选项→校对→写作风格，然后单击设置，在 Word 文档提供的提示框中搜索，例如，提示你写作口语化或有冗余，甚至可以提示你语言的包容性等问题。作为补充，国际学生可以阅读本章末尾"拓展阅读"部分援引的一些学术著作。除此之外，还要请一位母语为英语的人士帮你通读论文并给出建议。

微观编辑中的一个关键要素是正确使用省略符号。我知道这对你们审阅人来说应该不是什么大问题，但遗憾的是，它在论文审阅中的确是大问题。当审阅人看到 childrens' 时，扑面而来的错误让他们气得吃不下午饭。鉴于半数以上的学生会错误地使用省略符号，以下我提供了一份快速使用指南。这份指南并不全面，只是我针对学生常犯的省略符号使用错误的经验之谈。

省略符号一：it's 还是 its？

只有当 it is 或者 it has（较少见）缩写时，才使用 it's。示例如下。

- It's a nice day today.
- I'm going because it's necessary.
- It's [it has] been a long time.

在其他情况下，都使用 its。示例如下。

- Its colour is blue.
- The dog was cross because its dinner was late.

（换句话说，its 是一个例外，它不遵循所有格中 s 要加省略符号的一般规则。）
注意：没有 its' 这样的文法结构。

省略符号二：所有格

省略符号表示某物是"被拥有的"。

单数名词——如 cat, tree, Piaget, nut, management——在你想要表示这些事物的所有格时，在 s 之前加省略符号。示例如下。

- Piaget's theories have been used for many years in education.
- Covid imposed one of retail management's worst headaches ever.

当这些单数名词加了 s 变成复数后——如 cats, trees, nuts, students——则在 s 之后加省略符号来表示所有格。示例如下。

- Trees' leaves fall in the autumn.
- Three students' ethics forms were sent for scrutiny by the ethics panel.

然而一些复数型名词——如 people, women, children——在 s 之前加省略符号表示所有格。示例如下。

- The women's group met on Wednesdays.
- Children's clothes are not subject to tax.

还有一些其他的事项要考虑——但那是高级课程的内容。

宏观编辑

宏观编辑关乎全局。宏观编辑关系到研究论文的连贯性和整体性。论文的流畅度如何？读者能否理解其中的意义？标题使用是否一致？表格和图表是否标注正确？尤其要考虑以下几点。

- 上下章节之间是否衔接流畅？最好复查一下每章的最后一段，检查它是否有助于衔接下一个章节。你可能想写一些类似于"在这一章中，我已经……在下一章中，我将……"的话。
- 段落（和段落中的句子）是否彼此衔接？你的行文是否流畅？试着让你的写作成为一种叙事。通常在段落开头使用一个与上一段关联的单词或短语是个好办法。例如，你可以用"尽管布洛格斯（Bloggs，2023）发现了这个……"这样的开头，将你在上一段中提到的关于布洛格斯的研究内容与你在新段落中要说的内容联系起来。还可以使用"此外""也""而且""然而""再次"等起过渡和连接作用的词语或短语，本书第 3 章表 3.2 提供了一张详细的列表。
- 段落长度是否合适？每个段落应传达和讨论一个观点，并将你撰写的内容分成易于理解的小块。没有人愿意阅读长达一页的一个段落。在我看来（尽管我肯定在本书中很多地方没有遵守这一规则），段落长度通常应在 100 到 150 字之间。
- 你的句子有多长？通常一个句子最多 50 字。有时你需要把句子写长一些，但这样做你需要有充分的理由。句子不是越长越好，有时候短句反倒更好，的确如此！
- 通读全文后，你是否可以删除一些单词、句子、段落或整个小节？删掉任何不会增加新信息的上述内容。删掉任何偏离中心主题或者显得冗余的上述内容。删掉那些你费尽心思写出来的内容有时是一件痛苦的事，但是如果能删掉多余的内容，确实能使行文更流畅。相比之下，在你重读全文时，会发现有些部分可能看起来需要更充分的解释，或者需要更清晰的过渡短语。

DIY 活动
过渡

制作一张如下所示的表格，查看第一列中的过渡词。在第二列中，想一想可替代的词语或短语，用来引出句子，使行文更流畅。接着在第三列中，想出一个可以使用这些词语或短语的例句（最好是你感兴趣的话题）。我已经填写了第一行（表示可能存在差异的过渡词），现在由你来填写第二行和第三行——填写表示意见一致以及一个想法引出另一个想法的过渡词。

过渡词	替代词语或短语	段落首句的示例
然而 [表示存在差异]	但是 虽然如此 另一方面 尽管如此 虽然	另一方面，许多权威人士，如埃利奥特（Elliott）(2020)，拒绝接受"发展性阅读障碍"这一概念。
此外 [表示意见一致] 因此 [表示一个想法引出另一个想法]		

页面效果

关于论文呈现的格式，你所在大学的院系会制定相关的规定和指南。显然你必须遵守这些规定和指南，因此在你所在院系或大学的网站上查阅这些规定和指南。以下是一些通用的规则。

- 编码。确保你的论文有页面编码。在 Word 文档中，进入"插入"页面，单击"页码"选项卡，然后选择"插入页码"。在我看来，页码最适合放在右下角。
- 表格和图表。依次给表格编号，给图表和照片（图）也依次编号。最好按章节进行标注，因此第 3 章中的第 4 个表格应称为"表 3.4"。提到表格和图表时应使用其编号，而不是"下图中"。应使用"如图 6.2 所示"这样的表述方式。
- 页边距。在页面左边至少留 33 毫米（1.25 英寸），在页面右边、上面和下面至少留 25 毫米（1 英寸）。你就读的大学可能有自己的具体规定，但我从未见过我的同事在评阅论文时真的拿出卷尺测量。主要是要确保页边距足够宽，以便评阅人在空白处批注，并有空间通过在线批改工具（如 Blackboard 或 Canvas 等学习管理系统提供的工具）做批注。

- 行距。通常大学规定双倍行距。这有助于阅读，也便于评阅人在线上做批注。

- 引用。如果你的论文中有引用，务必用引号标出引用的内容。如果你引用的内容超过 40 字，需要单独成段并缩进。如果引用的内容少于 40 字，放在文中即可。（如果引用的内容已缩进，则不用加引号。）

- 参考文献。参考文献和参考书目是有区别的。参考文献是你在论文中实际引用的论著。相比之下，参考书目是你可能读过但未必在论文中提过的系列论著。在此类学术论文中，你需要列出的是参考文献，而不是参考书目（参见哈佛引用法，第 87～92 页）。参考文献另起单独作为一部分，就像另起一个新章节一样。

> 关于你的研究结论，你的导师希望听到什么？读到什么？在这最后的阶段，你的导师可能会建议你提交论文的一个部分供他们最后做批注。他们可能会使用"跟踪修订"（见第 2 章）对批注进行编辑，并根据这些批注对整个论文的撰写提出建议。

- 连字符和破折号。当你在两个字中间输入连字符时（作为插入说明的一种方式），Word 文档会自动将其更正为"破折号"，看起来像这样："——"。一个"适当的"破折号比连字符稍长。唯一的问题是，当你返回去编辑内容，想要输入破折号而输入连字符时，Word 文档无法识别你需要哪种符号，所以只能显示连字符。这看起来很乱。为避免出现这种情况，编辑时直接输入破折号（即同时按 Ctrl 键和数字键盘上的减号）。

结尾

结尾（coda）意为"接近尾声"，在此用这个词有点夸张。我之所以安排结尾部分，是因为我不想本书以讨论如何使用连字符和破折号的沉闷方式结束。

我在本书一开始就说过，研究可以给你带来愉悦，我相信你一定感受到了这种愉悦。完成研究项目后，你会脱胎换骨，研究能力得到极大提高。你将掌握教育、医疗保健、医学、商业、法律、牙科、新闻、社会工作或其他诸如此类领域某一方面的详细专业知识，在某种程度上你会成为你研究主题方面的权威，甚至可能在局域讨论中就相关政策和实践贡献宝贵的独到见解。也许更重要的是，你将学会如何做调查、如何做研究，并对研究能够发现真理的说法秉持正当的怀疑态度。你能把不同类型的研究相互对照，并与其他类型的调查做对比，评估每种调查研究的优缺点。此外，借由在自己的研究中完成这些工作，你能够更好地理解你所读到的研究。

希望你能享受这段学习旅程。祝你好运！

拓展阅读

写作

Abstracts. www.verywellmind.com/how-to-write-an-abstract-2794845. 对如何根据 APA 指南撰写摘要做了精彩的概述。

Barros, O.(2016) The Only Academic Phrasebook You'll Ever Need: 600 Examples of Academic Language. Scotts Valley, CA: CreateSpace Independent Publishing Platform. 就文体、拼写、标点和语法等方面给出了很多建议，提供了大量可用于撰写学位论文的短语，所有内容均按学位论文章节编排，非常有帮助。要记住的一点是，因在加利福尼亚州出版，书中用的是美式拼法。

Becker, H.S. (2008) Writing for Social Scientists: How to Start and Finish your Thesis, Book, or Article (2nd edn). Chicago: University of Chicago Press. 关于如何写作、如何交流而不是自作聪明等方面，写得很棒。虽然有时有点啰嗦，但如果你真的想要提高写作水平，特别是想在学术界有所发展的话，此书不可多得。

Coleman, H. (2020) Polish Your Academic Writing. London: Sage. 就结构、段落、编辑等方面给出了建议，非常有帮助。

Howe, S. (2007) Phrase Book for Writing Research and Papers in English (4th edn). Cambridge: The Whole World Company. 不只对留学生有用，对所有人都有帮助。实际上此书不仅是一本短语手册，还包含了很多关于大学写作的好建议。

Thomson, A. (2005) Critical Reasoning: A Practical Introduction. London: Routledge. 建议阅读第 4 章（关于如何写作）和第 5 章（关于如何推理）。对如何写总结的指导特别精彩。

Thomson, P. and Kamler, B. (2016) Detox Your Writing: Strategies for

Doctoral Researchers. London: Routledge. 就高级论文写作，尤其在论证、构建论文结构、撰写初稿和修改论文等方面提供了一些有用的建议。与 Becker 的建议一样，书中的建议也适合缺乏经验的作者。

Wolcott, H.E. (2009) Writing Up Qualitative Research (3rd edn). London: Sage. 言之有物，作者 Wolcott 是一位值得学习的优秀作家。

社交媒体

Cann, A., Dimitriou, K. and Hooley, T.(2011) Social Media: A Guide for Researchers.Leicester: RIN.Available at: https://derby.openrepository.com/bitstream/handle/10545/196715/ social%20media%20guide%20for%20screen.pdf?sequence=6&isAllowed=y (accessed 9 June 2022). 就如何通过社交媒体与他人建立联系给出了一些好建议。

Carrigan, M. (2019) Social Media for Academics (2nd edn). London: Sage. 关于如何传播研究成果，书中给出了很好的想法，但这些更适合博士生和专业学者，不适合本科生。

Mollett, A., Brumley, C., Gilson, C. and Williams, S. (2017) Communicating Your Research with Social Media: A Practical Guide to Using Blogs, Podcasts, Data Visualisations and Video. London: Sage. 标题说明了一切，这是一本非常有益的书，涵盖了社交媒体，以及新技术为经济、政治和科学等广泛学科领域带来的机遇。

Thomas, M. (2015) Social Media Made Simple: How to Avoid Social Media Suicide (4th edn). Compton: Appletree Publications. 主要面向想利用社交媒体进行宣传和传播的企业。就人们可以采取哪些措施来传播自己的研究成果、如何利用社交媒体与志同道合者进行交流等方面，书中做了精彩的回顾和提示。

第 9 章　自评表

复印此表并填写答案，这可能对你有帮助。

	记笔记	
1. 你是否根据表 9.1 列出的议题写完了结论？		✓
2. 你是否已将你的论文按章节编排？		✓
3. 你是否规划好了你的论文将如何划分章节？		✓
4. 你是否最终敲定了标题？		✓
5. 你是否撰写了摘要？		✓
6. 你是否通读（和重读）了你的论文，确保排版正确、表述得当？		✓
7. 你是否了解你所在大学的院系关于参考文献和论文排版的规定，并确保自己遵守了这些规定？		✓

附录
卡方检测临界值

	0.1	0.05	0.01
1	2.71	3.84	6.63
2	4.61	5.99	9.21
3	6.25	7.81	11.34
4	7.78	9.49	13.28
5	9.24	11.07	15.09
6	10.64	12.59	16.81
7	12.02	14.07	18.48
8	13.36	15.51	20.09
9	14.68	16.92	21.67
10	15.99	18.31	23.21
11	17.28	19.68	24.72
12	18.55	21.03	26.22
13	19.81	22.36	27.69
14	21.06	23.68	29.14
15	22.31	25.00	30.58
16	23.54	26.30	32.00
17	24.77	27.59	33.41
18	25.99	28.87	34.81
19	27.20	30.14	36.19
20	28.41	31.41	37.57
21	29.62	32.67	38.93
22	30.81	33.92	40.29
23	32.01	35.17	41.64

续表

	0.1	0.05	0.01
24	33.20	36.42	42.98
25	34.38	37.65	44.31
26	35.56	38.89	45.64
27	36.74	40.11	46.96
28	37.92	41.34	48.28
29	39.09	42.56	49.59
30	40.26	43.77	50.89

词汇表

- **ANOVA（方差分析）** 一种统计分析方法，用于确定两组或多组变量平均值之间差异的显著性。
- **IPA** 见阐释现象学分析（IPA）。
- **NVivo** 一款软件包，可帮助用户对文档、PDF、音频、视频等数据进行编码，并将这些数据按主题分类。
- **RCT**（randomised controlled trial）见随机对照试验。
- **t 检验** 一种统计检验方法，用于确定两个群体在单一变量上的得分是否具有显著差异。
- **x 轴** 图表的横轴。
- **y 轴** 图表的纵轴。
- **案例研究** 通过一种或多种方法对人物、事件、决策、时期、项目、政策、机构、国家或其他系统进行整体研究分析。作为研究对象的案例通常会揭示和阐释一些更广泛的理论主题。
- **百分位数** 指一组观测值中低于某一百分比的观测值。例如，第 70 百分位数是指 70% 的观测值低于该值。
- **半结构式访谈** 在访谈中，访谈者使用访谈计划表（而不是固定的问题清单），其中包含访谈过程中打算涉及的主题清单。访谈者可以灵活地进行访谈，也可以跟进受访者在访谈过程中所说的话。
- **饱和度** 在恒定比较法中，饱和度用于分析开始揭示重复和冗余的程度。
- **保密性** 指除研究人员外，无人知晓研究参与者的身份。它也指研究人员在处理参与者透露给研究人员的信息时，希望这些信息不会以违反知情同意协议的方式透露给其他人。
- **备忘录** 在质性数据分析中撰写笔记的过程。笔记可以涉及分析的任何方面，通常包括对关联、主题和理论提炼的初步想法。
- **背景效应** 因变量的变化不是直接由自变量的变化引起的，而是由研究环境的影响引起的。
- **本体论** 研究"存在的是什么"的学科，研究我们所研究对象的本质。
- **比较研究** 对社会（或其他社会单位）进行相互比较的研究。在教育研究中，通常指跨国比较。
- **比例** 两个量的商，表示一个值包含（或被包含）另一个值的次数。
- **编码** 在量化研究中，指为变量的不同层次赋值（通常是数值）的过程。在质性研究中，指为数据的诸多元素或方面赋予标签或陈述。
- **变量** 在调查群体中变化的人或现象的属性（如年龄、身高、性别、收入）。

- **便利抽样** 利用最容易接触到的人参与研究的抽样策略。
- **标准差** 每项分数与平均值的平均差值。
- **表面效度** 在受访者看来，调查或测试所测量的内容与研究人员声称要测量的内容一致的程度。
- **博客** "网络日志"的简称，指在网上公开供他人阅读的日记或一系列观察记录。
- **参考书目** 相关图书和文章的清单。不要与参考文献混淆，参考文献是指研究报告中提到的所有图书和文章。
- **参考文献** 研究报告中提到的所有图书和文章，以标准格式（如哈佛引用体系）列在报告末尾的列表中。
- **参与式观察** 一种研究方法，研究者充分参与所研究的情境，并充分考虑从参与过程中获得的见解，即不试图做一位冷静客观的观察者。
- **阐释现象学分析（IPA）** 一种专门的个案研究形式，重点在于解释人们生活中的关键经历。
- **阐释主义** 这一范式的假设是每个人对社会世界的解释和建构都不尽相同。因此，研究社会世界取决于研究人员对这些解释和构建的理解。
- **常量** 在分析中所有单位都保持不变的值。
- **成员核验** 在开放式访谈中，研究人员对从受访者那里获得的信息进行复述、总结或转述，以确保所听到或记录的信息正确。
- **反复比较法** 质性研究中的一种分析技术，将观察结果进行比较，并与不断发展的理论进行比较。
- **抽样误差** 抽样结果与从整个总体获得的结果之间偏差的程度。
- **传记法** 研究强调个体生活中的重要事件。
- **代表性样本** 参与者的相关特征与整个相关群体的特征非常吻合的样本。
- **代码** 在量化研究中指分配给相关变量水平的数值。在质性研究中指概括数据元素含义的标签或陈述。
- **导师** 通常是大学教职员工，负责监督学生的研究项目。他们应该熟悉学生的研究领域。
- **调查对象** 对信息调查给出答复的人。
- **调查研究** 一种旨在系统地收集特定人群数据（通常是态度或信仰）的研究方法。通常通过直接询问具有代表性的受访样本来获取数据。
- **对照实验** 对照实验必须包含一个对照组（不接受"处理"）和一个实验组（接受"处理"）。根据与对照组的比较，可以推断出实验组结果变量中观察到的所有变化。另请参阅随机对照试验。
- **对照组** 指一个重复组，除被操纵的变量（即自变量）外，其他与实验组完全相同，但对照组中的自变量不受操纵。

- **额外变量** 干扰自变量和因变量之间关系的变量，因此需要以某种方式加以控制。
- **反思日志** 研究人员定期进行的一种记录形式，不是简单地记录事件，而是把重点放在思想、观点、评价、判断、感受和见解上。这些定期反思有助于培养研究敏锐性，并为分析提供数据。
- **反思实践** 实践者批判性地分析自己的行为，从而理解（和发展）自己所处的专业领域的过程。
- **范式** 一系列本体论和认识论假设，构成并塑造了研究进行的方式。或者说是对我们所研究的世界的一套信念，决定了我们研究这个世界的方式。
- **范围** 数据离散度的一种度量，通过以最高数据点的值减去最低数据点的值来进行计算。
- **方差** 在统计学中，一组数字与该组数字平均值的离散程度。
- **方法** 系统性的数据收集和/或分析的方法。
- **方法论** 研究方法的学问。该词也用来指研究的一般策略以及特定研究中采用的数据收集方法和分析技术。
- **访谈** 一种研究工具，即一个人（访谈者）向另一个人（受访者）提问。
- **访谈表** 访谈者进行半结构化访谈的指南，内容涉及访谈中要涵盖的主题。
- **非概率抽样** 指任何不以概率理论为依据的抽样技术。换句话说，抽样中没有代表性假设。
- **非结构化访谈** 在访谈中研究人员提出开放性问题，允许受访者就某一主题自由发表意见，并对访谈的方向和内容施加影响。与结构式访谈和半结构式访谈相比，这种访谈没有关于访谈内容的预设计划（除一般主题外）。
- **分布** 特定变量的取值范围。
- **分层** 将人群按某些特征（如最高学历水平）分为若干子群（或"层"），并按其在整个总体中的比例从中抽取样本。分层可以提高样本的代表性。
- **分类** 根据特征或属性将相关现象划分为类别、组或系统。
- **分类数据** 表示类别（如性别或婚姻状况）而非数字的数据。这些类别可以赋予数字代码（如男性为1；女性为2），但这些代码不能排序、相加、相乘或比较。也称"名义数据"。
- **封闭式问题** 要求受访者从研究人员提供的列表中选择答案的问题。
- **概率** 特定事件发生的可能性。通常以0到1的范围表示；罕见事件的概率接近0（如 $p = 0.001$），而常见事件的概率接近1（如 $p = 0.9$）。
- **概念映射** 见构思（或主题）映射。
- **个案研究** 深入研究个人、机构或现象的方法，以深入了解和理解其运作方式。
- **公理** 一种被广泛接受的陈述，表明已确立或不言自明的真理。
- **构思（或主题）映射** 概念及其相互关系的图形展示。
- **关联** 对象或变量之间的关系。

- **归纳法** 质性研究中的一个术语,用来描述从具体观察入手,并从中发现规律性或主题的过程。通过这些规律或主题提出初步假设,最终形成一般性结论或理论。
- **归纳推理** 一种推理形式,通过观察(通常是大量的)特定实例得出概括性结论。
- **规范** 在统计学中指平均或通常的表现。
- **滚雪球**(在文献检索中)使用关键参考文献,引导你向前查找引用过该参考文献的资料来源,或向后查找作者借鉴过的资料来源。参见声望偏误。
- **滚雪球抽样** 一种抽样策略,研究参与者将符合研究标准的其他个体介绍给研究者。
- **还原主义** 一种方法论立场,主张研究复杂现象的最佳方法是用其最简单的组成部分来描述和分析。
- **和睦关系** 指人与人之间交流顺畅的和谐关系。
- **横断面研究** 一种基于单一时间点观察结果的研究。
- **后现代主义** 认为社会世界不存在任何全面性的解释理论,指导我们对解释和预测进行思考的知识结构往往具有误导性。
- **话语分析** 指研究语言在社会使用中的方法,以及将语言组织成主题和概念的相关程序。
- **回复率** 在一项调查中,完成并返回的问卷占全部发放问卷的百分比。
- **回归系数** 表示因变量(结果)随自变量的每次变化而变化的平均程度。
- **混合方法** 在同一研究中使用两种或两种以上的研究方法。
- **混淆变量** 与研究无关的变量,但如果研究人员在分析中不加以控制,结果就会被扭曲。
- **霍桑效应** 指人们在研究中的行为发生变化,仅仅是因为有人在关注或观察他们。
- **基尼系数** 衡量一组数值(如人口的收入分配)不平等程度的指标。系数越大,离散程度越高。
- **基线** 在实验处理前进行的对照测量。
- **集中趋势** 集中趋势用于描述或表示某种分布中的典型值、平均值或共同值。
- **记录** 被调查者的书面记录、录音或录像记录。
- **加权** 以数字形式对样本的特定部分进行强调,以确保从样本中得出的统计数据能够代表总体。
- **加权分数** 用不同的乘数对分数或数值进行修正,以反映其重要性。
- **假设** 预测自变量(原因)和因变量(结果)之间关系的一种陈述。
- **建构** 理论上存在但无法直接观察到的东西。或是为描述现象之间的关系或其他研究目的而发展(建构)的概念。
- **建构主义** 认为现实是由社会建构的。这种观点认为,无法脱离人类互动的方式来理解现实,即知识在这些互动中建构而成。
- **交叉表** 显示两个分类变量之间的关系。将一个变量的值横放在表格上方,将第二个变量的值横放在表格下方。表格的每个单元格中都标明对应观测值的数量。
- **交互作用效应** 指自变量对因变量的影响因另一个不同变量的值而变化的情况。
- **焦点小组** 由 4～12 名参与者组成的讨论小组，研究特定主题。组织者向小组提供焦点材料（报纸文章、图片、音频剪辑、视频剪辑等），以促进讨论。主持人可协助保持讨论流畅进行。
- **接触** 指研究人员与所感兴趣的人、文件、机构等接触或交流的自由或机会。
- **节点** 在 NVivo 中，节点是一种中间阶段的分类，大致相当于扎根理论的轴向编码。
- **结构化访谈** 在访谈中，访谈者使用预先确定的访谈问题清单，向所有受访者提出相同的问题。
- **结构效度** 指测试、问卷或工具衡量研究者希望测量的理论概念的程度。
- **解放性研究** 为增强弱势群体的能力或使其受益而开展的研究。
- **经验知识** 基于观察或直接经验（而非权威或传统等）获取的知识。
- **卡方检验** 用于确定观察到的分类变量或非数字变量值之间的差异是否显著的统计量。通过比较预期比例或比值与观察到的比例或比值来实现。也写作 x^2；发音为"kye square"。
- **开放式编码** 扎根理论中的一项工作，指根据研究者对数据的检查，对概念进行初步分类的过程。
- **开放性问题** 要求受访者提供答案的问题。
- **可适性** 对样本人群进行的研究得出的研究结果和结论能够适用于总体人群的程度。
- **客观性** 在感兴趣的研究领域中尝试以不带个人偏见、解释或情感的方式看待或理解事物。
- **类型学** 一种分类系统，通常以表格或图解形式表示。
- **离散度** 指变量值的分布范围。描述离散度的统计量包括范围、方差、标准差和偏度。
- **李克特量表** 一种量表，调查对象可根据该量表对向其提出的陈述表示认同的程度。
- **理论** 在社会研究中理论有多种含义。在阐释性社会研究中，理论是一种不断发展的概念组织，有助于在各种思想之间建立联系，并能对研究结果做出解释。与此相反，在实验性研究中，理论通常指的是一种知识体系，它为通过研究检验某个观点或假设提供了基础——研究结果将为该知识体系（理论）做出贡献。
- **理论抽样** 在自然主义中根据研究进展中出现的发现选择个体，以确保关键问题得到充分体现。
- **立场** 研究者对自己个人和社会背景以及研究背景的描述，以便读者评估研究者所做解释的站位。
- **连续变量** 可以任意取值的变量，如身高、体重和时间。
- **量化研究** 研究人员利用数值数据探索变量之间关系的研究。

- **零假设** 零假设指出，各组之间在相关变量上没有差异。另一种假设则认为各组之间确实存在差异。
- **漏斗式** 从一般到具体观察的过程。
- **描述性统计** 用于描述和总结数据的简单统计（如条形图）。
- **民族志** 研究涉及研究人员融入一种群体或文化中。其目的是通过参与该群体的实践和日常活动，从"内部"了解该群体或文化，并且允许意义从民族志相遇中产生，而不是基于现有理论强加解释。
- **名义数据** 见分类数据。
- **目的性抽样** 一种抽样策略，研究人员选择被认为在先验基础上代表更广泛人群的参与者。
- **内部效度** 开展研究的严谨程度，包括对设计的考虑、进行测量时的谨慎程度，以及对所测量和未测量内容的决策。还涉及研究设计者在推断任何因果关系时是否考虑了其他解释的程度。
- **内容分析** 将叙述性质的数据整理成主题和概念的过程。
- **内容效度** 指测量反映特定预期内容领域的程度。
- **匿名化** 删除研究参与者的姓名和其他身份特征。
- **排序** 对数据集中的值进行排序（如第一、第二、第三等）。
- **批判理论** 社会科学中的一种批判分析方法，其目标是促进解放力量，揭露阻碍解放力量的思想和制度。
- **皮尔逊相关系数** 衡量两个变量相关程度的统计量，通常用"r"表示。
- **匹配** 根据受试者在一个或多个变量上的相似性，将两位受试者进行配对，然后将其中一人分配到实验组，另一人分配到对照组。
- **匹配样本** 研究人员根据特定属性（如智商或收入）对样本成员进行明确配对或匹配的两个样本。
- **偏差** 取样、设计或分析不当造成的准确性缺失。
- **频率分布** 变量值在样本或总体中出现的频率。
- **平均数** 代表一组数据的典型值或中间值的单一数值。平均数有三种形式：众数、中位数和均值。
- **均值** 衡量集中趋势的指标。计算均值时，先将变量的所有数值相加，然后用总和除以数值的数量。
- **评分量表** 一种测量工具，根据一个或多个确定的特征，按规定的量表等级对一个对象或案例进行评定。
- **评估研究** 利用研究来监测变化并评估其有效性的过程。
- **评价者间信度** 对被评分或被观察行为的评分或数值之间一致性的度量。通常用两个评分者或观察者之间一致的百分比或一致系数来表示，一致系数可以用概率来表示。

- **普遍法** 一种研究方法，通过对大型群体的研究发现人类活动的规律，并从中得出一般性结论。
- **期望效应** 在研究中研究者无意识或有意识地向参与者传递线索，表示研究者希望他们如何回答。
- **区间数据** 指数值数据，其中任意两个相邻的测量单位之间的距离相同。
- **区群谬误** 假设可以从收集的群体数据中推断出某些个体情况的错误。
- **人口普查** 指对整个人口群体的数据进行收集，而不是对样本进行抽样的过程。
- **认识论** 研究我们如何认识事物的学科；研究我们发现知识的程序。
- **日志** 对思想、情感、谈话、活动等的系统记录。
- **三角测量法** 综合使用各种数据收集方法或分析技术，从不同角度了解特定的研究问题。
- **散点图** 显示两个变量之间关系的图表。图上的点显示每种情况下 x 和 y 的值。
- **社会关系图** 显示群体中个人之间关系的图表。研究群体中的个体通常会列出群体中两个喜欢或讨厌的人的名字，而个体之间的箭头线代表这些喜欢或讨厌的模式。
- **社交媒体** 使用户能创建和分享信息或参与社交网络的网站和应用程序。主流的社交媒体网站包括 Facebook、WhatsApp、Twitter、TikTok、Pinterest、Google、YouTube 和 Snapchat。
- **深度访谈** 一种研究方法，用开放式问题进行非结构化访谈，以深入探讨主题。
- **深描** 指对定性研究中所做的观察和其他数据进行的报告或讨论。报告必须包括解释、推测、分析和讨论，这样才称得上"深描"。
- **生平历程** 受访者从自己的角度讲述生活中发生的一件或多件事，可以是书面记录，也可以是音频或视频记录。
- **生态效度** 指研究结果能否推广到现实生活场景的程度。
- **声明** 针对研究问题提出的陈述，并有研究证据支持（或否定）。
- **声望偏误** 受访者倾向于给出社会期望或可接受的答案，但这些答案可能并不准确（也称社会期望偏误）。
- **时间序列** 一个有序的观察序列。
- **实地调查** 在研究环境中收集数据。
- **实验** 为支持或反驳某一假设而进行的系统性程序，证明操纵某一变量会产生什么结果。实验应依靠可重复的程序和对结果的客观分析。
- **实验者效应** 由于研究者的行为或仅因为在场而对记录数据造成的不必要影响。
- **实证主义** 该范式主张客观地研究社会世界，主要采用自然科学的假设和方法（与阐释主义相比）。
- **试点研究** 在更大规模的最终研究展开之前进行的小规模研究。试点研究让研究人员有机会发现自己提议的抽样、方法论或数据收集中的任何问题，或者可能的改进措施。
- **属性** 人或事物的特征。
- **数据** 用于推理、讨论或计算的原始信息，通常以口头、观察或数值的形式出现。
- **数据收集** 研究中观察、测量和记录信息的过程。
- **双峰分布** 一种分布，其中有两个分数出现的次数最多。
- **双盲实验** 一种研究设计，实验者和受试者都不知道哪个是实验组，哪个是对照组。
- **四分位数** 将一串数字分成四等份的数值。第一个四分位数是数据中最低的 25% 的数值。第二个四分位数是中位数。第三个四分位数是中位数和最高值之间的中点。
- **随机抽样** 随机抽样是一种抽样技术，从总体中随机选择个体。样本中的每个个体都是被偶然选中的。
- **随机对照试验** 一种实验类型，受试者被随机分配到一个或另一个不同的研究小组。随机分配最大限度地减少了分配偏误的可能性。此类试验必须包含（除了实验组之外）一个不接受实验的对照组，和/或一个接受"非主动"对照实验的对比组。
- **态度量表** 一种测量态度的方法，涉及受试者对某一主题的观点进行排序。例如，李克特量表、古特曼量表和语义差别量表。
- **探究** 在采访中使用的非指示性短语或问题，旨在鼓励受访者详细阐述答案。
- **条形图** 见柱状图。
- **同行评审** 学术期刊编辑用来评估投稿质量的一种系统。提交给同行评审期刊的稿件将由两名或两名以上某一领域的专家进行评审，期刊编辑将根据这些评审结果判断稿件是否值得发表。在同行评审的期刊上发表文章是对文章质量最有力的保证。
- **同意** 见知情同意。
- **外部效度** 研究结果能够从研究样本推广到更大范围的人群的程度。
- **外推法** 通过超出已知数据点范围来预测未知数据点的值。
- **网络分析** 一种显示观点之间关系的图表，特别适用于展示分支观点如何从中心观点（主干）中发散出来。
- **文献综述** 对有关特定主题的图书、文章和已发表的研究成果进行有组织的综述，以发现研究主题、空白、一致和不一致之处。
- **问卷调查** 针对特定主题的结构化问题集，用于收集信息、态度或意见。
- **误差范围** 从总体抽取的样本中计算出的结果与总体中实际结果之间的最大预期差异。
- **显著性** 如果在统计分析中观察到的某种关系仅有极小的概率是偶然造成的，那么结果就被称为具有统计显著性。这意味着研究人员可以得出结论，观察到的变量之间存在某种有意义的关系，或者组间存在有意义的差异（即不是偶然产生的差异）。
- **现场记录** 详细描述行为、对话或环境特征的文本文件。
- **现实主义** 认为存在着独立于我们的研究工具和解释之外的现实。

- **现象学** 研究个人建构意识的方式，考察赋予经验事物意义的方式。
- **线性回归** 一种统计技术，用于寻找因变量和潜在预测（自变量）之间的线性关系。
- **相关系数** 衡量两个变量相关程度的指标。相关系数总是介于 −1 和 +1 之间。如果相关系数介于 0 和 +1 之间（如 0.9），则表示变量之间呈正相关（即"同向相关"），数值越大，关系越密切。如果相关系数介于 0 和 −1 之间（如 −0.3），则变量之间呈负相关（或"反向相关"）（即一个变量的值上升，另一个变量的值趋于下降）。
- **相关性** 两个变量的关联程度。
- **小组研究** 在不同时间点从同一组人（样本或小组）中收集数据的研究。
- **效标关联效度** 一项测量与某些外部效度标准的相关程度。
- **效度** 数据和结论准确反映现实的程度。
- **效应值** 量化两个群体之间差异大小的一种方法。效应值是两组之间的标准化均值差异，计算公式为：[（实验组平均值 −（对照组平均值）]/ 标准差。
- **信度** 衡量测量、程序或仪器在收集数据时的一致性和可信度。
- **信念** 坚信是正确而不肯改变的观念，而支持这些观念的证据并不立马显现。
- **行动研究** 由从业人员进行的调查，或涉及从业人员与研究人员合作进行的调查，其主要目的是解决问题或改进实践。
- **行为主义** 心理学的一个流派，主张对人们行为的科学研究应仅限于从可观察到的事件中获得的数据，而不涉及思维或情感等现象。
- **序数数据** 基于某一维度排序的数值数据，如第一、第二、第三等。
- **叙事分析** 一种可以深入利用人们讲述的生活故事的研究方法。
- **叙事研究** 一种质性研究方法，基于研究人员对研究对象的叙事叙述。
- **选择偏差** 由于被选中参加研究的人和未被选中的人的特征不同而造成的误差。
- **选择性编码** 扎根理论中编码过程的最后阶段，研究人员在这一阶段系统地将轴向编码相互关联，力求评估每种编码的有效性并确定核心主题。
- **研究** 对某一问题、议题或现象进行有序、公正和彻底的调查，以增加知识。有关广泛使用的实验研究和应用研究的正式定义，请搜索"Frascati Manual definition of research"。
- **研究伦理** 关于是非对错的行为准则。
- **研究问题** 以问题的形式明确说明研究人员希望研究的问题。
- **演绎推理** 一种推理形式，根据假定为真的前提得出结论。
- **样本** 从总体中选取的一组群体。研究者通过研究样本试图对整个总体得出结论。
- **异常数值** 与大多数观察值或现象截然不同的观察值或现象。
- **异质性** 指在特定特征方面，个案之间的差异程度。
- **因变量** 结果变量。在实验研究中，预计因变量取决于预测变量（或自变量）。
- **因果关系** 引起现象或事态发生的行为。

- **因果模型** 表示变量之间因果关系的模型。
- **因子分析** 一种统计技术，用于探索变量之间的相关性（例如，来自态度量表的反应），以寻找潜在的未被识别的较少数的变量，这些变量称为"因子"，在某种程度上被认为会影响研究结果。通过检查这些"因子"的可能来源，研究者可以推断出"因子"影响的性质，并相应地对其进行标记。
- **预测效度** 量表或测试得分对某个标准测量的表现进行预测的程度。
- **元分析** 一种统计技术，将有关同一主题的多项研究数据进行合并和分析。
- **原始分数** 测试、调查等得出的分数，尚未转换成其他类型的分数，如标准分或排名。
- **赞同倾向** 问卷和访谈受访者在被问及某个问题时倾向于说"是"。另见声望偏误。
- **扎根理论** 通过对原始质性数据进行分析来展开解释（或发展理论）的过程。这个过程的特点是对数据的反复检查（参见反复比较法），直到"主题"出现为止。
- **摘要** 对研究项目及其结果的简要概述（通常为150～350字）。
- **整体主义** 一种假设，认为研究的最佳方式是着眼于整体情况及其背景，而不是特定变量及其之间的关系。
- **正态分布** 一种数据集的排列方式，其中大部分数值集中在范围的中间，其余值向两个极端对称递减。在图形上正态分布呈钟形。
- **正态曲线** 根据正态分布的数据绘制而成的钟形曲线。
- **知情人** 了解所研究的情况、人、人物或其他现象，并愿意透露自己所了解情况的人。
- **知情同意** 提供有关数据收集过程以及披露、报告、使用数据和研究结果的全部信息，使潜在参与者能够在知情的情况下决定是否参与研究。
- **直方图** 一种直观的数据展示方式，显示变量的每个值出现的频率。变量的每个值通常沿着直方图的底部显示，并为每个值绘制一个垂直条。条形图的高度与该值出现的频率相对应。直方图也称"条形图"。
- **质性研究** 在自然环境中进行研究，主要通过观察和访谈获得数据。
- **中位数** 衡量集中趋势的指标。中位数是位于一组数值中间的数值：50%的数值位于中位数之上，50%的数值位于中位数之下。
- **钟形曲线** 见正态分布。
- **众数** 衡量集中趋势的指标。数据中出现频率最高的值。
- **重测信度** 某项测量在多次施测中产生一致结果的程度。
- **重复验证** 重复一项研究，以检验重复研究的结果。
- **主题映射** 指将概念及其相互关系以图形方式展示出来的方法。
- **主轴编码** 对基础理论中开放式编码的结果进行再分析，旨在识别重要的、普遍的概念。

- **准实验** 在实验中个体不是被随机分配到不同组别，而是由某些环境因素（如居住地）决定了每个组的成员。
- **自变量** 由研究人员操纵的实验条件。
- **自然减员** 参与者退出研究的概率。如果特定类型的参与者比其他类型的参与者退出得更快，则可能产生偏差。
- **自然主义研究** 在自然环境中研究社会现象，不进行实验操作或其他形式的刻意干预。
- **总体** 一个被明确定义的人群或对象的整个集合。可以从总体中抽取样本，目的是将样本的结果推广到整个总体。
- **纵向研究** 对一组个体或案例进行较长时间的研究（至少涉及两个数据收集点），研究这些个体或案例在时间上对相关变量的影响。
- **组群** 通常有共同人口学特征或经历的一群人，可以对他们进行长期的观察或询问。